JN418953

남아공에는 왜 갔어?

남아공에는 왜 갔어?

초판 1쇄 인쇄 2007년 6월 20일
초판 1쇄 발행 2007년 6월 27일

지은이 조현경
펴낸이 유 중

펴낸곳 도서출판 사군자
등 록 1999년 4월 23일 제1-2484호
주 소 서울시 마포구 상수동 136-1 김해빌딩 403호
전 화 323-2961
팩 스 323-2962
E-mail SAGOONJA@netsgo.com

가 격 14,000원
ISBN 978-89-89751-29-8 03910

남아공에는 왜 갔어?

조현경 지음

사군자

책.을.쓰.며.

내가 아프리카를 처음 만난 것은 책이 귀했던 초등학교 시절 몇 장의 컬러 화보를 곁들인 깨알같이 작은 글씨의 두꺼운 《20세기 世界大觀》이라는 책을 통해서였다.

입술을 뚫어 커다란 장신구를 끼워 늘어뜨리고 목이 기형적으로 길어질 정도로 겹겹의 목걸이를 하고 벌거벗은 몸으로 아이에게 젖을 빨리던 검은 아프리카 여인들.

울긋불긋한 원색의 천을 두르고 푸른 하늘과 초원이 맞닿은 수평선을 향해 걷던 한 무리 흑인 전사들의 뒷모습.

그렇게 아프리카를 처음 만났고, 아프리카는 그저 낯선 검은 사람들이 살고 있고, 언제 어디서나 사자 무리나 코끼리 무리를 만날 수 있는 초원의 대륙으로만 생각하고 있었다. TV에 소개되는 아프리카도 그저 야생의 동물들이 초원을 누비는 곳이었다.

언제부턴가 아프리카 대륙의 기아 문제와 끊이지 않는 부족 간의 전쟁, 그에 따른 난민문제가 국제 이슈화 되면서 알려진 모습은 내가 생각하고 있던 아프리카와는 너무 먼 고통의 땅이었다.

아프리카는 그렇게 내게 너무나 멀고 생경스러운 대륙에서 고통의 땅으로 인식의 변화를 가져온 채 많은 시간이 흘렀다.

2004년, 남다른 사연이 있었던 나는 아이들을 남아공이라는 아프리카 땅 끝으로 보내게 되었는데, 그렇게 시작된 아프리카와의 인연이 예기치 못한 아이들의 사고로 결국 나를 희망봉으로 오게 만들었다.

몇 년을 치밀하게 준비해온 이민도 아니고, 이곳에서 할 수 있는 확실한 직업이 나를 기다리고 있는 것도 아니었다. 아이들을 남의 손에 맡겼던 죄로 덜컥 온가족이 남아프리카공화국에 모이게 된 것이다.

내가 알고 있는 지식도 기껏해야 그 나라는 한때 백인 정부 시절이 있었고 지독한 인종차별주의가 자행되던 나라였고, 남아공 하면 제일 먼저 만델라 대통령의 이름이 떠오르는 게 고작이었다.

남들이 보면 무모하게 보일 수도 걱정스럽게 보일 수도 있지만 뒷날 걱정은 조금 미루기로 했다. 우리 은행 잔고로 몇 년을 지낼 수 있을지 모르지만, 그 잔고가 바닥나는 날까지 이곳에서 아이들의 건강을 되찾아 돌아가고 싶다는 생각이었다.

모든 것이 낯설고 어색한 남의 나라에서 하루하루 생활하면서 부딪치고 해결해야 하는 많은 문제들. 어디에서나 인생이 그렇듯이 어떤 날은 웃을 수 있고 어떤 날은 울고 싶고 주저앉고 싶은 날들의 연속이었다.

창문을 열면 높은 나뭇가지의 잎을 따먹는 기린을 볼 수 있고, 차를 타고 달리면서 수많은 코끼리 떼를

만날 수 있고, 어슬렁거리며 먹이사냥의 기회를 노리는 사자들의 무리를 어디서나 쉽게 볼 수 있는 곳. 아프리카에서 산다고 하면 그런 상상을 하는 친구들이 많다.

혹은 벌거벗은 몸으로 춤을 추며 축제를 하고 창과 화살로 먹잇감을 사냥하는 흑인 부족들과 더불어 살아가는 이야기를 듣고 싶어 하는 친구들도 있다.

남아공 생활 이제 3년이 되지만 아직도 난 이 나라가 어떤 모습을 가진 나라인지 설명하기가 어렵다. 다만 일상 속에서 내가 만난 아프리카 대륙 끝 남아공의 모습을 조금씩 완성해가고 있을 뿐이다.

1991년 반세기 이상을 이어오던 흑백 분리주의가 무너지고, 2010년 월드컵이 열리는 나라. 천혜의 아름다운 자연환경을 가진 나라, 세계 최대의 금과 다이아몬드 생산량을 자랑하는 나라, 대륙 최남단에 교과서를 통해 알았던 희망봉이 있는 나라. 이것이 이 나라의 얼굴일까.

인구의 70프로 이상을 차지하지만 많은 수가 가난과 질병 그리고 온갖 재난에 무방비 상태로 방치된 채 살아가는 흑인들의 모습. 10프로 조금 넘지만 모든 상권을 장악하고 온갖 문화혜택을 누리며 기득권을 빼앗길 것을 두려워하는 백인들의 모습이 이 나라의 얼굴일까. 그 흑백 사이에서 태어난 컬러드라고 하는 어느 쪽에서도 대우 받지 못하는 계층이 이 나라의 얼굴일까.

그 어느 것도 이 나라 것이 아닐 수 없는 남아공은 바로 무지개 문화의 나라가 아닌가 생각해 본다. 다양한 인종과 문화가 모여 때로는 하나의 색으로 때로는 너무나 선명한 각각의 색으로 피어나고 있는 곳이 바로 남아공의 얼굴이라는 생각이다.

그 속에서 어느 한쪽으로도 깊은 경험을 해보지 못한 내가 어쩌면 이 나라에 대한 이야기를 한다는 것은 성급한 일일지도 모른다. 부족한 글로 아직도 헤아려 볼 수 없을 만큼 다양한 모습을 가진 남아공의 모습이 왜곡되지 않을까 하는 두려움도 있다.

하지만 용기를 내어 글을 시작한다. 길지 않지만 나에겐 짧지 않았던 지난 3년여 동안, 나의 눈에 비친 지도 속의 먼 나라 아프리카, 남아공의 모습을 어설프게나마 드러내려고 한다.

부족하지만 이 책은 아이들 아빠의 도움 없이는 절대적으로 불가능했다는 것을 고백하지 않을 수 없다. 말없이 도와준 아이들 아빠에게 감사의 말을 전한다. 그리고 아프리카 땅 끝 희망봉에서 피부색 다른 아이들과 섞여 씩씩하게 잘 자라주는 아이들에게도 감사하다. 또 무엇보다 모자란 글을 늘 격려하고 같이 고생해주신 사군자 유중 사장님께 결실의 반을 나누어 드리고 싶다.

contents

Africa

2부__

아프리카 대륙을 거닐다

Africa

3부_
빛과 그늘의 빗살무늬를 벗기다

Africa

4부__

파랑새를 찾을 수 있을까

프.롤.로.그.

내 인생에 숨어있던 아프리카

2004년 7월 6일.

케이프타운으로 향하는 비행기 안에서 내 심경은 참담했다. 참담이라는 말 외에는 달리 어떤 말로도 표현할 수가 없었다.

지구 반대편 아프리카 남아공에 보냈던 아이들에게 교통사고가 나 작은 아이 우성이가 혼수상태에서 깨어나지 못한다고 했다. 아이들이 남아공으로 떠난 지 겨우 2개월을 넘긴 시점이었다.

초등학교 6학년 우록이, 4학년이던 우성이를 남아공에 보내게 된 데에는 우리 가족의 남다른 사연이 있었다.

2001년 6월부터 시작한 별거, 그리고 이혼으로 접어들면서 아이들은 아빠와 함께 생활했고, 주말에 내가 데리고 와서 하루 재워 보내는 생활을 꼬박 삼 년째 하고 있었다.

그러던 중에 아이들 아빠가 아이들을 남아공에 보내는 것이 어떻겠냐는 제의를 했다. 사촌 형님이 남아공에서 아이들을 돌보는 홈스테이를 하실 계획이니, 아이들을 믿고 맡길 수 있다고 했다.

이른바 결손 가정이라고 할 수 있는 환경에서 자라고 있는 아이들에게 어쩌면 외국 생활이 나을 수도 있겠다는 결론을 얻었다.

2004년 4월 초. 우록이 우성이는 아프리카 대륙의 땅 끝 케이프타운을 향해 떠났다. 아빠 손을 잡고 떠나는 아이들을 배웅하면서 엄마가 늘 함께해주지 못한 것에 대한 사죄와 함께 넓은 세상에 가서 많은 구경을 하고 오라고 빌어주는 것 외에 내가 할 수 있는 것은 없었다.

그렇게 떠난 지 겨우 두 달이 조금 넘은 6월 26일 아이들에게 끔찍한 교통사고가 났다. 그 사고로 작은 아이 우성이가 혼수상태에서 깨어나지 못하고 있다는 소식을 아이들 아빠를 통해 전해 들었다. 아이들 아빠는 아이들과 함께 케이프타운에서 잠시 같이 지내다가 다시 한국으로 돌아와 있던 상태였다.

생각 같아서는 한 걸음에 달려가 보고 싶었지만 아이들 아빠가 극구 혼자 가서 해결하겠노라고 했고, 회사에 급한 일이 터져 막상 마음먹은 대로 가 볼 수 있는 상태도 아니었다. 아이들을 보러 간 아이들 아빠 편에 좋은 소식을 기대했지만, 우성이 상태는 그렇게 호전되고 있는 것 같아 보이지 않았다.

아이들이 사고가 난 후 일주일쯤 지났을까. 우성이가 거뜬하게 깨어났을 거란 소식이 오길 기다렸지만 현실은 그렇지 못했다. 더 이상 앉아서 기다릴 수만은 없었다. 그렇게 난 처음 케이프타운 행 비행기를 탔다.

케이프타운에 도착해 아이가 입원해 있다는 병원을 찾아갔다. 케이프타운의 가장 큰 국립병원이라고 하는 병원 건물은 그 규모만 클 뿐 우중충하기가 이를 데 없어 보였고, 낯설고 음침한 복도는 마치 내 심정처럼 더 할 수 없이 아득하고 길게만 느껴졌다.

병실 문을 열고 침대에 누워 있는 우성이를 보는 순간, 눈앞이 깜깜해지면서 그 자리에 금방이라도 주저앉을 것만 같았다.

저 아이가 내 아이 우성이? 과연 저 아이가 다시 일어나 앉을 수 있을까? 다시 온전한 사람 노릇을 할 수 있을까?

똘망똘망하고 다람쥐처럼 날쌔던 우성이는 온통 상처투성이의 퉁퉁 부은 얼굴에 초점 잃은 눈동자로 눈을 맞추지 못하고 누워있다. 오른쪽 뇌를 다친 탓에 왼쪽 손과 발은 움직이지 못하고 감각이 없는 상태였다. 영양 공급을 위해 코에는 호스를 끼우고 있었다.

엄마를 알아보는지 못하는지 풀린 눈을 하고 누운 우성이를 안고 내가 할 수 있는 말은 오직 "우성아 미안해, 우성아 미안해"라는 말뿐이었다.

순간 일 주일가량의 혼수 상태에서 깨어난 후에도 의식을 잡았다 놓았다 해서 주변 사람들을 안타깝게 했다던 우성이가 마치 엄마를 기다렸다는 듯이 일어나 앉았다. 거짓말처럼 일어나 앉은 우성이는 비행기 타면서 가방에 몇 개 챙겨 넣었던 불량 식품을 우겨 넣고는 씹지도 않고 그냥 삼켜대곤 한다. 달랑 두 개 챙겨 넣었던 컵라면을 끓여주자 그야말로 게 눈 감추듯 먹어치운다. 꼬박 열흘 이상을 굶고 일어나 앉은 아이였다. 그걸 본 간호사들이 기적이라면서 우성이의 코에 영양 공급을 위해 꽂았던 호스를 뽑아주었다.

의식은 돌아왔지만 우성이는 여전히 심한 두통으로 괴로워했고 왼쪽 손과 다리는 전혀 움직이지 못했다. 통증으로 괴로워하는 아이에게 강력 진통제를 먹여 재우고 예전에 부부였던 두 사람이 다시 마주 앉았던 어느 날, 아이들 아빠가 뜻밖의 제안을 했다. 재결합. 생각지도 못한 일이었고 더욱이 쉽게 대답을 해줄 수 있는 일도 아니었다.

나는 아이들 아빠의 제안에 대답을 못한 채 20여 일만에 다시 한국으로 돌아왔다. 그리고 열흘쯤 후에 왼손과 왼발에 감각이 돌아왔다는 전화를 받았고 비로소 비행기를 타도 좋다는 의사의 허락이 떨어져 아이들 아빠가 우성이를 데리고 귀국했다.

그 해 여름 한국에는 10년만의 더위가 다시 찾아왔다. 우성이를 낳던 해 1994년 여름, 만삭이던 몸으로 급기야는 울어버리기까지 했던 그 해 만큼 끔찍했던 2004년 그 여름의 더위.

아이들의 사고. 다시 인생의 큰 기로에 서서 또 다른 선택을 해야만 했던 상황. 그 여름은 그래서 내게 결코 잊을 수 없는 힘든 한 해로 남게 된다.

우성이는 아빠와 함께 지내고 나는 나대로 따로 생활하면서 재활 치료를 위해 아이를 병원에 함께 데리고 다녔다. 삼 년 동안 남처럼 살아온 이혼한 부부가 우성이 때문에 다시 천연덕스러운 부부 행세를 하게 된 것이다. 그때 이미 나의 남아공 행은 결정되어 있었는지 모른다.

아이들 아빠는 우성이에게 장애가 남을 것을 우려했고 그렇다면 한국보다 남아공이 조금 나은 환경일 것이라는 생각을 했다. 또 그러기 위해서는 무엇보다 엄마가 필요하다는 생각을 했던 것 같다. 그래서 아이들 아빠도 쉽지 않은 재결합을 제안했을 것이라 혼자 짐작했다.

그 제안에 나는 직장이나 새로 시작한 공부를 포기해야 하는 것 때문에 심한 갈등을 하고 있었고, 무엇보다 아이들 아빠와 함께 다시 살아야 할 것인가는 나를 깊은 고민에 빠지게 하였다.

이혼하고 삼 년을 넘기면서 직장도 자리를 잡아가고 있었고, 나름대로 홀로서기에 적응하고 있었던 차에 과거로의 회귀는 쉽지 않은 결정이었다.

그 혹독했던 2004년의 여름. 그 여름이 거의 끝나갈 무렵 난 드디어 남아공 행을 결정하게 된다. 엄마라는 이름이 내게 용기를 주었다. 전혀 계획해보지 않았던 아프리카, 전혀 나와는 상관없을 것 같았던 아프리카, 내 인생에 숨어있던 아프리카로 떠나기로 결심하게 된 것이다.

주변의 만류도 적지 않았다. 물론 적극 환영하는 사람들도 있었지만, 모든 것을 버리고 오로지 아이들 때문에 쉽게 재결합을 결정하는 것을 우려하는 사람들이 더 많았다.

그 걱정을 모르는 바도 아니었다. 나 역시 겁이 났다. 하지만 아이들 특히 우성이의 사고 후유증 앞에는 그 무엇보다 내 안에서 엄마라는 존재가 가장 먼저 아우성을 쳤다.

세상 사람들이 말하는 것을 믿기로 했다. 여자는 약해도 엄마는 강하다는 것. 강한 엄마로 살아보겠다는 결심을 하니 두려움이 없어졌다.

그리고 이왕 재결합을 해서 살아야 한다면 한국보다는 어쩌면 남모르는 먼 나라, 낯설고 새로운 환경이 훨씬 더 나을지도 모른다는 막연한 희망을 가지고 떠나기로 했다.

그렇게 결정하고 두 달도 채 안 되는 시간 동안 번갯불에 콩 튀듯 이주 준비를 시작했고, 2004년 10월 4일, 우리 가족은 케이프타운 희망봉에서 다시 모이게 된다.

삼 년 동안 아이들에게 따뜻한 밥을 해 먹이지 못했다는 그 미안함을 씻어보겠다는 마음으로 시작한 아프리카 생활이었다. 그래서 어떤 어려움도 참아내고자 마음먹었지만, 고백하자면 처음 1년 동안은 내 마음속에 하루도 빼놓지 않고 소용돌이치는 혼란스러움으로 하루에도 몇 번씩 지옥을 왔다갔다 했다.

아무런 문제가 없어도 멀고 먼 남의 나라에 건너와 적응하고 정착하기 쉽지 않을 상황에, 이혼하고 따로 삼 년 살던 부부였고, 교통사고 후유증으로 심한 우울증에 시달리는 우성이, 남의 나라에서 사춘기를 맞은 큰 아이 우록이, 하루도 빼놓지 않고 이리 부딪치고 저리 시달리면서 하루에도 몇 번씩 아프리카 행을 결심했던 내 무모함을 탓하며 울음을 삼키곤 했다.

40년 이상 토종의 씨실과 날실로 짜여진 관념과 언어의 옷을 입고 살던 사람이, 냄새 펄펄 나는 된장찌개와 김치를 먹고 살던 사람이, 새삼스럽게 느끼한 버터냄새 나고 치즈냄새 나는 사람들 틈에 섞여 남의 말을 하고 살아야 한다는 것은 진짜 재미없었다.

한때 꿈꾸어보기도 했던 외국 생활, 막연한 낭만을 동경했었지만 생각했던 낭만은 없었다. 자고 일어나면 아프리카에 와 있다는 사실 때문에 한동안 우울증에 시달리기도 했다.

내 살던 곳에서는 보지 못하던 모든 낯선 것에 툭하면 눈물 바람이었다. 꽃을 피울 것 같지 않던 나무에 어느 날 갑자기 거짓말처럼 화려한 꽃이 핀 것을 보고도 눈물, 하루 종일 집 앞에서 재재거리는 새소리에도 눈물, 하찮고 사소한 것에도 어쩌면 그렇게 속절없이 눈물이 터지곤 했는지.

의사소통이야 하고 내 하고 싶은 말 하고 산다지만 언어의 맛과 멋을 거세당하고 사는 그 목마름, 관념과 사고의 확장은 여지없이 저지당하고 사는 듯한 그 무기력함. 황송할 정도로 넓고 아름다운 자연을 누리고 살아가지만 마음은 한없이 작아지고 옹색해져서 그래서 더 견디기 힘든 시간의 연속이었다.

내 스스로 선택해서 왔으니 그리고 무엇보다 아이들 생각해서 왔으니 조금만 견뎌보자, 그렇게 수없이 스스로 위안해보기도 했지만 그 역시 쉬운 일은 아니었다.

하지만 시간처럼 위대한 것은 없다고 조금씩 시간이 가면서 마침내 적응이라는 것도 하게 되고, 무엇보다 아이들의 행복한 모습에 힘들었던 시간들은 조금씩 잊혀져갔다.

1년 사계절을 두 번 보내고, 또 다른 한 해를 지내면서 남들에게는 사소한 문제일지 모르지만 나에게는 시련과 고통이었던 그 시간들. 그 시간을 더듬어 이제 케이프타운 희망봉에서의 지난 생활을 정리해본다.

일부 지명은 현지에서 발음하는 대로 표기했음을 밝혀둡니다. 예를 들어 우리에게 잘 알려진 요하네스버그는 조하네스버그로, 가우텡주는 하우텡주로, 땅끝 마을 아굴라스는 아굴하스 등으로 표기했습니다.

Repubilc of South Africa

남아프리카공화국은 나미비아, 보츠와나, 짐바브웨, 모잠비크, 스와질란드, 레소토와 국경을 접하고 있으며, 웨스턴 케이프, 이스턴 케이프, 노던 케이프, 오렌지 자유주, 크와줄루 나탈, 노스웨스트, 하우텡, 이스턴 트란스발, 노던 트란스발 등 9개 자치주를 가지고 있다.

1부 _ 아프리카에서 무지개를 보다

무지개 인종, 무지개 문화의 나라

남아공이라는 나라를 한마디로 표현하자면 무지개 문화의 나라라고 할 수 있다. 무지개 문화라는 말은 아파르트헤이트 철폐 이후 진실화해위원회 위원장을 지내고 넬슨 만델라 대통령과 함께 노벨 평화상을 수상한 남아공 영국 성공회 대주교인 데스먼드 투투 대주교가 처음으로 사용한 말이다.

17세기 검은 대륙 아프리카에 네덜란드 동인도 회사가 진출해서 개척을 하고 처음 둥지를 틀었다. 그 후 식민 세력 다툼으로 다시 앵글로색슨의 자손인 영국인들이 오랜 세월 주인의 자리를 차지하고 뿌리를 내려 이 땅을 지배했다.

처음으로 이 땅에 정착했지만 백인에게 주인의 자리를 내주어야했던 코이족이나 산족은 더 이상 이 땅에 남아있지 않다. 우리에게 부시맨으로 알려져 있는 마지막 코이족과 산족은 대부분 수용소에서 중노동에 시달리다가 죽어갔다고 한다.

하지만 남아공 인구의 70프로 이상은 흑인이 차지하고 있다. 백인과 흑인 그리고 컬러드들. 거기에 금광과 다이아몬드 채굴 산업 번창시기에 노동자로 유입되어 들어온 인도인들과 중국인들. 남아공은 그야말로 온갖 종류의 인종들이 한데 섞여 색색의 무지개 문화를 형성하고 살아가는 곳이다.

백인들 가운데 가정어(가정에서 쓰는 언어를 말함)로 아프리칸스어를 사용하는 정통 네덜란드계 백인. 남아공의 전형적인 백인들로 아프리카너라고 부른다. 그들은 그들 스스로의 문화와 언어에 자부심을 느끼며 완고하고 지극히 보수적인 성향을 가진 사람들이다.

간혹 남아공의 전형적인 이 아프리카너들은 지나치게 보수적이며 심지어는 싸잡아 인종차별주의자로 인식되기도 한다. 그런 선입견을 가지는 것은 옳지 않지만, 같은 백인이라고 해도 다른 유럽계 백인과 비교해 보수 성향이 짙은 게 사실이다. 또 부인할 수 없는 사실 하나는 전형적인 아프리카너들은 소위 콧대가 세고 고집스러우며 쉽게 친해질 수 있는 사람들이 아니라는 것이다.

시골 농가에서 와인팜과 유실수 농장을 운영하는 사람들 중에는 전형적인 아프리카너들이 많다. 에너메리와 코버스 부부도 역시 오랫동안 농장을 경영하면서 살아오고 있는 전형적인 아프리카너이다.

물론 사람에 따라 다르겠지

만 아프리카너들은 절대로 쉽게 친해질 수 있는 사람들이 아니다. 가령 얼굴에 함박웃음을 짓고 대한다고 해도 손을 흔들어 반갑게 인사를 한다고 해도 그건 단지 인사일 뿐이고 그때뿐이다. 남아공의 전형적인 아프리카너들은 절대로 쉽게 마음을 여는 사람들이 아니다. 이건 전적으로 생활하면서 느낀 개인적인 것이지만 아마 많은 사람들이 동의할 것이다. 심지어는 같은 백인들 사이에서도 아프리카너는 사귀고 싶지 않은 사람들로 통한다.

자신의 뿌리에 대해 지나치게 자부심을 가지고 필요없이 고지식하고 완고한 전형적인 아프리카너들은 아직도 시골 농가에서 고집스럽게 살아가며 영어 배우기를 거부하고 실제적으로 영어를 한마디도 못하는 사람들이 있다.

같은 백인이지만 가정어로 영어를 사용하는 사람들. 그들은 전형적인 아프리카너들과는 달리 다국적 문화 배경을 가진 사람들이 많다.

영국계 아버지와 독일계 어머니 사이에 태어난 사람. 할아버지는 포르투갈에서 왔고 할머니는 스코틀랜드 출신. 다양한 출신 배경을 가진 영어권 백인들은 남아공 아프리카너들에 비해 조금 더 사교적이며 개인적으로 친분을 쌓기도 조금 더 쉽다고 말할 수 있다. 남아공의 아프리카너들이 대부분 농업 분야에서 자리를 잡고 그 기득권을 행사하는 것에 비해 영국계 백인들은 주로 산업과 서비스 업계에 진출해서 성공한 사례가 많다.

남아공 인구를 이야기하면서 빼놓을 수 없는 것이 바로 컬러드이다. 컬러드들은 애초에 네덜란드 동인도 회사의 백인들과 남아공 원주민이던 코이족이나 산족과의 결합에서부터 생겨나기 시작해 수세기를 거치면서 다양한 인종의 결합으로 생겨난 혼혈이라고 할 수 있다.

가정어로 아프리칸스어를 쓰며 대부분 케이프타운이 속해 있는 웨스턴 케이프 지방에 집중되어 살고 있다. 그들은 백인 언어를 가정어로 쓰면서 백인 사회에 편입되길 갈망하지만 백인 사회에도 편입되지 못하고 흑인 사회에도 편입되지 못한 채 여전히 자신들의 정체성 확보에 갈등을 하고 있는 계층이라고 할 수 있다.

정체성 갈등과 가난한 생활을 하고 있는 케이프타운의 컬러드들.

남아공에서 가장 믿지 말아야 할 사람들이 컬러드들이라는 말을 하곤 하지만, 그런 선입견과는 달리 대부분의 컬러드들은 사교성이 뛰어나고 친근하기 때문에 쉽게 친해질 수 있는 사람들이다. 남아공 경제의 한 부분을 장악하고 있을 만큼 부유한 컬러드들도 있다지만, 많은 컬러드들은 그리 부유하지 못하며 아직도 시골 농가에 일군으로 살아가는 사람들이 대부분이다.

항구에서 만난 노래하는 사람들. 남아공의 컬러드는 입담 좋고 흥겨워하기로 유명하기도 하다. 항구에서 관광객들에게 노래를 불러주던 이 사람들도 예외는 아니었다.

남아공 전체 인구의 70프로 이상을 흑인이

인구 10프로도 안되는 컬러드들의 대부분은 웨스턴케이프 지방에 집중되어 살고 있다. 많은 컬러드들이 백인 농장의 일꾼으로 살아간다.

차지하고 있는데, 피부가 검은 색이라고 해서 모두 같은 종족은 아니다. 공식 언어가 영어와 아프리칸스어를 제외하더라도 9개가 된다는 것은 그만큼 여러 종족이 모여 산다는 의미가 된다.

아직도 깊은 오지에는 홈랜드라고 하는 지역에 저마다의 부족 왕들이 존재한다. 물론 어떤 실권을 가진 존재들은 아니고 상징에 불과한 왕이지만, 나라에서는 그 이름에 맞는 대우를 해주곤 한다. 선거에 절대적인 영향을 미칠 수 있는 존재이기 때문에 대통령도 가끔 그 홈랜드의 왕을 방문하는 일도 있다.

케이프타운이 속해 있는 웨스턴 케이프 주에 거주하는 대부분의 흑인은 코사족이다. 남아공의 대통령인 타보 음베기나 전 대통령을 지낸 넬슨 만델라 모두 이 코사족 출신이다. 코사족 신화에 의하면 코사라는 말은 '성난 사람들' 이라고 한다.

코사족의 전통 가옥 외부 모습. 다른 부족도 마찬가지이지만 코사족에게 가옥과 가축은 자신의 부를 나타낼 수 있는 좋은 수단이기도 하다.

특히 흑인들 가운데 코사족은 남아공 여러 흑인 인종 중에 서양인들과 가장 먼저 접촉한 사람들이라고 할 수 있다. 그 이유는 코사족은 그 거주지가 주로 케이프 지방이기 때문에 케이프를 통해 정착하기 시작한 백인과의 교류가 가장 빨랐다는 이야기이다.

코사족의전통 가옥 내부. 코사족은 전형적인 가부장적 사회로 주택의 내부구조 역시 유사시에 여자를 보호할 수 있는 구조로 지어졌다.

코사족의 전통 치료사들은 다른 부족에 비해 유명한 편이다. 그 이유는 다른 부족의 전통 치료사들은 가히 원시적이라고 할 수 있는 초자연적인 방법에 의존해 병을 치유하려고 하는 것에 비해 코사족 전통 치료사들은 자연 약초를 이용해 병자를 치료하는 나름대로 과학적인 방법을 썼기 때문이다.

실제로 코사족의 홈랜드를 방문해보지 못했던 나로서는 케이프타운 타운쉽 투어 때 전통 치료사를 볼 수 있다는 말에 조금 기대를 했었다. 하지만 그 명성과는 달리 실망의 수준을 넘어 슬픔을 느낄 정도로 너무 시설도 기술도 초라하고 심지어 무섭기까지 했다. 동굴처럼 시꺼먼 공간 안에 약초를 모아놓은 병은 먼지가 쌓이고 쌓여 약재로 쓸 수 있을까 싶었고, 지붕마다 주렁주렁 매달아 놓은 온갖 동물의 박제나 손발톱 등은 전통치료사라는 느낌보다 마치 무속인 같은 느낌을 더 강하게 느끼게 했다.

타운쉽에서 만난 코사족 여인. 막 결혼한 여자들은 치마 위에 덧치마를 입어 금방 결혼한 새댁인 것을 표시한다.

코사족이 웨스턴 케이프 지방에 많이 집중되어 살기 때문에 이 지방에서는 학교 수업에 코사어로 수업을 하고 있다. 케이프타운의 유명한 타운쉽의 모든 이름 역시 코사어로 붙어졌다.

코사족과 더불어 남아공의 비중 높은 흑인은 줄루족이다. 줄루족은 품성이 용맹스럽고 호전적인 것으로 자주 묘사되곤 한다. 19세기 초 용맹스러운 흑인 전사의 대명사로 불리우는 샤카 줄루의 등장으로 줄루족은 남아공 내에서 막강한 힘을 과시하게 되었고, 현재도 콰줄루 나탈 주에 줄루 왕국을 가지고 있다. 샤카 줄루가 약소 부족에 불과하던 줄루족을 일정부분 영향력 있는 부족 국가로 발전시킨 것이다.

줄루족의 구슬 공예는 은데벨레족의 그것과 더불어 아름답고 정교

샤카 줄루의 후예로 남아공 흑인 부족 중에 가장 호전적이며 전투적인 부족으로 꼽히는 줄루족의 성인 남자. 줄루족은 또 무기를 잘 다루는 부족으로 알려져 있다.

줄루족과의 인사는 각별한 의미가 있다. 인사를 통해 적이 될 것인지 친구가 될 것인지를 가늠한다고 한다.

줄루족의 결혼한 여성과 미혼 여성의 전통 의상 차림. 성인 여자가 쓰고 있는 구슬로 만든 모자는 줄루족 여자의 큰 상징이다.

하기로 유명하고 남아공 내의 전통 공예품 시장에서 어렵지 않게 구할 수 있다. 코사족 남자에 비해 줄루족 남자들은 신체가 조금 더 건장하고 골격이 큰 편이다.

은데벨레 부족은 남아공에 사는 흑인 부족 중 가장 신비스런 부족 중의 하나라는 생각이 든다. 그건 다름 아닌 그들의 예술적 감각 때문이다. 그들의 전통 가옥은 흰 바탕에 원색의 기하학적 무늬가 들어가는데, 신기하게도 한 채도 같은 문양을 가진 집이 없다고 한다. 남아공의 피카소 부족이라고도 불리는 은데벨레족의 의상은 그 색깔이 화려함의 극치를 보인다. 특히 여성의 전통 의상의 경우 구슬로 일일이 꿰어 만든 섬세한 치마나 허리 장식 또한 위에 걸치는 화려한 원색의 천은 그들의 검은 피부색과 절묘한 조화를 이룬다.

이밖에도 남아공에는 소토, 샹간, 벤다족 등 여러 부족이 있지만, 그들의 전통 모습을 주변에서 볼 수 있는 기회는 쉽지 않다.

처음에는 아프리카라고 하니 원시 부족이 모여 사는 곳을 어렵지 않게 구경할 수 있으리라는 생각에 기대도 했었지만, 그런 기대와는 달리 우리가 볼 수 있는 흑인은 대부분 도시에서 값싼 노동력을 제공하는 가난한 흑인들뿐이다.

아프리카의 피카소 민족이라고 불리는 은데벨레 부족의 전통가옥 모습. 화려한 색과 기하학적인 문양을 그려 넣지만 정작 같은 모양은 하나도 없다.

유명한 구슬 다리 장식품을 착용하고 화려한 담요를 두르고 있는 은데벨레 부족의 성인 여자의 모습.

전통 복장을 한 은데벨레 여인들이 앉아서 구슬을 이용해 화려한 장식품을 만들고 있다.

아직도 전통 생활방식을 고수하고 사는 각 부족의 홈랜드가 있지만, 너무 오지라 쉽게 가볼 수가 없었다. 조하네스버그 가까이 위치한 레서티 민속마을에서 전통 가옥이나 전통의상을 입은 부족들 그리고 그들의 문화를 잠시 엿볼 수가 있었다.

이렇게 다양한 인종들이 모여 무지개 문화를 만들어내는 곳이 바로 다름 아닌 남아공이다. 지난 반세기 이상 잔인한 인종차별주의로 심한 갈등을 빚어냈던 남아공에 진정한 민주주의가 정착되어가고 있지만, 여러 인종 사이의 골 깊은 갈등의 화합은 아직도 갈 길이 먼 여정 중에 있다.

여러 가지 색이 모여 찬란한 무지개를 만드는 것처럼, 다른 인종이 섞여 사는 남아공 역시 남아공만의 독특한 문화와 진정한 무지개를 만들어갈 수 있기를 빌어본다.

소토족의 젊은 청년들. 재미있는 모양의 모자와 화려한 색의 담요를 두르는 것이 소토족 남자들의 특징이다.

불 피우는 화덕이 십자가 모양으로 생겼다. 바람 부는 것을 피해 불을 피울 수 있는 지혜가 보인다.

레서티 민속마을에서 여러 부족들이 함께 어우러져 전통 춤을 추고 있는 모습.

공식 언어만 11개

남아공은 공식 언어가 11개이다. 비공식 언어까지 하면 그 수가 얼마나 되는지 정확히 알 수 없다. 적지 않은 공식 언어만으로도 얼마나 다양한 문화가 존재할 것이라는 것은 어렵지 않게 짐작할 수 있다.

영어와 아프리칸스어가 가장 널리 쓰이는 공식 언어이지만, 초등학교나 고등학교는 지역에 따라 코사어나 줄루어를 추가적으로 가르치고 있다.

아프리칸스어는 최초 남아공에 이주해왔던 네덜란드 동인도 회사의 진출과 더불어 생겨난 말로 많은 부분이 네덜란드 언어에서 가져왔고 독일어와도 유사한 발음을 가지고 있다.

아프리칸스어는 영어보다 약 20년 뒤늦은 1931년에 공식 언어로 지정되어 가정마다 사용할 것을 권장했지만, 실제로 아프리칸스어를 쓰는 가정은 아프리카너들과 컬러드들에 한정되어 있다고 한다.

아파르트헤이트 붕괴의 한 원인이 되기도 했던 조하네스버그의 소웨토 청년 봉기는 흑인 학교에서 아프리칸스어로 수업할 것을 강요한 것이 발단이 되기도 했다.

남아공 전형적인 아프리카너들은 아프리칸스어만 사용하고 영어 배우기를 거부하는 사람들도 있다고 하고, 대농장의 농장주이기도 한 토종 아프리카너들은 영어를 한마디도 못하는 사람이 많다고 한다.

아프리카에도 사계절이 있다

아프리카에 산다고 하면 일년 내내 뜨거운 여름 날씨에서 사는 것으로 아는 사람들이 많다. 혹자는 케이프타운이 적도 부근쯤에 있는 곳으로 알고 있기도 하다. 사실 나도 막상 케이프타운에 오기 전에는 아프리카는 일년 내내 태양이 지글거리는 더운 곳이라고 생각했다.

하지만 아프리카에도 사계절이 있다. 우리나라처럼 확연하게 구분되는 사계절은 아니지만, 봄, 여름, 가을, 겨울, 사계절의 아름다움을 느낄 수 있다. 남반구 나라이기 때문에 북반구인 우리나라와는 계절이 반대라는 것도 처음에는 신기했다.

케이프타운의 봄. 9월, 10월, 11월. 봄이라고는 해도 여전히 춥기는

남아공의 가장 인상 깊은 것 중에 하나는 일년 내내
푸른 하늘과 변화무쌍하게 변하는 구름의 모습이다.

하다.

하지만 조금씩 길어지는 햇살 한줌쯤 집에 들여놓기 위해 문을 열어두어도 견딜만하고, 온천지에 만발하는 들꽃의 축제를 즐길 수 있는 계절이다.

우기가 시작되는 가을 끝 무렵부터 군데 군데 피기 시작하는 카라 무리가 봄이 되면 온 들판에 가득하다. 들꽃 한 송이도 마음대로 꺽지 못하는 것이 이 나라의 법이라지만 이맘때쯤 되면 거리에서 카라 한 다발씩을 꺾어 들고 파는 흑인의 모습을 볼 수 있다. 흑인들이 긴 꽃대를 가진 희고 도도한 카라를 파는 장면은 참 인상적이다.

이름도 알지 못하는 키 작은 온갖 들꽃이 거짓말처럼 여기저기 피

들꽃이 피기 시작하는 봄이 되면 집 주변 들판으로 카라꽃이 지천으로 피어나곤 한다.

어난다. 무리지어 피어나는 들꽃은 마치 밤하늘의 별처럼 반짝이는 모습이기도 하고, 어떤 꽃은 마치 바스락거리는 종이로 만들어놓은 것 같은 꽃잎을 가지고 있기도 하다.

봄이면 들꽃이 피어있는 곳을 어렵지 않게 만난다. 들꽃이 만발한 곳에 개미집의 모습도 눈에 띄었다.

남아공의 서쪽 해변 지방의 아름다운 들꽃 군락지는 유명한 관광코스이기도 하다. 케이프타운에서 자동차로 7시간 정도 북쪽으로 떨어진 곳, 나미비아 국경 가까운 곳에 나마콰랜드는 그 중에서도 손꼽히는 들꽃 군락지로 알려져 있다. 봄이면 들꽃 축제를 즐기기 위해 수많은 관광객들이 찾기도 하는 곳이다.

봄꽃 축제가 열리는 웨스트코스트. 꽃피는 계절이면 많은 관광객들이 찾는 유명한 곳이다.

하지만 집 주변에 지천으로 흐드러지는 들꽃만으로도 아프리카의 봄은 취하고도 남는다.

이 시기에 아프리카 대륙의 최남단인 아굴하스를 가노라면 끝없는 밀밭의 행렬을 만나는데, 봄날 그 밀밭의 푸른 물결은 탁 트인 하늘과 어울려 숨 막힐 정도로 장관이다.

케이프타운의 여름. 12월, 1월, 2월. 한낮의 수은주가 40도까지 올라가는 날도 있다. 하지만 대부분은 35도 안팎의 날씨이다. 수은주가

집 앞에 피는 들꽃만으로도 아프리카의 봄은 만끽할 수 있다.

아프리카 대륙 최남단인 아굴하스를 가는 길에 만난 시골 농가.

36도 이상 올라가는 날이면 아이들은 학교를 가지 않아도 된다.

한여름의 그 뜨거운 태양은 가히 살인적이다. 얼마나 지글거리는지 수돗물을 틀면 한참동안 뜨거운 물이 나올 정도이다. 아프리카의 여름은 비 한 방울 안 오는 건기이기 때문에 잔디는 바싹 마르고 건조하다.

난 유난히 더운 것을 힘들어한다. 곰이 겨울잠을 자는 것처럼 난 늘 여름잠이 필요하다고 말하곤 했다. 지치고 늘어지고 짜증나는 여름이 나는 싫었다. 그래서 아프리카로 올 때 사실 겁이 많이 났다. 일년 내내 더운 여름을 어찌 이겨낼까 싶어서 말이다.

하지만 이곳 여름은 습하고 끈적끈적한 한국의 더위와는 달라 쉽게 짜증이 나거나 불쾌지수를 치솟게 하는 날씨는 아니다. 지글거리는 해가 무섭긴 하지만 그늘만 찾아들면 그나마 더위는 달래볼 수 있다.

대부분의 일반 주택들은 우리 개념으로 보면 음침할 정도인데 여름을 지내기에는 안성맞춤인 것 같다. 웬만한 가정집은 수영장이 필수적인데 길고 더운 아프리카의 여름을 지나기 위해서는 그럴만하다는 생각이 든다.

건기인 여름에는 산불이 많이 난다. 물기라고는 없는 바짝 마른 산을 태우는 소리는 무서울 정도이다.

건기에는 산불이 잦고 타운쉽에서도 화재가 많이 발생한다. 여행 중에 큰 산불을 몇 번 만났는데, 물기라고는 없이 바짝 마른 덤불로 덮힌 산을 빠지직 빠지직 소리를 내면서 순식간에 번져나가는 모습은 어떻게 손을 쓸 수가 없을 정도다. 하여 적당한 곳에 맞불을 놓아서 불길을 잡는 것을 보았다.

크리스마스가 끼어 있는 여름. 휴가를 즐기는 남아공 사람들을 보면 마치 여름 휴가를 위해 일 년을 일하는 사람들 같아 보인다. 짧게는 일주일에서 길게는 한 달씩 여름 휴가를 즐긴다. 한여름의 크리스마스를 해변에서 맞이하는 특별한 경험을 해볼 수 있는 것도 역시 남반구 나라에서 사는 재미이기도 하다.

이 시기에 케이프타운에는 남동풍이 많이 부는데, 이 바람을 케이프 닥터라 부르기도 한다. 자동차로 몸살을 앓는 그래서 날로 심각한 케이프타운의 공해를 바다 쪽으로 내 몰아주는 역할을 하기 때문이다.

가을. 3월, 4월, 5월은 안개도 자주 끼고 불어오는 바람에 찬 기운이 확 묻어난다.

케이프타운의 가을은 드넓은 포도밭에서부터 물들기 시작한다. 가까운 포도밭에 가면 탐스럽고 실하게 열린 달고 맛있는 포도를 직접 따 먹어 볼 수도 있다.

한낮의 더위는 아직까지 여름도 무색할 만큼 더운 날도 있지만 아침 저녁의 서늘한 날씨는 조심하지 않으면 영락없이 감기 몸살을 한 번쯤 앓게 된다.

케이프타운은 지중해성 기후의 영향으로 잔디가 자라기 좋고 우산 모양의 잎이 무성한 나무들이 자라기 좋다고 한다. 그 많은 나무들이 색색의 단풍으로 물이 든다. 그런 날 낙엽 떨어지는 거리를 걸으면 잠시 기분이 좋아진다. 하지만 다가오는 겨울이 무섭다.

케이프타운의 가을은 넓은 푸른 하늘을 배경으로 펼쳐진 와인팜에서부터 느낄 수 있다.

깊어가는 가을은 주변 어디서나 느껴볼 수 있지만 남아공이 자랑하는 식물원, 커스텐보쉬 보태니컬 가든은 케이프타운의 가을을 더욱 빛나게 한다. 테이블마운틴 자락에 위치하고 있고, 3천여 종의 식물이 자라고 있는 아름다운 식물원에서 가을날 하루쯤 느긋하게 산책을 즐기며 깊어가는 케이프타운의 가을을 만끽해볼 수 있다.

케이프타운의 겨울. 6월, 7월, 8월은 우기이다.

더운 것을 그렇게 힘들어하는 나에게 케이프타운의 겨울은 여름보다 훨씬 더 괴롭다. 더운 것보다 추운 것을 훨씬 더 좋아하는 나였지만, 아프리카의 겨울은 정말 용서가 되지 않는다.

기온은 그렇게 많이 떨어지지 않는 영상 10도 안팎. 한낮에는 뜨거운 태양열로 가끔 한여름 날씨가 되기도 하지만, 해만 떨어지면 으슬으슬하다. 남극에서 불어오는 바람, 한겨울 밤의 그 찢어질 듯한 바람 소리는 겁이 날 정도다.

물론 많은 집에 벽난로가 있어 장작 몇 개로 습기를 제거해주면 견딜만하지만, 벽난로 없이 지내는 겨울은 어디 엉덩이 붙이고 앉을 데가 없다. 밤새도록 천둥과 번개를 동반하는 폭우가 내리는 날이 많다. 하지만 다행스럽게도 우기라고 해도 우리나라 장마처럼 낮에도 비가 내리는 날은 며칠 되지

서더랜드에서 처음으로 물이 얼어있는 것을 본 적이 있다. 아프리카에서도 물이 얼 수 있다는 것이 신기했다

않는다.

사는 곳에서 눈을 구경할 수는 없지만 멀리 보이는 산 정상에 가끔 눈이 쌓여있는 모습을 볼 수가 있다. 그래서 눈이 많이 내리는 지역으로 눈 구경을 가기도 한다.

아프리카에서 눈 내리고 바람이 부는 추운 겨울날을 상상이나 했으며, 또 아프리카에서 한국의 한겨울에 입던 스웨터를 입고 살 거라고 상상이나 했을까. 하긴 내복을 입는 사람들도 있을 정도이니.

아프리카에도 이렇게 사계절이 있다. 케이프타운 여행 계획을 잡을 때는 날씨를 많이 고려해야 한다.

케이프타운 여행은 여름이 좋다. 아름다운 해양도시를 한껏 느껴볼 수 있기도 하고 가벼운 옷차림이어서 좋다. 또 하루해가 길어서 시간을 효율적으로 이용할 수 있는 이점도 있다. 하지만 한여름이라고 해도 항상 얇은 긴팔 옷을 하나쯤 준비하는 것이 좋다.

겨울에 움직일 계획이 있는 사람이라면 얇은 내복을 하나쯤 준비하는 것도 좋고, 두꺼운 겉옷도 있어야 하지만 얇은 옷에 덧입을 수 있는 조끼와 숄도 실용적이다.

혹시라도 케이프타운으로 이민을 계획하고 있다면 집에 있는 이불은 모두 짐 목록에 더해두는 것이 좋다.

재미있는 남아공의 화폐

대부분의 화폐에 역사적 위인의 그림이 인쇄된 것과 달리 남아공의 화폐는 동물이 인쇄되어 있는 것이 인상적이다.

지폐는 200, 100, 50, 20, 10랜드짜리에 각각 치타, 물소, 사자, 코끼리, 코뿔소 등 소위 남아공의 '빅5' 라고 하는 동물이 인쇄되어 있다. 동전 5랜드에는 버팔로, 2랜드와 1랜드짜리에는 스프링복이 각각 새겨져 있다.

100랜드면 한국 돈으로 약 만5천원 정도인데 마치 만 원짜리 지폐를 쓰는 것 같은 느낌이고, 5랜드짜리 동전은 천원 가까운 가치이지만 한국 5백원짜리 동전 같은 느낌이 들기 때문에 지출 관리를 철저히 하지 않으면 늘 돈을 도둑맞은 것 같은 허탈한 기분이 들기 쉽다.

작은 단위 동전은 1센트짜리부터 2센트, 5센트, 10센트, 20센트, 50센트짜리가 있는데, 물건 가격이 99센트 단위로 끝나거나 95센트 단위인 경우가 많아 지갑에는 언제나 동전이 가득하다.

들판의 꽃 한송이도 맘대로 꺽지 못한다

인도양과 대서양, 두 대양이 만나는 아름다운 해변을 가지고 있는 이곳 케이프타운은 온갖 해양 동물들이 풍부할 것이라는 사실은 얼마든지 미루어 짐작할 수 있다. 하지만 남아공 사람들은 생선을 그리 즐겨 먹지는 않는 것 같다.

물론 바닷가재나 생굴 요리가 고급 식당의 비싼 메뉴 중의 하나이긴 하지만, 해양 도시라는 점을 감안할 때 대중적인 피시앤 칩스(헤이크라는 생선 튀김과 감자 튀김)말고는 생선 요리가 그렇게 대중화되어 있지 않다.

동네 마켓은 물론이고 피시 마켓이라는 곳을 가 봐도 신선한 생선 종류가 그리 다양하지 않고, 다지고 으깬 생선살로 만들어 놓은 스테

봄이되면 지천으로 들꽃이 핀다. 들꽃 군락지를 찾아 나선다면 이런 장면은 어렵지 않게 만날 수 있지만 쉽게 파손시키는 것에 대해서는 엄격하다

헛베이에서 만난 어부. 자신이 잡아온 가재라면서 자랑스럽게 내보이고 있다.

이크 종류가 주를 이루고 있을 뿐이다. 온갖 바다 생선과 해산물에 익숙한 한국 사람들에게는 다소 실망스러운 일이다.

하지만 해양 도시 케이프타운에서 즐길 수 있는 재미 하나가 있다. 바로 전복, 조개, 문어, 멍게 등 해산물을 직접 잡아 볼 수 있다는 것이다. 물론 한국에서도 나름대로 체험 학습을 통해 그런 경험을 해보곤 하지만, 인도양과 대서양이 만나는 그림 같은 해변에서 싱싱한 해산물을 잡을 수 있다는 것은 큰 매력중의 하나임에 틀림없다.

그렇다고 해산물을 잡는다고 내 마음대로 마구잡이로 잡을 수 있는 건 아니고 각종 해산물을 잡을 수 있는 허가증이 있다. 우리나라처럼 어느 바닷가에서나 마음대로 낚시하고 조개를 잡을 수 있는 건 아니다.

바다 속 바위에 붙어있는 불가사리와 성게 등. 자연환경을 철저하게 보존하고 있는 탓에 웬만한 바닷가에서도 물 속을 통해서 이런 장면을 어렵지 않게 볼 수 있다.

낚시나 해산물을 잡을 수 있는 허가증은 동네 우체국에 가면 쉽게 살 수 있는데, 어떤 종류를 원하느냐에 따라 가격이 조금씩 다르다.

한국사람들에게는 전복과 문어를 잡는 곳으로 유명한 콜스베이.

예를 들면 프링글스 베이는 전복을 많이 잡을 수 있는 것으로 유명한 곳인데, 전복을 잡기 위해서는 비싼 허가증이 있어야 한다. 그나마 요즘은 5년 동안 허가증이 있어도 전복 채취 자체가 금지되어 있다. 성장 속도가 느린 전복의 수를 늘리기 위해서라고 하니 생태계 보전에 있어서는 철저하다는 이야기다.

그런 상황에서도 중국 사람들이나 몇몇 한국 사람들은 그 불법인 전복을 따다가 짐 뒤짐도 당하고 심지어 구치소 신세를 진 사람들도 있다. 얼마 전에는 뉴스에서 하루가 멀다 하고 엄청난 양의 전복을 불법으로 채취한 중국인에 관한 뉴스가 보도되기도 했다.

처음 정착하고 아무것도 모르던 시절에 웃지 못할 어처구니없는 경험을 한 적이 있다. 바다낚시를 하고 해초류와 조개를 잡기 위해서는 그저 허가증이 필요하다는 것 외에는 아무 것도 몰랐다. 허가증 두 장을 신청하면서 우체국 직원에게 이것 저것 물었다. 허가증 한 장으로 조개 몇 개를 잡을 수 있는지, 낚시는 몇 마리까지 허용되는지 등.

그 우체국 직원은 한 장의 허가증으로 무한정 조개를 잡을 수 있다고 설명하면서 덧붙여 한 장만 사는 게 어떠냐고 친절하게 충고까지 했다. 나는 무작정 그 말을 믿고 한 장만 있어도 심심풀이로 실컷 조개를 잡을 수 있다고 생각했다.

그리고는 그 허가증을 가지고 마음 놓고 아이들과 함께 몇 번 조개잡이를 갔다. 물이 들고 빠지는 시간을 잘 몰랐던 나는 무작정 주말에 아이들과 함께 바닷가 모래사장을 모종삽으로 파헤치곤 하면서

허가증 종류와 금액에 따라 잡을 수 있는 양이 자세하게 표기되어 있는 해양 자원 안내서.

우리나라 바지락만한 조개를 몇 개씩 잡아오곤 했다.

아이들은 조개를 많이 잡지 못해도 그저 바닷가에 풀어놓기만 해도 행복해 했다. 모종삽으로 고운 모래를 파면 찍 물을 뿜으며 조개가 모래를 파고드는 것을 볼 수 있다. 아이들에게는 그것만으로도 좋은 경험이고 소일거리였다.

그렇게 몇 번 나름대로 조개잡이를 즐기고 있었는데, 이곳에서 오래 산 교민 한 분이 내 이야기를 듣고 웃으면서 조개 잡는 방법을 알려준다면서 앞장을 선 게 화근이었다.

썰물 때를 맞추어 가야 조개가 많노라고. 그리고 큰 조개를 잡을 수 있노라면서 친절히 앞장을 섰다. 아이들이 학교에 간 시간, 한국 가정 몇 집과 함께 따라나섰다. 늘 다니던 빅베이. 늘 차를 세우는 곳에 차를 세웠다. 바닷가는 물이 빠져 곱고 깨끗한 모래사장이 훤하게 드러나 있었다.

한 분이 시범을 보였다. 발목까지 찰랑찰랑 넘나드는 바닷물에 발을 담그고 트위스트를 추는 것처럼 다리를 흔든다. 그리고는 어른 손바닥만한 조개 두 개를 얼른 건져 올린다. 거짓말처럼 쉽게 그리고 한번도 잡아보지 못한 크기의 조개들이 순식간에 가져간 망태기에 쌓이기 시작한다.

가르쳐준 대로 해봤지만 처음이라 그런지 나는 쉽게 조개를 잡을 수가 없었다. 하지만 남들 잡는 것만 봐도 신기하고 가끔씩 발바닥에 느껴오는 조개의 움직임이 그렇게 재미있을 수가 없었다.

같이 간 사람들은 다들 경험자들이어서 물 빠지는 자루를 한 손에 들고 열심히 조개를 주워 올린다. 그야말로 주워 올린다는 표현이 맞

빅베이에서 잠깐 동안 잡아온 조개. 어른 손바닥만한 조개를 잠깐 동안 수없이 잡을 수 있다.

을 정도로 물이 들어왔다 나가면 수없이 많은 조개들이 모래 밑에 지천이다.

아이들 아빠는 금방 잡는 법을 터득해 주머니 가득 조개를 채우곤 가져가라고 소리치곤 했다. 난 그저 큰 조개를 그렇게 쉽게 그리고 많이 잡을 수 있다는 것이 신기해 흥분한 아이처럼 이리 저리 뛰어다니면서 참견하느라고 실상 몇 개 잡지 못했다.

한 시간 만에 같이 간 사람들 부부 모두 양손에 큰 자루 하나씩을 채웠다. 모래사장을 지나 차로 향하는데 같이 갔던 한국 사람들이 막 서두르기 시작한다. 영문도 모르면서 같이 뛰어 차로 향했다. 앞에 섰던 차들이 서둘러 출발한다. 해안경비초소에서 경비원들이 뛰어오고 있다.

나는 허가증이 있으니 아무 걱정 없다면서 느긋했다. 해안경비원이 다가오더니 허가증을 보여달라고 한다. 앞서 출발한 자동차까지 다 잡을 심산이었는데 그만 놓쳤다면서. 우리 앞에 있던 자동차는 승용차가 아니고 9인승 승합차였고 거기에 사람들이 많다는 것을 알고 있었던 게다.

나는 느긋하게 허가증을 보여주고 몇 개 잡았냐고 묻기에 얼마나 잡았는지 모르겠다고 사실대로 이야기했다. 잡은 조개를 다 내려놓으란다. 그러면서 한 장에 50개씩 잡을 수 있다고 말한다.

앞이 캄캄했다. 50개라니. 우린 도대체 얼마나 잡은 걸까? 그 해안경비원이 동료를 부르더니 조개를 10개씩 무더기를 만들어 센다. 그리고 비디오카메라를 찍고 얼마나 심각한 범죄인지 모르냐면서 거의 협박조로 훈계를 한다.

그 해안경비원한테 우체국에서 허가증을 살 때 무제한 잡을 수 있노라고 했다고 아무리 설명을 해도 막무가내로 경찰에 전화를 건다. 5분도 안되어 경찰차가 요란스럽게 다가오고 잡은 조개를 보고 입을 다물지 못한다.

어느 바닷가에나 어김없이 세워져 있는 해양 자원에 대한 설명 표지판. 이런 세심한 설명과 그림이 그려진 표지판 때문에도 쉽게 무언가 잡을 생각은 하지 못한다.

10개씩 세어 놓은 무더기가 무려 30개가 넘는다. 나도 놀랐다. 그 짧은 시간에 300개라니. 해안경비원이 앞서 급하게 출발한 승합차 번호까지 적어 흔들어 대면서 상습범일거라며 그 승합차에는 더 많은 사람과 더 많은 조개가 있었을 거라면서 경찰을 부추긴다. 같이 갔던 일행들이 도망간 것까지 고스란히 뒤집어쓰게 생겼다.

그 경찰, 조개를 잡은 이유가 장사를 하려고 했던 것이냐고 묻는다. 눈앞이 캄캄해진다. 얼마 전에 인터넷을 통해서 한국 관광객들이 동남아에서 불법으로 보신용 동물을 밀매하는 뉴스를 보고 부끄러워했는데, 내 모습이 지금 그런 사람들의 모습과 별로 다르지 않는 모습이라고 생각하니 어디 쥐구멍이라도 들어가고 싶었다.

우체국 직원의 실수라고, 알았다면 50개만 잡았을 거라고 항변은 하고 있었지만, 그 현장에서 나는 남의 나라의 자연이야 어찌되든 나 좋으면 한다는 식의 몰지각한 한국인의 한사람으로 비춰졌을 것이다. 몰라서 지은 죄(?)였다지만 얼굴이 화끈 달아올랐다.

당장 법원에라도 보내라고 흥분한 해안경비원과는 달리 그 경찰 차근차근 이것저것 묻더니 법원에 가지 않으려면 벌금을 피할 수 없다고 한다. 고분고분 그러마고 했다. 우리나라 돈으로 25만원 정도의 벌금을 내야했다. 그것도 학생신분이라고 봐주고 깎아 주어서.

해안경비원이 큰 조개로만 딱 50개를 세어서 차에 실어 주었다. 적지 않은 돈을 벌금으로 내야한다는 내 말에 현지인 친구들이 한결같이 법원에 함께 가준다며 우체국 직원의 실수로 그랬으니 벌금을 내지 말아야 한다고 법석이다. 사람 마음이 간사하다고 친구들 도움을 받아 벌금을 면해볼까 하는 생각도 들었지만, 남의 나라에 와서 사는 수업료 낸다 생각하고 내기로 결정했다.

그 날 저녁 그 조개를 먹으면서 비싼 조개라 맛도 다르네 하였더니, 아무 것도 모르는 아이들이 의아해 한다.

그 후 남아공에 살면서 알게 된 사실이지만, 이곳에서는 들판의 꽃 한송이도 맘대로 꺾지 못한다. 남아공은 생태계 보전에 있어서는 둘째가라면 서러워할 정도로 아주 철저하다.

조개 잡는 데도 허가증이 필요하고, 낚시하는데도 허가증이 필요하고, 남아공에서는 국립공원에서 야생화 한 송이 마음대로 꺾어 나올 수 없다. 심지어 들판에 흐드러지는 꽃을 한 송이, 고사리 하나를 꺾어도 불법인 나라이다. 어찌 보면 팍팍하고 살벌한 것 같지만 이 나라가 가진 최고의 재산 중에 하나가 자연환경임을 고려할 때 재산을 지키는 가장 강력한 처방을 가지고 있음에 분명하다.

생태계가 무너진다, 자연환경 파괴된다, 탁상공론만으로는 무너지는 생태계를 되살릴 수도 없고 파괴되는 자연환경을 보호할 수도 없다.

천혜의 자연환경을 강력한 보호정책으로 유지해가고 있는 것을 보면서 우리나라도 이 나라처럼 강력한 자연보호 정책이 필요하지 않을까 하는 아쉬움이 남는다.

봄이되면 지천으로 들꽃이 핀다. 들꽃 군락지를 찾아 나선다면 이런 장면은 어렵지 않게 만날 수 있지만 쉽게 파손시키는 것에 대해서는 엄격하다.

쓸 만큼 사고, 산 만큼만 쓴다

"전기 떨어질 때 되지 않았나 한번 살펴봐."

"아직 괜찮을 것 같은데. 주말까지는 쓸 수 있을 거야. 월요일에 사도 될 것 같은데."

남아공에 살면서 가끔씩 주고받는 대화중의 하나이다.

전기를 사오다니. 이상한 소리처럼 들릴 수도 있다. 하지만 나는 2주일에 한번이나 한 달에 한번, 혹은 가끔은 두 달에 한 번씩 전기를 사러 동네 마켓에 가곤 한다.

전기 계량기는 차고에 있는데, 가끔 그 계량기를 들여다보고 수시로 전기 떨어지지나 않았나 확인해야 한다. 그리고 전기가 떨어지기 전에 전기를 파는 곳에 가서 전기를 사다가 충전을 시켜야 한다.

오렌지강 댐과 더불어 엄청난 전력을 생산해내는 수력발전소가 있는 하립댐.

집 차고에 있는 전기 계량기. 일정량 쓸 만큼의 전기를 사면 영수증에 고유 번호가 찍혀 나오고 그 번호를 이 기계에 입력하면 산만큼의 전기가 입력된다.

집집마다 고유의 계량기 번호를 가지고 있고 전기를 사러 가면 금액만큼의 전기량과 16자리의 숫자가 찍힌 영수증을 준다. 그 영수증에 찍힌 숫자가 핀코드인데, 집 계량기에 붙은 계기판에 입력을 하면 금액만큼의 전기가 충전되는 것이다.

여름이야 전기 쓸 일 별로 없으니 그렇게 수시로 전기 계량기를 확인하지 않아도 좋지만, 겨울이면 방마다 전기담요에 전기 히터 틀어놓고 사니 계량기 수시로 점검하는 것이 큰 일과 중의 하나이다.

남아공 가정의 대부분 취사용 도구는 전기를 사용하는 인덕션이다. 온수 장치도 전기를 사용한다. 그리고 한국 음식 해먹어야 하는 나로서는 냉장고 외에도 큰 냉동고에 김치냉장고까지, 전기 쓸 일이 다른 집보다 많은 편이다. 거기에 겨울에는 전기장판까지 깔고 자니 한겨울의 전기요금은 여름에 비해 세배 가까이 들기도 한다. 그런 형편이니 전기를 떨어뜨리지 말아야 한다는 강박관념이 처음에는 큰 스트레스 중에 하나였다. 지금이야 언제쯤 떨어질지 대충 가늠할 수 있지만, 처음 이곳에서 살면서 한국과는 다른 시스템부터 마켓에 가서 전기를 사와야 하는 번거로움까지 편치 않은 것만은 사실이었다.

아주 오래 전에 지어진 집들은 아직도 한 달 동안 전기를 쓰고 나중에 청구서를 받아서 전기 요금을 치루지만, 웬만한 가정에서는 이제 모두 사전에 전기를 충전해서 써야하는 시스템이다.

남아공 내륙의 오렌지 강에 위치한 하립 댐의 수력발전소. 남아공은 수력발전소 외에도 원자력 발전, 풍력 발전 등 아프리카의 풍부한 전력 생산국이다.

처음에는 왜 이렇게 불편한 시스템을 도입했을까 하고 이해가 잘 되지 않았다. 하지만 생각해보면 이것처럼 철저하게 자본주의적이고 책임의 한계가 분명할 수는 없는 것 같다. 전기를 쓰고 싶은 만큼 맘대로 쓰고 전기 요금 못 내면 요금 독촉장 날아들고 최고장 날아들고 급기야는 전기를 차단하네 어쩌네 하는 번거로운 절차를 거쳐야 한다. 하지만 사전에 충전해서 써야하는 이곳 시스템은 돈이 있으면 쓸 만큼 사서 쓰고 돈이 없으면 못쓴다는 너무 분명한 자본의 논리와 더불어 사전에 책임의 한계를

남아공 전기 공사인 엑스콤에서 운영하고 있는 풍력 발전소. 대단위 풍력발전은 아니지만 바다에서 불어오는 바람을 이용해서 역시 전기를 생산하고 있다.

이름만으로는 낭만적인 오렌지강. 이곳에도 역시 대규모 수력발전소가 위치하고 있다.

분명히 한다는 의미가 있다. 사회복지라는 측면에서는 빵점이겠지만 말이다.

참고로 남아공은 명실 공히 남부 아프리카의 최대 전력 생산국 중의 하나로 아프리카 대륙 절반 지역에 고루 수출되고 있다. 케이프타운의 코버그 원자력 발전소에서 생산되는 전기 역시 웨스턴 케이프 지방에 공급되고, 국경을 맞대고 있는 나라 중의 하나인 나미비아에도 수출될 정도이다.

요금선불제는 전기뿐 아니라 휴대폰도 역시 그런 시스템이 적용된다. 네 개의 사업체가 경쟁을 벌이는 이동전화 역시 쓰기 전에 일정액만큼의 카드를 사서 입력시킨 후 사용하게 되어있는 것이다.

물론 휴대폰을 많이 이용하는 사람들은 이동전화 회사와 계약을 통해 본인이 원하는 만큼 쓰고 지불할 수 있는 후불제가 있긴 하지만, 아직도 많은 사람들이 에어타임(air time)을 사서 이용하고 있다. 즉 일정한 금액의 카드를 사서 충전시켜 사용하는데, 그렇게 충전해서 쓰는 것을 에어타임이라고 한다.

우리나라 휴대폰 요금제도 정액제라고 해서 학생들이 이용하는 제도가 있지만, 그것 역시 후불제로 사용 금액만 정해놓고 사용할 뿐이다. 이곳의 휴대폰은 일단 일정액의 에어타임을 살 수 없다면 아예 이용할 수 있는 기회조차 처음부터 가질 수 없게 되는 것이다. 그러니 수시로 내 휴대폰에 에어타임이 얼마나 남았는지를 확인하는 것도 빼놓을 수 없는 일 중에 하나이다.

그래서인지 케이프타운에서 만날 수 있는 재미있는 장면 중의 하나는 바로 전화 대여방이다. 곳곳에 카드나 동전을 사용할 수 있는 공

케이프타운 시청 앞 광장에서 전화 몇 대를 놓고 영업을 하는 젊은이. 많은 흑인들도 대부분 휴대폰을 가지고 있고 공중전화도 있지만 여전히 전화 대여업은 성업 중이다.

중전화가 설치되어 있지만, 여전히 전화 대여업은 성시를 이룬다. 케이프타운 시내에 가면 가게 전체를 이용해 여러 대의 전화를 놓고 영업을 하는 곳도 있고, 버스 터미널이나 동네 택시 정류장에는 달랑 전화기 하나 내 놓고 장사를 하는 사람들을 볼 수 있다.

우리 속담 중에 가는 날이 장날이고 무서우니 더 바스락거린다고 휴대폰 쓸 일이 별로 없는 나도 꼭 급한 일이 생긴 날은 공교롭게 에어타임이 떨어져 급히 전화를 해야 할 상황에 하지 못해 황당했던 기억이 남아있다.

한국에서 살 때처럼 휴대폰이 필수적인 것도 아니고 어쩌다 가끔씩 울리는 장식품 같은 존재지만 몇 번의 난처한 경우를 당한 후부터는 에어타임을 체크하는 습관을 가지게 되었다.

한국과 비교해 불편한 것 중의 또 하나는 인터넷 사용이 수월하지 않다는 것이다. 한국이야 명실 공히 세계 최고 인터넷 강국이라는 이름을 얻었으니 새삼 비교 자체가 억지스럽지만, 남아공의 인터넷 환경은 시쳇말로 정신건강에 해로울 정도라고 해도 과장된 게 아니다.

남아공의 유일무이한 전화 회사는 텔콤으로 역시 가장 큰 인터넷 시장을 장악하고 있다. 몇 개의 중소기업이 있긴 하지만, 텔콤에 비해 서비스의 질이 너무 떨어지기 때문에 아직까지는 많은 사람들이 텔콤에서 제공하는 인터넷을 사용하고 있다.

얼마 전까지 전화와 동시에 사용할 수 있는 모뎀을 사용하다가 몇 달 전에 인터넷 전용선을 설치했다. 인터넷 전용선을 설치하고 나니 속도가 빨라지긴 했지만, 한국과 비교하면 여전히 뒤떨어진다.

순수하게 인터넷 사용료만으로 10만원 가까이 지불하는데 무제한 사용할 수 있는 것도 아니다. 한 달에 다운로드 기준으로 3기가로 제한을 받고 있다. 더 필요하면 추가로 사용량을 늘려 신청하고 추가 비용을 부담해야 한다. 한 달에 3만원 남짓한 비용으로 엄청나게 빠른 속도의 인터넷을 무제한 사용했던 한국과 비교하면 아직도 열악한 인터넷 환경에 있다고 말할 수 있다.

남아공의 통신 기술이 점차 발전하고 있다고는 하지만 기술력이 크게 떨어진다는 말을 듣곤 하는데, 그 말을 증명이라도 하듯 인터넷 선은 아직 문제가 많다. 하루에도 몇 번씩 인터넷 선이 끊어져 다시 연결해야 하는 수고를 해야 하는 날도 있다. 며칠씩 인터넷 라인이 연결이 안 되는 경우도 있다.

지금 사용하고 있는 전용선을 설치하기 전에 속도가 상당히 떨어지는 모뎀을 한동안 사용했다. 금요일 오후 일곱 시에 접속해서 월요일 오전 일곱 시까지 한번 연결에 7랜드를 내는 세븐 랜드콜이라는 옵션을 신청했는데, 금요일 오후에 한번 접속으로 주말 내내 사용할 수 있다는 장점과는 달리 하룻저녁에도 몇 번씩 접속이 끊어지곤 해서 어떤 달은 인터넷 접속 비용만 백 랜드 이상 내야하는 달도 있었다. 물론 인터넷을 사용하는 비용과 모뎀 대여료는 별도로 한 달에 꼬박꼬박 따로 지불을 하고도 말이다.

기술적인 문제로 접속이 자꾸 끊어지는 것이라는 이야기도 있고, 의도적으로 접속을 끊어 비용을 올린다는 억측도 있지만 확인할 길은 없다.

일례로 전화 신청을 하면 한달 이상을 기다려야 하고 인터넷 사용 신청을 하고는 또 다시 한 달 이상을 기다려야 할 정도이니, 고의라기보다는 기술적인 문제로 야기되는 현상이 아닌가 싶다.

하지만 상품의 질이나 서비스의 질이 앞서 가려면 한참 있어야 하는 반면, 요금을 받는 일에는 언제든지 최고의 속도를 자랑한다.

외국인들에게만 적용되는 것이라고 하는데, 최초로 전화를 설치할 때 7백 랜드 데포짓(보증금)을 하게 되어 있다. 내국인들에게는 없는 제도인데, 후불제인 전화요금을 미납한 채로 자국으로 가버리는 사람들을 막기 위한 장치이다.

한 달 전화 요금이 데포짓 금액을 상회하는 달은 텔콤에서 어김없이 확인 전화가 온다. 매월 전화 요금 내는 날보다 며칠 앞서 전화 요금을 납부할 것을 확인한다. 서비스의 질은 쉽게 개선이 되지 않아도 돈을 받아야 하는 것에는 절대로 한 수 물러주는 법이 없는 것 또한 이 나라의 특징이다.

속도 면에서 한국과 비교할 수 없을 정도로 뒤떨어지는 인터넷을 사용하는 아이들이 언젠가 뉴스에 남아공이 세계 인터넷 강국 8위라는 기사를 보고 온라인 게임 하나 제대로 못하는데 말도 안 되는 억지라며 흥분한 적이 있었다.

한국에서 엄청나게 빠르고 질 좋은 인터넷을 사용하던 한국 사람들이야 많은 사람들이 전용선을 설치하고 비싼 비용을 지불하지만, 남아공 일반 가정에서는 아직도 값싼 모뎀이 상용화되고 있다. 그 영향인지 고등학생들, 심지어는 대학생들도 개인 이메일 주소 없이 부모의 것을 함께 사용하는 경우가 적지 않다.

우리나라에서는 상상도 할 수 없는 일이겠지만 케이프타운의 제일 좋은 대학이라는 UCT(케이프타운 대학)의 대학생들도 무료 이메일을 만드는 방법을 몰라 묻는 경우가 허다하다고 피시방을 경영하는 한국 사람들에게서 전해들은 적이 있다.

무엇이 절대적으로 좋고 절대적으로 나쁘다고 가를 수는 없다. 인터넷 환경이 그렇다보니 우리처럼 빠르고 신속한 서비스에 길들여진 사람들에게는 더할 수 없이 불편하다. 하지만 그들은 아직 개인 이메일도 없이 부모와 함께 사용하거나 부부가 같이 이메일을 사용하면서도 불편함을 모른다.

아마도 이런 게 문명의 속성이 아닐까. 인터넷이 어쩌면 문명의 최첨단 이기라고는 하지만, 사소한 것 하나만 잘못 되어도 인터넷이 끊어지고, 또 인터넷이 끊어지면 아무 일도 할 수 없는 현실이 양날의 칼처럼 느껴진다.

한 가지 더 느낀 것이 있다면 느리면 느린 대로 불편함을 모르고 사는 남아공의 사람들을 보면서 불편하면 불편한 대로 쓸 만큼 사고 산 만큼만 쓰려고 한다.

남아공의 물가

가끔 현지인 친구들이 우리 먹는 찰진 밥을 신기해하면서 어디서 쌀을 구하는지 물어본다. 아프리카 땅, 중국 가게에서 호주 쌀을 한국 사람들이 사다먹는다고 이야기해주면서 한바탕씩 웃곤 한다. 호주산 질 좋은 쌀은 25킬로에 150랜드(2만 4천 원)로 쌀값은 한국보다 많이 싼 편이다.

물론 육식 생활을 하는 나라인 만큼 소고기나 돼지고기도 한국에 비해 저렴한 편이다. 모두 1킬로에 45랜드(6,000원 정도)내외 정도이니 한우 생각을 하면 저렴한 정도가 아니라 파격적이기도 하다. 닭은 한 마리에 30랜드(4천 5백원)정도고 달걀은 한판 30개에 25랜드(4천원)정도이니 한국과는 별다른 차이가 없다.

빵과 우유도 한국에 비해서 싼 편이지만 그 중에 제일 싼 것은 제철에 먹는 과일이다. 너무 커서 혼자 들기도 벅찰 정도로 큰 수박이 한창 때는 10랜드(1500원)까지 떨어지기도 한다. 주먹 두 개만한 잘 익은 망고도 3랜드(500원 정도)만 주면 사먹을 수 있다. 휘발유 가격도 아직은 리터 당 천원이 안되니 한국에 비해 싼 편이라고 할 수 있다

하지만 아프리카라고 해서 물가가 엄청 쌀 것이라고 생각한다면 케이프타운의 물가는 만만치 않다. 참고로 우리가족 넷의 한 달 생활비는 집세(월세 4천랜드, 60만원)를 포함해서 1만 6천랜드(2백4십만원) 정도이다.

아이들의 학비는 사립을 보낼 경우 일 년에 이천만 원씩 내야하는 기숙학교에서부터 적지 않은 비용을 부담해야 하지만, 공립의 경우는 고등학교는 일 년에 100만원 내외 초등학교는 70만원 정도이다.

남아공 대부분 상가는 대형화인 동시에 프랜차이즈화 되어 있는 것이 또 가장 큰 특징 중의 하나이다. 가장 큰 프랜차이즈 상가인 과일야채전문 시장 입구.

케이프타운의 상징 굴뚝새, 그리고 브라이

바람이 심하게 부는 날이면 집집마다 굴뚝 위의 검은 굴뚝새가 춤을 춘다. 난방 시설이 따로 없는 이곳의 유일한 난방 수단인 벽난로의 굴뚝 위로 새 모양의 검은 쇠붙이 굴뚝 막이가 설치되어 있다.

새 머리라는 소리에 맞게 작은 머리와 굴뚝을 덮어야 할 정도로 커다란 몸뚱이를 하고 있는데, 대부분이 단층집이고 스카이라인이 잘 정리된 이곳에서는 그 수많은 굴뚝새도 외국인인 내게는 좋은 눈요깃감이 되기도 한다. 물론 오래된 동네 나무가 울창한 지역은 집들이 다 숲 속에 숨어있어 그런 눈요기 하나가 줄어들긴 하지만.

수직으로 뚫린 굴뚝에 빗물이 들어가는 것을 방지하는 장치인데, 새 모양으로 만들어 놓은 것이 재치 있어 보이고 그럴듯하게 보이기

집 지붕 위로 올라와 있는 굴뚝새. 굴뚝에 빗물이 새들어 가는 것을 방지하기 위해 만든 것이지만 새 천국이라는 케이프타운의 명성에 맞는 새 모양이 재미있고 익살스럽다.

도 한다. 새 천국이라는 이곳 남아공의 명성에 맞게 고안된 것이라 혼자 짐작해 본다.

가끔씩 그 까만 굴뚝새 옆에 진짜 작은 머리에 긴 부리를 가지고 긴 다리를 가진 날렵하게 생긴 이름 모를 새들이 와서 앉아 한바탕씩 시끄럽게 떠들다 가곤 한다.

어떤 집은 한 지붕에서 두세 개의 굴뚝이 올라오고 두세 마리의 굴뚝새가 지붕을 지키고 있는 집도 있다. 벽난로 뿐 아니라, 이곳 아프리카 사람들이 즐겨하는 브라이를 하는 화덕이 집안에 한군데 이상 있는 집도 있기 때문이다.

벽난로는 바닥에 화로를 만들어 집안에 습기를 제거하고 난방을 하는 기능이지만, 브라이 화덕은 사람 허리 높이 위에 화덕을 만들고 굴뚝을 올려 집안에서도 장작불을 피워 온갖 종류의 고기를 구워먹을 수 있게 만든 장치이다.

집 외부에 설치된 브라이 플레이스. 벽난로와 달리 어른 허리쯤 오는 높이에서 불을 피우고 고기를 굽게 되어 있다.

집안에 벽난로나 브라이 화덕이 없는 경우라도 대부분의 집에는 마당 한쪽에 브라이 화덕을 만든다.

집안에 있다면 겨울에 브라이 파티를 하면서 난방도 되고 좋겠지만, 규모가 크지 않은 집에는 대부분 집 밖에 브라이 화덕이 있다.

마당이 넓은 어떤 집들은 집안에 있는 화덕 말고도 마당 한쪽에 따로 화덕을 만들고 갈대로 지붕을 엮어 멋진 모양을 낸 사교 공간을 만들기도 한다. 그만큼 케이프타운에서 브라이는 단순한 먹거리를 넘어선 일종의 문화 자체라고 할 수 있다.

남아공의 가장 대중적인 문화중의 하나라고 할 수 있는 브라이(Braai)는 숯이나 장작을 피워 바비큐처럼 고기를 구워먹는 것을 말한다. 이 나라 어디를 가나 브라이를 할 수 있는 장소는 기본이다. 바닷가에도, 낚시터에도, 온천에도, 강가에도…. 어디서나 브라이는 이 나라 사람들이 가장 즐겨하는 요리이며 문화이다. 학교에서 하는 모든 행사나 캠프에도 이 브라이 파티는 빠지지 않는다.

어떤 장소 어떤 행사에서도 브라이는 절대로 빠질 수 없는 하나의 문화와 같은 것이다. 고등학교 축제가 벌어지고 있는 한 구석에서도 역시 브라이로 구워내는 고기가 날개 돋치듯 팔려나간다.

브라이 파티를 할 때 남아공 사람들의 특성이 드러나는 한 면을 볼 수 있다. 손님을 초대하고 그때부터 숯을 피우고 장작불을 떼고, 그 불 옆에서 와인이나 맥주 한 잔씩을 마시며 분위기가 한참 무르익은 다음에야 비로소 고기 구경을 하게 된다.

브라이 파티 초대를 받아 가면 정작 두세 시간을 기다려야만 고기 구경을 할 수 있다. 서두르는 일 없이 느긋한 이 나라 사람들의 성격

주말 오후 뒷마당에서 가족들이 브라이를 즐기는 모습. 브라이 플레이스가 따로 없어도 이동용 브라이 도구 하나만 있으면 브라이 파티를 하는데 손색이 없다. 뒤쪽으로 브라이 플레이스가 보이지만 요한네 가족은 늘 이동용 도구를 사용한다.

은 또 뽀이키코트라는 음식을 해먹는 것에서도 나타난다. 고기를 굽고 난 숯 위에 항아리처럼 생긴 무쇠솥에 고기와 야채를 넣고 은근한 숯불에 끓이는 음식이다.

이 음식을 먹으려면 그야말로 질긴 인내심이 요구된다. 우리나라의 찌개처럼 강한 불에 후루룩 끓여 휙 먹고 끝내는 게 아니다. 무쇠솥에 발이 세 개 달렸는데, 그 밑에 약한 숯불 몇 개를 넣어 아주 은근하게 끓이는 게 이 음식의 묘미라고 할 수 있다.

친구 집에서 브라이 파티를 하는 날, 솥은 무지 두껍고 큰데 약한 숯불 몇 개로 언제 끓나싶어 아직 불씨가 많은 숯을 몇 개 더 솥 밑으로 밀어 넣으려고 했더니, 그 친구 왈 솥 제일 밑에 있는 재료가 타니 안 된다는 것이다. 거기에 어느 정도나 익었나 열어보지도 않는다. 무쇠솥에 귀를 기울이고 끓는 소리로 음식이 완성되는 지를 확인한다.

그 친구가 유별난 건지 그 음식 요리 방법이 원래 그런 건지는 모르지만, 아무튼 서두르지 않고 급할 것 없이 음식 익기를 기다리면서 음악을 듣고 수영을 하고 여자들끼리 수다를 떨거나 남자들은 스포츠 중계를 보면서 느긋하게 맥주나 와인을 마신다.

처음에는 답답한 감이 있었지만, 차츰 익숙해지면서 브라이 파티를 하면서 더욱 친해질 수가 있었다. 이것이 바로 느림이 주는 여유가 아닌가 싶다.

남아공 전통 음식 중의 하나인 뽀이키코트. 무쇠솥에 야채와 과일을 넣고 은근하게 끓여서 먹는 스튜 종류라고 할 수 있다. 더 전통적인 솥은 더 움푹하고 다리가 달린 것을 이용한다.

브라이에 이용하는 고기는 양고기, 닭고기, 다진 소고기나 돼지고기를 채워 넣은 소시지 등 다양하다.

그 가운데 브라이를 하면 가장 많이 먹는 것이 양고기이다. 한국에서는 양고기를 먹을 기회가 별로 없기도 했지만, 특유의 노린내 때문에 별로 먹고 싶은 생각도 없었고 또 많이 먹을 수도 없었다. 가끔 베트남 전통 음식점에서 먹는 양고기는 어떻게 요리했는지 그 냄새가 조금 덜 나긴 했지만, 역시 나에게 친숙한 음식은 아니었다.

하지만 브라이 요리를 해서 먹는 양고기는 진짜 둘이 먹다가 셋이 죽어도 모른다. 양념이라고 별다른 게 없다. 기호에 따라 레몬향이나 후추, 마늘 등의 각종 양념이 섞인 브라이용 소금으로 간을 한다. 그리고 장작을 이용해 만든 숯불 위에 석쇠를 걸고 거기에 굽기만 하면 끝이다.

이곳 사람들은 한국 사람들과 달리 퍽퍽한 고기를 좋아하는지 양고기도 두툼하게 썰고 닭고기도 퍽퍽한 부분을 좋아한다. 하지만 나는 가능한 양고기를 얇게 썰어달라고 특별히 주문을 하고 닭도 날개를 주로 즐겨먹는다.

잘 마른 나무로 만든 숯 위에서 구워지는 양고기에서는 노린내가 전혀 안 난다. 아마 기름이 다 빠지고 거기에 연기 냄새까지 배어서 그런 것 같다.

양고기와 함께 굽는 닭날개 또한 일품이다. 기름기가 쪽 빠지고 담백한 소금간이 밴 닭날개는 아이들에게 최고의 인기이다.

브라이의 단골 메뉴 중에 하나로 농가 소시지라고 불리는 전통 소시지 역시 이 나라 사람들에게 널리 사랑받는 음식이다. 다진 고기를 얇은 식용 비닐에 채워 넣은 소시지가 마치 순대를 연상하게 한다.

또한 고기를 다 굽고 숯불이 자작자작 잦아들 때쯤 브라이 빵을 올려놓는다. 치즈와 토마토와 양파를 얇게 썰어 넣은 식빵을 석쇠 위에 올려놓고 자주 뒤집어서 바삭바삭 구워내면 치즈가 녹아 쫀득하고 담백한 양파맛이 잘 어울려 부른 배를 두드리면서도 먹는 걸 멈출 수가 없다.

남아공 일상생활에서 누리는 즐거움 중에 하나를 꼽으라면 최고의 자연풍광 외에 서슴없이 나는 브라이를 꼽는다. 한국으로 돌아가면 가장 그리울 것 중에 하나도 바로 이 브라이다.

고기를 다 굽고 난 뒤에 은근한 불 위에 굽는 브라이 빵. 아무리 배가 불러도 그 빵의 유혹은 참기 힘들다.

내가 사는 집에는 아쉽게도 집안에 벽난로도 브라이 화덕도 없다. 그래서 우리 집엔 그 우스꽝스러운 굴뚝새가 한 마리도 없지만 뒷마당에 우리가족이 파티를 하기에 황송한 브라이 화덕이 있다.

유난히 나무를 좋아하는 아이들 아빠는 하루가 멀다 하고 나무를 사다 나른다. 길을 가다가도 나무 파는 사람만 있으면 그냥 지나치질 못하고 차 트렁크에 하나 가득 나무를 사 나르곤 한다. 마당 한쪽에 쌓이는 나무만으로도 기분이 좋아지는 모양이다.

마당 가득 나무를 쌓아놓고는 바람 없는 날이면 뒷마당에 식탁을 차렸다. 고기가 있는 날이건 없는 날이건 마당에 식탁을 차리는 날이면 화덕에 불을 피웠다. 타오르는 장작불 앞에 야외용 식탁을 놓고 식탁보를 깐다.

불장난 좋아하는 아이들이 뒷마당에서 소란스럽게 뛰어다닌다. 비싸고 좋은 음식이 아니어도 그런 날은 마음이 푸근해진다. 몇 개의 장작으로 마음이 훈훈해지고 뒷담장으로 넘어가는 장엄한 아프리카의 저녁노을을 바라보며 와인이라도 한잔 할 때면 행복이란 참 별게 아니란 생각이 든다.

어느 시인이 하늘을 붉게 물들이며 넘어가는 석양을 바라보며 생애 가장 행복한 순간에 와 있노라… 말한 시를 기억한다.

그 시인의 노래대로 정열적이고 힘 있는 붉은 하늘을 만들어내며 넘어가는 노을을 마주하고 앉아있노라면, 내가 생에 가장 아름다운 시간에 와 있다는 생각이 잠시 잠시 들곤 했다.

삶이라는 것이, 생활이라는 것이, 늘 좋고 웃는 일만 생기는 것은 아니지만, 이렇게 뒷마당에 대수롭지 않게 장작불 몇 개 지펴놓고 아이들 웃음소리 가득하고 생애 가장 아름다운 석양을 바라볼 수 있다면, 그것만으로 감사하게 생각해볼 일이 아닌가 한다.

집 마당에 불을 피우고 담장 뒤로 넘어가는 석양을 바라보며 하는 한 끼 식사. 어떤 식사보다도 호화로운 한 끼 식사로 아이들의 몸과 마음이 살찌게 되리라는 것이 새삼 감사하곤 한다.

애주가들에게 이보다 더 좋을 수는 없다

와인을 좋아하는 사람이라면 남아공은 이보다 더 좋을 수는 없다. 값싸고 질 좋은 와인을 그야말로 맘껏 즐길 수 있다.

남편도 둘째가라면 서러울 정도의 애주가인데, 한국으로 돌아가기 전에 남아공의 모든 와인을 한 번씩 맛보아야 한다고 농담처럼 말하곤 한다. 그리고 실제로 주말마다 새로운 와인을 한 병씩 시음해 보기로 작정을 한 것 같다. 하지만 말이 그렇지 사실 그 많은 와인을 다 한 번씩 맛볼 수 있다는 것은 거의 불가능한 일이다. 말로는 와인테스팅 노트라도 쓰게 될지 모른다고 농담처럼 말하지만 꼭 무슨 기록을 남겨서가 아니라 술 좋아하는 애주가에게 값싸고 질 좋은 와인은 뿌리칠 수 없는 유혹이기도 하다.

1년에 몇 차례씩 곳곳에서 열리는 와인 박람회. 질 좋고 맛 좋은 와인을 한 자리에서 만날 수 있는 좋은 기회가 되기도 한다.

와인팜에 직접 가서 와인 테스팅을 할 수도 있지만, 시내 곳곳에서 열리는 와인 전시회에서도 역시 와인 테스팅은 빼놓을 수 없는 행사이다.

수많은 종류의 와인은 레스토랑에 가서 식사 한 끼를 하면서도 어떤 와인을 골라야 하는지 매번 망설이게 한다. 더욱이 셀 수 없는 종류의 와인을 갖춘 주류 판매점에 가면 도대체 어떤 와인을 골라야 할지 갈 때마다 난감하다.

간혹 이웃이나 친구들에게 어떤 와인이 좋은 와인인지 물었다가는 오히려 머리만 더 아파지게 되는 경우가 있다.

와인이면 레드와인과 화이트와인 그리고 단맛과 신맛이 있다는 것만이 유일한 와인 상식인 나로서는 남아공의 이 넘치고 값싼 와인은 그저 그림의 떡일 뿐이다.

세계 3대 드라이브 코스로 꼽힌다는 챔프만스 픽에서 만난 노부부. 와인은 남아공 사람들에게 술의 의미보다는 어디서든지 쉽게 마실 수 있는 음료수 같은 존재이다.

남아공 사람들에게 와인은 술이 아니다. 식사를 할 때면 물을 마시듯이 와인을 마신다. 국민음료인 셈이다. 식당에 가면 으레 와인 잔을 세팅하는 것은 기본이다.

우리나라의 소주가 대중적인 사랑을 받고 있고 생

트랙터 여행을 갔다가 식사를 하러 온 야외 식당에서 만난 가족.
야외 식당에서의 가벼운 식사 한 끼에도 역시 와인은 빼놓을 수 없는 필수품이다.

세계 3대 드라이브 코스 중의 하나로 꼽힌다는 쳅프만스 픽.
산중턱을 디귿자로 파내고 자동차 도로를 만들었다.

활과 밀접한 관계를 가지고 있듯이, 일상뿐 아니라 피크닉을 갈 때면 와인은 필수이고 수도꼭지 같은 꼭지가 달린 커다란 종이팩이 있을 정도이다. 여자건 남자건 몇 개씩 내놓고 물처럼 마셔댄다.

사실 나는 한국에 있을 때 와인이라면 그저 프랑스 와인이 최고인줄 알았고 남아공이 그렇게 큰 와인 생산국인지 모르고 있었다. 남아공 와인이 한국에서는 유럽산 와인에 밀려 별로 호응을 얻고 있지 못하지만 넓은 수출 시장을 가지고 있다.

케이프타운 콘스탄시아 지방의 와인은 나폴레옹이 유럽으로 공수를 했을 만큼 맛좋고 질 좋은 와인으로 정평이 나 있는데, 콘스탄시아 지방의 와인이 있어서 나폴레옹이 세인트헬레나 섬의 유배생활의 고독을 이길 수 있었다는 전설 같은 이야기가 전해지고 있다.

남아공은 세계에서 손꼽히는 와인 생산국답게 와인 뿐 아니라 그로 인한 부가가치를 한껏 높이고 있는 나라이다.

9개 자치주 중에 지중해성 기후를 가진 웨스턴 케이프에는 수많은 와인팜이 있는데, 단지 와인 생산만을 하는 것이 아니라 와인 루트라고 하는 유명한 관광코스를 개발해서 엄청난 관광객을 유치

케이프타운의 와인 루트인 R62는 세계에서 가장 긴 와인 루트의 하나로 꼽히고 있다.

하여 부가가치를 높이고 있다.

와인 루트는 남아공에서 유일하게 지중해성 기후와 더불어 천혜의 자연환경을 가진 케이프타운의 여러 도시를 잇는 관광 코스로 푸른 하늘을 배경으로 끝도 없이 펼쳐진 포도농장의 행렬을 볼 수 있다. 그 자체만으로도 많은 관광객들에게 폭발적인 인기를 끌고 있는 뛰어난 관광 상품인 것이다.

인도양과 대서양이 만나 넘실거리는 해양 도시 케이프타운에서 출발해서 독특하고 분위기 있는 도시마다 크고 작은 와인팜이 있고, 그 와인팜을 순례하면서 와인테스팅을 할 수 있는 와인루트 관광 코스는 웨스턴 케이프주의 주요 관광수입원이기도 하다.

내가 살고 있는 곳에서 30분 정도만 가면 유명한 대학도시이면서

스텔란보쉬의 유명한 와인팜인 스피어의 전통 식당. 케이프타운 관광 일정 중에 와인팜 투어와 와인 테스팅은 빼 놓을 수 없는 일정 중의 하나이다.

와인 생산지로도 이름난 스텔란보쉬나 남아공 와인생산협동조합이 자리 잡고 있는 팔도 역시 유명한 와인 도시이다. 이 도시들은 유명한 와인팜에서 여러 가지 이벤트를 곁들인 행사로 엄청난 관광객을 유치하고 있다. 한 가지 예로 스텔란보쉬의 스피어라고 하는 와인팜의 경우에는 관광객용 기차역이 그 와인팜을 경유할 정도로 규모가 크다.

와인이 남녀 모두에게 남아공의 국민음료라면 싼 맥주는 특히 남자들의 또 하나의 기호품이다. 토요일 오후 일주일의 노동에서 해방된 남자들은 브라이를 하면서, 스포츠중계를 보며 맥주 한잔으로 자유를 만끽한다.

우리나라처럼 큰 맥주병 보다는 작은 병맥주와 캔맥주가 대중화 되어 있다. 잘 숙성된 맛의 고급 맥주부터 생맥주, 흑맥주까지 온갖 종류의 맥주 역시 애주가들을 충분히 즐겁게 할 만큼 저렴한 가격이다. 친구 집에 초대를 받아 갈 때도 자기들이 좋아하는 종류의 맥주를 아이스백에 차갑게 해서 들고 간다.

국민 음료인 와인과 맥주 외에도 남아공의 가장 특색 있는 술은 아마룰라라고 하는 열매를 이용해 만든 술이다. 초콜릿색의 달고 걸쭉한 술인데, 술이라기보다 차라리 초콜릿 시럽이라고 하는 편이 나을 정도로 끈적끈적하고 달다. 하지만 달콤하다고 해도 17%이상의 알코올이어서 몇 잔 홀짝거리다 보면 영락없이 취하게 된다.

초원에서 아마룰라 열매를 먹은 코끼리나 원숭이들이 취해서 비틀거린다는 말을 하곤 하는데 진담인지 농담인지는 모르겠다.

우리나라에도 각 지방마다 지역 특산 술이 있는 것처럼 남아공 역시 자연 특성상 수많은 종류의 나무와 열매가 있는 만큼 그 열매를 이용해 만든 수많은 종류의 술이 있다.

케이프타운에서 2시간 정도 떨어진 스웰른담이라고 하는 곳에 놀러갔다가 이태리 식당 주인이 권해서 마셔본 술이 그 지방 특산물이라는 산딸기, 즉 남아공 산 복분자 술이었다. 한국에서는 남자들 정력에 좋다는 속설이 있는 술이지만, 남아공 산 복분자 술은 단맛의 술을 좋아하는 여자들 입맛에 딱 떨어지는 술이었다.

그 후에 나는 그 산딸기 술의 애호가가 되었는데, 그 역시 달다고 한두 잔씩 마시다보면 소주보다 더 알코올 도수가 높아서 취하기 십상이다.

산딸기 술과 같은 농장에서 생산하는 24도가 넘는 꿀 술 또한 한국에서는 맛볼 수 없는 독특한 술이다. 술맛이 나긴 하지만 진한 꿀 냄새 때문인지 술인지 꿀물인지 구별하기 힘들 정도이다.

우리나라에 해장술이라는 모주는 달고 뜨겁게 해서 마신다는데, 꿀술은 이름처럼 그리고 또한 맛이 해장술로 딱 어울리는 술이 아닐까 싶다. 하지만 몸에 열이 많은 사람은 맞지 않는 듯 딱 한잔을 마시고 난생처음 술 한 잔에 찬물 샤워를 해야 했던 에피소드를 만들기도 했던 술이다.

술은 아무 때나 산다?

와인과 맥주가 국민음료라고 할 만큼 대중적인 음료지만 언제 어디서나 살 수 있는 것은 아니다.

주류를 취급하는 판매점이 따로 있고 판매 시간도 엄격하게 지켜지고 있어서 주중에는 오후 6시까지만 영업을 하고, 토요일은 오후 2시까지 문을 연다. 일요일에는 어디서도 술을 구입할 수가 없다.

물론 와인은 웬만한 크기의 마트에서도 살 수가 있는데, 이 경우에도 저녁 6시 주류 판매 시간이 지나면 어김없이 와인코너는 불이 꺼지거나 냉장고 문이 잠긴다.

맥주는 주류 판매점이 아니라면 어느 마트에서도 구입할 수 없다. 대형 쇼핑센터에서도 맥주는 결코 한 병도 살 수 없다.

평소에 집에 어느 정도 양은 가지고 있어야 손님을 초대하던지 혼자 즐기던지 낭패를 보지 않는다. 손님을 초대해놓고 술을 판매하는 시간을 놓쳐 술 없이 맨송맨송 식사를 해야 했던 경험이 있다.

주류 판매에 대한 엄격한 규제는 엄격한 칼빈주의의 영향이기도 하지만, 우리나라처럼 언제 어디서나 손쉽고 빠르게 술을 구입할 수 없다는 점은 어쩌면 술을 절제하는데 좋은 방법이 될 수도 있어 보인다.

하지만 아이러니컬하게도 남아공은 알코올 중독자의 비율이 높은 나라 중의 하나로 꼽힌다. 세계보건기구에 의해 보고된 바에 따르면 남아공의 알코올 중독자 비율은 남아공이 가지고 있는 자랑스럽지 못한 여러 가지 기록에 한 가지를 더하는 심각한 사회문제 중의 하나이다.

무료한 생활의 재미, 군것질

아프리카의 겨울, 수은주 자체가 영하로 떨어지는 날씨는 아니지만 비가 많이 오는 우기이기 때문에 습기가 많고 바람이 심하다. 때문에 축축하고 을씨년스러운 냉기가 뼛속까지 파고든다.

그런 날씨에 벽난로에 불을 지피면 좋으련만 난방 시설이 없는 집에서 보내야 하는 케이프타운의 겨울은 생각보다 쉽지 않다.

한국의 영하 10도 이상씩 떨어지는 날씨와 비교해 수은주는 영상 10도 안팎이지만, 부슬부슬 비가 내리고 바람이 요란스러운 소리를 내는 날이면 집안 어디에도 엉덩이 붙이고 느긋하게 앉아 있을 수가 없다.

그렇게 추운 겨울날은 따끈한 루이보스차와 비스킷 한 조각이 최고다. 추위로 움츠러든 몸과 마음을 이완시켜주는 마약 같은 것이다.

루이보스차는 남아공 사람들이 가장 보편적으로 즐겨 마시는 차 중

가장 많은 양의 루이보스차를 생산하는 차밭 중의 하나이다.

의 하나인데, 아프리카에서만 자생하고 재배할 수 있는 루이보스를 가공해서 만든 것이다. 아프리카 다른 지역에서도 자생하긴 하지만 남아공에서 '루이보스티' 라는 특허를 냈기 때문에 다른 나라에서는 그 이름으로 상품화할 수 없다고 한다.

루이보스(rooi bos)는 아프리칸스어로 빨간색 덤불(red bush)을 일컫는 말인데, 루이는 '붉다' 는 뜻이고, 보스는 '덤불' 을 뜻한다. 뾰족한 가시를 가진 식물을 말려 차로 가공한 것이다.

그래서 인지 우리나라 보성이나 지리산의 차 밭처럼 푸르고 아름다운 풍광을 볼 수는 없고, 아프리카 볼모지인 카루 고원에서 나뒹구는 덤불 더미 같은 모습을 하고 있다.

루이보스는 차로 마시는 것뿐만 아니라 피부병에 탁월한 효과가 있다고도 한다. 실제로 태어날 때부터 아토피로 고생한 아이가 몇 년 동안 루이보스차를 우려낸 물로 목욕을 하여 거짓말처럼 효과를 본 사례가 있기도 하다.

아마 그 때문에 한국에서도 대규모 사우나에 가면 루이보스 탕을 만들어 놓은 것을 볼 수 있는데, 가끔 희망봉 부근에서만 자생한다는 광고 문구는 사실과 다르다는 것을 이곳에 와서 알게 되었다. 희망봉은 바닷가에 위치해 있고 루이보스는 오지의 산악지대에서 자라기 때문이다.

클랜윌리엄은 남아공에서 루이보스차가 가장 유명한 곳으로 케이프타운에서 약 200킬로 남짓 북쪽에 위치한 산악지대이다. 그곳에 루이보스 대단위 생산지가 있고 갖가지 유명한 상표의 차로 가공되어 공급된다.

루이보스차의 원산지인 클랜윌리암 지방에서 열리는 루이보스 축제에서 본 루이보스차 광고 포스터.

남아공 사람들에게 차와 커피는 기호품이 아니라 필수품이다. 5시만 되면 어둑해지기 시작하는 한겨울, 따끈한 루이보스차 한 잔은 추위로 움츠러든 몸과 마음을 확 풀어준다.

추운 겨울, 루이보스차 한 잔으로도 움츠려진 몸이 확 풀리지만 출출할 땐 여기에 비스킷을 곁들이면 그 맛은 말 그대로 더 환상적이다.

갖가지 종류의 빵을 구워 잘라서 말린, 우리 식으로 이야기하면 러스크 같은 것을 비스킷이라고 한다. 아무것도 들어가지 않은 빵을 말린 것, 통밀이나 곡식이 통째로 들어있는 빵을 말린 것, 온갖 건과류를 넣고 만든 것 등 종류도 다양하다. 남아공에서는 주식으로 먹는 종류의 빵이 많은 만큼 비스킷의 모양도 크기도 맛도 기호에 맞게 골라먹을 수가 있다.

한국에서야 과자부스러기는 아이들이나 먹는 주전부리지만, 남아공 사람들에게는 주식인 빵과 고기 다음으로 아이들이고 어른이고 좋아하는 먹거리이다.

완전히 다른 식생활과 입맛 때문에 하루 세끼를 거의 한국식으로 해먹지만, 가끔씩 주전부리는 나 역시 이곳의 방식으로 해먹곤 한다.

마켓에 가면 수십 가지의 비스킷이 있는 것을 보고 처음 사왔을 때

먹는 방법을 몰라 딱딱한 상태 그대로 먹다가 식구들 모두가 다 잇몸이 아플 정도였다. 입 속에서 녹으면 달콤하고 맛있는데 너무 딱딱해서 도대체 남아공 사람들은 어쩌자고 이렇게 딱딱한 간식을 먹는지 오히려 혀를 차면서 먹을 정도였다.

빵과 함께 가장 보편적인 먹거리인 비스킷. 빵의 종류가 다양한 것만큼 비스킷의 종류도 수없이 많다.

대부분은 어른 손가락 두 개만한 크기로 잘라 말렸는데, 맨입에 먹기는 진짜 엄두가 나지 않을 만큼 딱딱하다. 하지만 제대로 먹는 법을 배운 다음부터는 이것저것 골라먹는 재미가 쏠쏠했다. 특히 비가 부슬부슬 내리는 추운 겨울날, 또 입이 궁금하고 출출할 때는 아주 좋은 간식거리이기도 하다.

우유와 설탕을 넣은 진하고 뜨거운 루이보스차에 비스킷을 담갔다가 먹는데, 그 맛은 한번 맛을 들이면 쉽게 잊을 수가 없다. 한동안 한국 군것질 거리를 그리워하던 아이들도 이제는 더 이상 한국 과자 타령을 하지 않는 것을 보아도 그 맛은 아이들도 마찬가진가 보다.

이곳에서 누릴 수 있는 것으로 추운 겨울에 먹는 비스킷과 루이보스차가 일품이라면, 해가 좋은 계절에는 과일과 육류가 풍성한 곳인 만큼 말린 과일이나 말린 고기 역시 최고의 간식이다.

남아공의 어른이고 애들이고 가장 좋아하는 대표적인 이런 간식거리는 두말할 나위도 없이 빌통이다. 한때 한국 삼천만의 간식이 쥐포였다면, 남아공 최대의 간식은 바로 빌통이다. 빌통은 남아프리카 해안에 정착했던 보어인들이 영국인들에게 쫓겨 내륙으로 이동하면서 고기를 보관할 요량으로 말려먹기 시작했던 것이 시초가 되었다고 한다.

우리나라에도 육포가 있고 미국에서 건너온 육포를 먹어보기도 했지만, 빌통은 육포와 그 맛이 완전히 다르다. 소고기, 타조고기, 쿠두, 스프링복, 사슴 종류의 고기까지 갖가지 종류의 생고기를 여러 가지 양념을 해서 말린다.

육포는 고기를 얇게 저며 말리지만 빌통은 고깃덩어리를 통째로 말려서 썰어 먹거나, 다진 고기를 넣고 소시지처럼 긴 막대 모양으로 말려 먹기도 한다. 또 아이들이 좋아하는 양념을 해서 우리나라 쥐포처럼 눌러서 만들어 놓은 것도 있다.

마켓 계산대 앞 커다란 통에 진열해 놓은 여러 가지 빌통은 계산을 하는 동안 애들이나 어른이나 하나씩 집어 먹는 것은 예사롭지 않다. 걸음마를 겨우 시작한 아이들에게도 빌통 한 조각만 들려주면 그보다 더 좋은 영양 간식이 없다.

커다란 쇼핑센터 안에는 빌통만 취급하는 가게들이 따로 있기 마련인데, 여러 가지 빌통이 주렁주렁 매달려 있고 선물용 포장을 해주기도 한다. 남자들에게는 빌통과 양말이 가장 좋은 선물이라는 말이 있을 정도이다.

고기의 종류도 여러 가지이고 그 양념에 따라 또는 건조 상태에 따라 여러 가지 맛이 있어 기호에 맞게 골라먹지만, 현지인 친구들은

고기를 얇게 저미지 않고 통째로 썰어 말리는 것이 남아공 빌통의 가장 큰 특징이다. 빌통 전문점에 걸린 썰기 전의 빌통 조각들.

빌통 중에 최고로 타조나 쿠두 빌통을 꼽는다.

빌통은 덩어리째로 말린 것을 고르면 즉석에서 잘게 썰어주는데, 간혹 고기 안쪽까지 완전히 마르질 않아 피 비린내가 나는 경우가 있다. 그 또한 현지인들은 그 맛을 더욱 즐긴다고 한다.

하지만 나는 여전히 소고기 빌통 외에 다른 것에는 선뜻 손이 가지 않고, 그것도 가능한 작게 썰어 속까지 잘 마른 것만 골라 사곤 한다.

처음에는 생고기를 말린 것이라 쉽게 먹을 엄두를 내지 못했던 우리 식구는 빌통에 맛을 들이고 나서부터는 아이들이 너무 먹어대는 바람에 그 양을 조절해주어야 할 만큼 빌통 마니아들이 되었다.

첫 입맛에는 조금 짠 듯한 느낌이 들어서 물을 많이 마실 것 같았는데, 빌통은 그 짠맛과 비교해 거짓말처럼 갈증을 일으키지 않는다. 찬 맥주 한잔에 빌통 몇 조각은 한여름 더운 날씨의 최고의 간식이다.

과일이 풍성한 나라인 만큼 말린 과일도 좋은 간식거리 중의 하나이다. 제철에 쏟아져 나오는 값싼 과일도 우리 입을 즐겁게 하지만, 그 많은 종류의 말린 과일들이 쏟아져 나온다.

땅콩, 호두 등 딱딱한 견과 종류는 기본이고, 건포도, 바나나, 사과, 배, 과일, 복숭아, 망고, 구아바, 체리, 살구 등 온갖 종류의 과일들이 아프리카의 좋은 볕에 말려져 쏟아져 나온다. 거기에 온

과일이 풍성한 나라이다 보니 온갖 말린 과일 또한 풍성하다. 과일 상점 한 곳에 설치된 견과류와 말린 과일들.

껍질도 깍지 않은 사과에 설탕 시럽을 입혀 만든 사과 토피. 사과가 한창 많이 나오는 계절에 잠시 선보이는 간식이다. 실상 맛은 별로 없어 맛보다는 눈요깃거리이다.

갖 종류의 씨 종류까지.

우성이는 망고 말린 것을 좋아하고 우록이는 구아바 말린 것을 좋아한다. 두 아이들이 질리도록 먹을 만큼 사도 과일 말린 것은 싼 간식거리이다. 과일과 야채만 취급하는 시장에 가면 싱싱한 과일 냄새와 말린 과일의 향기로운 냄새에 흠뻑 취하는 것만으로도 행복하다.

단맛을 특히 좋아하는 남아공 사람들은 꽈배기 모양의 과자를 기름에 튀겨 차갑고 단 설탕 시럽에 담갔다가 먹는 쿡시스터를 후식으로 즐겨먹는데, 특히 어른들이 좋아하는 간식이다. 쿡시스터는 우리나라 약과와 비슷하지만, 그 당도가 비교가 되지 않을 정도로 달다. 하지만 단 음식을 좋아하는 남아공 사람들에게 쿡시스터나 설탕과 우유로 만든 퍼지 같은 군것질은 아이들은 물로 어른들이 아주 좋아하는 간식거리이다.

아프리카 사람들에게 주전부리는 아이들만의 전유물이 아니다. 심심하고 무료한 생활에 군것질은 어른들에게도 역시 최고의 즐거움이다.

남아공의 전통음식의 특징

남아공은 넓은 땅덩어리에 여러 민족이 섞여 사는 탓인지 지역에 따라서 전통음식이 많이 다르다.

케이프타운의 전통음식 중에는 말레이 사람들이 와서 전수시킨 말레이 디쉬가 자리를 잡고 있다. 카레 가루를 타서 만든 풀풀 날리는 노란색 밥과 함께 쇠고기, 건포도가 곁들여져 나오는 부브어티라는 가장 전통적인 음식도 역시 말레이 음식의 영향이고, 브리야니라고 불리는 커리밥 종류도 역시 말레이 음식에서 영향을 받은 것으로 많은 사람들이 좋아하는 전통음식 중의 하나이다.

그런 반면 콰줄루나탈 주의 더반 지역에 가면 인도인이 많은 관계로 인도 음식이 전통음식의 하나로 자리 잡고 있다.

남아공 백인 음식 중에 가장 대표적인 음식중의 하나는 파티를 하거나 큰 행사를 할 때 주로 해먹는 뽀이키코트인데, 무쇠솥에 여러 가지 야채와 고기를 넣고 장작불에 오래도록 끓여먹는 음식으로 아주 유명한 전통 음식이다.

남아공 전통 요리를 선보이는 큰 레스토랑을 가본 적이 있는데, 일반적인 서양음식과 크게 다르지 않고, 특이한 것 하나는 스튜 요리를 전부 무쇠솥을 이용해 끓인다는 것이다. 감자나 양파를 통째로 넣고, 양고기, 닭고기, 소고기 등을 넣어 함께 뭉근하게 끓이는 요리를 밥이나 빵과 함께 즐긴다. 일반적인 스프와 스튜 요리와는 달리 걸쭉한 것이 특징이다.

흑인들이 즐겨먹는 음식 중의 하나는 옥수수가루를 이용해서 만든 밀리팝인데, 옥수수 가루를 물에 풀어 빵처럼 쪄서 먹는 것을 말한다. 이 밀리팝은 비단 남아공 흑인들만의 주식이 아니라 아프리카 대륙 전반에 걸쳐 널리 이용되는 주식 중의 하나이다.

삶은 옥수수 또한 남아공 사람들에게는 빼놓을 수 없는 먹거리 중의 하나. 길거리 축제에서 만난 한 가족이 잠깐 쉬어가면서 삶은 옥수수를 먹고 있다.

한여름의 크리스마스 그리고 야시장

케이프타운에서 살면서 가장 아쉬운 것 중의 하나가 세계 3대 야경을 자랑한다는 그 아름다운 케이프타운의 야경 속을 쉽게 걸어볼 엄두를 낼 수 없다는 것이다.

또한 차를 타고 테이블마운틴 정상에 오르면 숨 막히게 아름다운 야경을 감상해볼 수도 있지만, 정작 그 아름다운 야경 속에 내가 들어가 볼 수 없다는 것은 참으로 안타까운 일이다.

하지만 1년에 한번 평소에는 해가 떨어진 후에는 절대로 걸어볼 수 없는 케이프타운의 가장 중심가를 내 마음대로 활보해 볼 수 있는 시간이 있다.

매년 12월 1일, 케이프타운 시청 주변의 번화가에 크리스마스 전등

테이블마운틴을 배경으로 서 있는 케이프타운 시청의 야경. 야시장은 시청에서 가까운 곳에서 열린다.

장식을 설치하고 불을 밝힌다. 다음해 1월 26일까지 밝히게 될 크리스마스 장식물이 점등이 되면, 12월 16일부터 12월 말까지 크리스마스 하루를 빼고 보름 동안 거리 축제가 열린다.

거리 축제의 정식 명칭은 '에덜리 가의 야시장(Edderley street night market)'이다. 케이프타운 시청 주변의 가장 번화한 거리 이름을 딴 행사이다. 크리스마스와 연말연시 시즌을 맞아 케이프타운 곳곳에서 축제와 야시장이 열리지만, 이 행사가 가장 규모가 큰 행사라고 할 수 있다.

케이프타운 시내는 케이프타운의 가장 명물 중의 하나라고 할 수 있는 테이블마운틴을 배경으로 발달되어 있다. 바다를 감싸 안고 마치 병풍처럼 자리 잡고 있는 테이블마운틴의 산기슭을 따라 숲에 쌓인 주택가가 계속되다가 평지에 이르러 비로소 가장 중심가가 형성되어 있는데, 시청 건물 역시 그 우뚝 솟은 테이블마운틴을 배경으로 자리 잡고 있다.

통행을 막고 도로 양쪽에 설치된 대형 트럭이 축제 기간 내내 공연이 열리는 무대가 된다.

축제는 시청 건물을 끼고 시작되는 도로를 조금 지나 걸으면서 시작된다. 일직선으로 뻗어있는 도로에서 차량 통행을 제한하고 양쪽 입구에 커다란 트럭을 세워놓고 큰 무대를 설치한다. 저녁 7시부터 시작해서 자정까지 계속되는 행사 동안 그 두

곳의 무대에서는 끊이지 않고 공연이 계속된다. 브라스밴드의 캐럴 연주에서부터 여러 보컬 그룹의 연주가 이어진다.

크리스마스라고 하면 으레 화이트 크리스마스를 제일 먼저 떠올리게 되고, 구세군 냄비, 그리고 옷깃 여민 사람들이 총총거리며 걷는 거리가 연상되기 마련이나, 남반구 아프리카 대륙에서 맞이하는 크리스마스는 그런 것과는 거리가 멀다. 상점마다 캐럴을 틀어대긴 하지만, 그것만으로 크리스마스를 느끼기에는 역부족이다.

연말이 되면 시내 거리를 장식하는 크리스마스 전등 장식들. 아프리카 토속적인 모습을 담고 있는 것이 인상적이었다.

하지만 땅거미가 내리기 시작할 때 찾은 거리 축제는 제법 크리스마스 분위기를 만들어 준다. 건물과 건물 사이를 이어 장식한 크리스마스 장식물들. 크리스마스가 되면 한국에서는 '빛의 풍경' 이라는 루체비스타가 유행처럼 번져 시내 곳곳이 엄청나게 화려하다지만, 케이프타운 거리의 전등 장식이야 그에 비하면 그야말로 소박하다 못해 초라하기까지 하다. 그렇지만 남의 나라 것을 들여와 설치한 것처럼 이국적이지 않고, 아프리카 남아공의 토속적인 모습을 담고 있는 모습은 특색 있고 차라리 정답게 느껴진다.

일직선으로 뻗은 도로를 따라 약 200m 이상 설치한 장식물들이 한층 성탄의 느낌을 고조시키는데, 아기 예수 탄생의 그림을 담은 장식물도 있고, 아프리카의 야생 동물들이 반짝반짝 빛나기도 한다.

거리는 사람들로 북적거린다. 이때가 아니면 시내에 이렇게 많은 사람들이 쏟아져 나온 것을 구경하기는 사실 쉽지 않다. 대부분은 컬러드들이었다. 바로 남아공의 흑백 혼혈들이다. 남아공 인구의 약 7프로 내외를 차지하는 컬러드들은 대부분이 케이프타운이 위치한 웨스턴 케이프 지방에 집중되어 살고 있고 가정어로 백인들의 언어인 아프리칸스어를 사용하지만, 백인 쪽에도 흑인 쪽에도 편입되지 못하고 자기 정체성으로 고민하는 사람들이다.

컬러드들과 함께 거리에 넘치는 사람들은 역시 인도인. 남아공 상권의 많은 부분을 장악하고 있는 인도인들은 케이프타운에서 1700킬로 이상 떨어진 인도양 해양도시 더반에 집중되어 살고 있는데, 케이프타운에서도 많이 볼 수 있다. 행사 때마다 빠지지 않는 사람들이 또한 인도인들이다. 생각했던 것처럼 백인들은 거의 찾아볼 수가 없었다.

도로 중앙 분리대 쪽으로 판매대를 마련하고 온갖 물건을 가지고 나온 상인들과 오랜만에 밤거리를 활보하기 위해 나온 사람들로 거리는 갈수록 흥청거렸다. 한쪽 무대에서는 캐럴이 다른 한쪽 무대에서는 빠른 리듬의 아프리카 음악이 연주되었다.

거리 축제를 즐기러 나온 사람은 대부분 컬러드들이었다. 생각했던 대로 거리 축제에서 백인의 모습은 찾아볼 수 없었다.

대부분 소리 높여 호객

행위를 하는 사람들은 인도인들이다. 조잡스러운 물건을 앞에 놓고 흔들어 보이기도 하고 직접 권해보기도 한다. 직선 도로를 따라 200m 이상 장사진을 이루고 있지만 사실 이렇다하게 눈에 뜨이는 물건은 없다.

쭉 뻗은 도로를 따라 길게 늘어선 야시장 전경.

입심 좋은 인도 상인이 둘러선 구경꾼들을 상대로 인도 물건을 팔고 있다.

한여름 밤인 만큼 아이스박스에 담긴 음료수를 파는 곳이 많고, 빵을 갈라 구운 소시지와 볶은 양파를 함께 넣어주는 핫도그, 그리고 어디서나 빠지지 않는 솜사탕과 아이스크림이 쉽게 눈에 뜨인다.

물건을 앞에 놓고 앉은 사람들 중에 적지 않게 중국인들이 눈에 뜨인다. 그들이 내놓고 앉은 물건이 우리 눈에야 조악하고 촌스러운 것들 뿐이지만 하룻밤 북적이는 거리를 거닐면서 즐겨보는 눈요기로는 별 손색이 없고 비싸지 않은 물건 하나쯤은 가벼운 기분으로 사 볼 수 있다.

하지만 어느 곳에나 무릇 야시장이란 내어 놓은 물건보다는 그 흥청거리는 분위기 자체에 취하는 법, 대부분의 사람들은 정작 물건에

야시장 한곳에서 수영복을 팔고 있다. 한여름 밤의 크리스마스인 것을 다시 한번 실감나게 한다.

는 별로 관심이 없다. 부모를 조르는 아이들에게 쥐어줄 물건 파는 가판대 앞만 조금 북적거릴 뿐이다. 애고 어른이고 심심한 입을 달랠 군것질이 제일 큰 관심사다.

춤판과 노래판이 벌어지면 으레 무대에는 상관없이 제 흥에 겨워 춤을 추는 사람들이 있듯 거리에는 이미 몸을 흔들어대는 사람들이 적지 않다. 이곳 케이프타운에서는 그런 모습이 전혀 낯설지 않다.

일년 내내 거리에서 구걸을 해야 하는 걸인들도 흥이 올랐다. 오늘만큼은 무대 위에서 맘껏 춤을 추어볼 수도 있다. 삶에 지쳐 힘들고 고단한 몸, 오늘 하루 맘껏 소리 지르고 몸을 풀어보는 것도 좋을 일이다.

사람이 모인 곳이면 어디서나 눈에 뜨이기 마련인 연인들, 가족들. 연말 흥겨운 분위기를 즐겨보려는 그들 모두의 얼굴은 상기되어 있고 행복해 보인다. 엄마 아빠를 따라 나섰던 아이들은 군것질 거리 하나 들고 거리 아무데나 앉으면 그것만큼 행복한 것은 없다.

이제 한해를 보내고 다른 한해를 맞이하는, 그래서 누구에게나 조금은 들뜨기도 하고 설레기도 하고 바쁘기도 한 시간. 한 해 동안 열심히 일하고 부지런 떨면서 살았으면, 오늘 하루쯤은 가족들과 연인과 느긋하게 즐겨볼 만도 할 일이다.

한여름의 크리스마스. 이방인인 내게는 아직도 낯설고 생경스러운

거리의 악사들도 오늘은 캐럴을 부른다. 오늘은 그 앞에 떨어지는 동전이 다른 날보다 좀 더 많기를 기대해 본다

한여름의 크리스마스이다. 연말이면 늦은 시간까지 술렁거리고 흥청거리던 한국의 크리스마스. 케이프타운의 이곳 야시장을 어슬렁거리면서 들뜨고 술렁거렸던 그 기억을 잠시 떠올려본다. 이곳 뜨겁고 지글거리는 아프리카 땅에서의 크리스마스 역시 그 술렁거림과 즐거움 그리고 조금은 너그러워지는 풍경을 엿볼 수가 있었다.

국민 모두가 스포츠광

현지인 사람들을 새로 사귈 때면 우리 아이들에게 제일 먼저 묻는 것이 학교에서 무슨 스포츠 하냐는 것이다. 남아공의 아이들은 누구나 한두 가지씩의 스포츠는 기본으로 하기 때문이다.

초등학교건 고등학교건 온갖 종류의 스포츠 활동이 왕성하여 남자 아이건 여자 아이건 상관없이 누구나 한두 개씩의 스포츠 특기는 가지고 있다.

초등학교에는 체육 시간이 따로 있어 학교 스포츠 클럽뿐만 아니라 일주일에 한두 시간씩 운동을 한다. 고등학교에는 따로 체육시간이 없는데, 거의 대부분의 학생들이 교내 스포츠 클럽이나 교외 스포츠 클럽에 소속되어 있어 따로 체육시간을 갖지 않아도 충분히 운동할 시간을 가질 수 있기 때문이다.

학년말 우등상 시상 때에도 가장 주목을 받고 격려를 많이 받는 것도

동네마다 각종 스포츠 클럽이 하나씩은 있다. 저렴한 가격으로 레슨을 받을 수도 있고 시설을 이용할 수도 있다.

한해 스포츠 분야에서 탁월한 재능을 나타낸 경우이다. 트로피 크기도 가장 크고 시상식 마지막을 장식하면서 뜨거운 박수 세례를 받는다. 운동보다는 공부에 모든 관심이 집중되어 있는 우리나라의 경우와는 사뭇 대조적이고 부러운 부분이기도 하다.

남아공 사람들은 어른들 역시 모두 스포츠 광이다. 보는 것으로 만족하는 것이 아니라 좋아하는 스포츠를 위해서는 시간 투자를 절대 아까워하지 않는다.

딱히 남아공의 전통 스포츠는 없지만, 럭비, 크리켓, 하키, 넷볼, 축구, 볼링, 스쿼시 등 모든 종류의 스포츠 클럽이 동네 가까운 곳에 자리잡고 있다. 우리 동네에도 승마 클럽을 비롯해 럭비, 축구, 스쿼시, 볼링 클럽 등이 있다. 마음만 먹으면 어떤 스포츠라도 저렴하게 마음껏 즐길 수 있는 조건을 가지고 있는 셈이다. 그것도 사계절 푸른 잔디구장에서. 비가 오지 않는 건기에도 스포츠 클럽의 잔디나 학교의 잔디에는 스프링클러가 돌아가면서 푸른 잔디 운동장을 유지한다.

휴일에 가까운 빅베이나 뮤젠버그 해안에 나가면 서핑을 하는 사람들 요트를 타는 사람들을 어렵지 않게 만난다. 일년 조수간만이 자세히 기록된 캘린더를 팔 정도로 해양 스포츠에 대한 관심과 열정은 대단하다. 여담이지만 한국 사람들은 그 캘린더를 보고 물때에 맞춰 조개, 전복, 문어 등을 잡으러 다닌다.

남아공은 온갖 스포츠를 즐길 수 있는 천혜의 자연환경과 기후를 가지고 있고, 또한 여러 인종이 섞여 있는 만큼 여러 가지 스포츠가 발달했다. 특히 3천 킬로에 달하는 해안선을 가지고 있는 만큼 온갖 종류의 해양 스포츠가 발달되어 있고 직접 즐길 수도 있다.

남아공 아이들은 스포츠에 관한한 행복하다. 1년 사시사철 푸른 운동장에서 맘껏 뛸 수 있다.

멋진 해안선을 따라 조깅하는 사람들, 사이클을 즐기는 사람들을 어디에서나 쉽게 볼 수가 있는데, 케이프반도의 아름다운 바닷길 100여킬로를 달리는 아구스 사이클 대회는 전 세계에서 3만여 명이 참가할 정도로 유명한 대회이다.

케이프타운의 가든루트 600킬로를 자전거로 달리는 케이프 에픽 경기 또한 전 세계 자전거 인구를 흥분시키는 행사이기도 하다.

어느 나라나 그렇듯이 남아공에서의 스포츠 역시 인종과 언어와 피부색을 떠나 온 국민을 하나로 결집해낼 수 있는 유일한 비상구이기도 하

깊은 오지 산속에서도 쿼드 바이크 투어를 하는 사람들을 어렵지 않게 만날 수 있다. 남아공은 어떤 종류의 스포츠도 전혀 낯설지 않은 곳이다.

케이프타운에서 자전거를 빼놓고 스포츠를 이야기 할 수 없다. 아프리카 전체 대륙과 더불어 유럽과 전 세계를 아우르는 많은 자전거 대회가 열리는 곳이기도 하다.

다.

1995년 국가대표 럭비팀인 스프링복이 럭비 월드컵에 우승했을 때 백인 주장이던 프랑소와 피에나르와 만델라 대통령이 포옹하던 그 순간은 많은 남아공 사람들에게 감동을 주었으며 갈등을 넘어 하나 될 수 있음을 보여주는 역사적인 순간이었다.

2010년 월드컵이 남아공에서 열릴 예정인데, 그 대회를 통해 남아공은 경제적인 특수는 물론이고 국민을 하나로 화합할 수 있는 기회로 승화할 수 있기를 희망하고 있다.

스포츠 스타들 역시 우리나라의 연예인 뺨치는 인기를 얻고 있는데, 한 가지 뚜렷한 특징이 있기는 하다. 백인 남자들은 럭비와 크리켓에 특히 열광적이다. 영국이나 뉴질랜드와의 럭비 경기가 있는 날은 회사를 조퇴하고 경기를 보러 갈 정도로 열성 팬들도 많다.

반면 흑인들은 축구에 열광한다. 다른 스포츠는 여러 가지 스포츠 도구가 필요하기 때문에 달랑 축구공 하나면 어디서든지 땀 흘릴 수 있는 축구는 흑인들이 열광할만한 스포츠이다.

작은 시골 동네에 가도 흑인 아이들은 하나같이 축구를 하면서 논다. 물론 잘 관리된 잔디구장은 아니지만, 아이들은 축구공 하나만으로도 행복해 보인다.

크리켓 경기가 있는 날이면 백인들이 크리켓 운동장으로 몰려가고 텔레비전 앞에 앉아 경기에 몰두하는 것처럼, 축구 경기가 있는 날이면 흑인들은 전용 택시인 미니버스 수십 대로 나눠 타고 운동장으로 몰려들어 열광한다.

하지만 가끔은 그 정도가 지나치는 경우가 있어 얼마 전에는 조하네스버그 축구 경기장에서 흥분한 관중들 때문에 난동이 일어나 40여 명이 사망한 큰 사고가 있었다. 그 사고 후에도 케이프타운 그린포인트 경기장에서 열리는 축구 경기 티켓을 사려던 흑인들이 티켓을 사지 못하자 길거리 블록을 깨서 던지고 난동을 부려 엄청난 재산 피해를 낸 사건도 있었다.

이제 2010년이면 월드컵을 개최해야 하는 나라에서 축구장에서 이런 사고가 잇달아 일어나는 것은 결코 달갑지 않은 일일 것이다.

하여튼 운동을 통해 화합을 꾀한다는 것은 새삼 말할 필요도 없지만, 초등학교나 고등학교도 예외가 아니다.

새학기가 1월 중순에 시작되는데, 여름이 끝나지 않은 날씨라 아직은 더운 날씨이다. 그럼에도 불구하고 새학기가 시작되면 초등학교건 고등학교건 체육대회 준비로 학교가 들썩거린다.

초등학생인 우성이의 경우는 청군 백군을 나누듯 전교생이 섞여 보통 세 개의 팀으로 나뉘어 대표 선수를 뽑고 체육대회 준비를 한다.

체육복에 노란색, 파란색, 군청색의 삼선이 들어가는데 그 각각의 색

가난한 흑인들에게 축구는 더 할 수없이 좋은 스포츠이다.
공 하나면 맨발로라도 언제 어디서든지 뛸 수 있기 때문이다.

으로 팀이 구성된다. 각 팀은 근처의 지역명이면서 유명한 와인팜의 이름인 미어런달, 디머스달, 블르먼달의 이름이 붙여진다.

초등학교 운동회가 열리는 날은 동네 잔치날이기도 하다. 예전에 동네 학교 운동회가 마을 전체의 축제가 되기도 했던 우리나라의 그 모습과 비슷하다.

고등학생인 우록이의 경우에는 교내 소속 하우스마다 이름표 색이 달라진다. 고등학교에 처음 입학하게 되면 각각의 하우스로 지정을 받는데, 이너스, 데이얼, 뮤어라고 이름 붙여진 각각의 하우스는 학생들에게 강한 소속감을 부여하는 일종의 상징적인 의미이다. 교내 체육대회 때는 그 하우스끼리 경쟁을 하게 되는데, 자기가 속한 하우스에 대한 자부심들이 대단하다. 해리포터에서 마법학교 네 개의 기숙사끼리의 경쟁이 대단한 것처럼 교내 체육대회 때는 하우스끼리의 경쟁이 대단하다.

특히 고등학교의 경우에 인터 하우스 체육대회는 교내 체육대회로 학기 초에 신입생과 재학생과의 상견례를 겸한 유대관계 형성을 위해서 중요한 역할을 하는 행사이다.

이 행사 기간 동안은 선배들은 5년 동안의 새로운 학교 생활을 시작하는 후배들을 위해서 학교의 전통을 가르치는 기회를 가지는 셈이다.

교내 인터 하우스 체육대회가 끝나고 나면 인근 학교 끼리 경쟁하는 인터 스쿨 체육대회가 열리는데, 근처의 큰 스타디움을 빌려 대단한 응원전과 함께 한바탕 축제를 벌이곤 한다.

인터 스쿨 체육대회는 같은 지역 학교들의 친목을 다지는 데 중요한 역할을 하고 자기 학교의 전통을 확인하고 자부심을 가지게 하는 중요한 행사이기도 하다.

학교 스포츠의 한 가지 특이한 점은 학생들이 운동하는 데 필요한 경비를 행사를 통해 조성한다는 것이다.

친구 아들이 고등학교의 럭비 선수인데, 다른 도시로 원정 경기를 가는 럭비팀의 경비를 후원하는 댄스파티와 와인 경매를 한다고 해서 티켓을 사서 참석한 적이 있었다. 각 학교의 스포츠팀은 대부분의 경우 학교 대표인 일군과 이군 정도의 개념으로 두 그룹이 활동을 하는데, 학교 대표선수인 경우에도 학부모들이 일정 부분 경비를 담당한다. 이런 경우 선수의 부모들이 파티나 경매를 통해 후원금을 조성하는 것이다.

운동을 한다고 하면 개인적으로 경비를 다 부담해야 하는 것과 달리 행사를 통해 지역 주민을 참여시키고 모금을 하고 지역 주민들은 기꺼이 그 행사에 참석해 주머니를 열어준다.

우리 나라에서는 고등학교 때 운동을 한다는 것은 곧 진로가 그쪽으로 결정되는 것이고 그래서 비용도 스스로 부담해야 한다. 하지만 남아공에서는 자신의 진로와 상관없이 순수하게 스포츠를 즐기기 위해 땀흘리고 경쟁하는 것이다. 스포츠를 즐기고 사랑하고 열광하는 주민들은 스스럼없이 주머니를 열어 학생들을 격려한다.

또한 고등학교 때 스포츠 선수로 활약한 것이 대학 진학 시에 큰 이점으로 작용한다. 스포츠에 관한 특기를 가지고 있으면 스포츠관련 학과가 아니더라도.

남아공에는 백년 이상 넘은 명문 고등학교들이 많은데, 대부분 이 명문 고등학교들이 스포츠에도 강한 학교들이어서 인터 스쿨 경기 때에는 럭비에 대한 남아공 사람들의 사랑은 가히 상상을 초월한다.
고등학교 아마추어 럭비 시합에서도 그 열기는 대단하다.

그야말로 열광의 도가니이다.

일년 내내 푸른 잔디구장에서 맘껏 뛰는 아이들을 보면서 우리 나라의 먼지 풀풀 나는 운동장이 생각나 씁쓸해지곤 한다.

새학기 시작하고 처음 몇 주일을 체육대회 응원 연습을 하느라고 학교가 들썩거리는 것은 한 시간이라도 아껴 공부에 투자해야 하는 우리나라 고등학생들과는 대조적인 모습이다.

예전에 일산에 살 때 가끔 늦은 산책을 나가면 밤 11시가 넘은 시간에 학원 순환버스를 타고 돌아온 고등학생들이 농구공을 가지고 아파트 공원을 뛰던 모습이 생각난다.

한참 뛰고 놀아야할 아이들이 하루 종일 학교와 학원의 작은 의자에 앉아 있다가 자정이 가까워서야 비로소 맘껏 뛰어볼 수 있다는 것이 가슴이 아프곤 했다.

학기 초에 열리는 학교대항 체육대회에서 응원전을 펼치는 학생들의 모습. 스포츠는 처음 만나는 사람들을 가깝게 만들어주는 좋은 매개역할을 하기도 한다.

일년 내내 푸른 잔디밭에 뛰고 달리는 아이들을 보면 내신 성적 때문에 농구 과외를 받고 축구 과외를 받아야 하는 한국 아이들 생각이 나서 잠시 씁쓸해지곤 한다.

2010년 남아공 월드컵

2010년 월드컵이 남아공에서 열린다. 아프리카 대륙에서는 최초로 남아공이 개최를 하게 되는 것인데, 모두 9개의 도시 10개의 축구 전용구장에서 치러질 예정이다. 6개의 경기장은 이미 건설이 되었고, 지금 현재 4곳의 축구 경기장이 건설되고 있다.

케이프타운에는 그린 포인트에 축구 전용구장이 새롭게 건설될 예정이라고 하는데, 그 과정이 순조롭지 않아 케이프타운에서 월드컵 경기를 볼 수 있을지 아직 미지수이다.

2010년 월드컵을 계기로 남아공은 대내외적으로 한번 더 도약할 수 있는 기회를 가진 셈인데, 얻게 되는 것만큼 치러야 할 일도 산적해 있다.

무엇보다 남아공 월드컵 개최의 경우 가장 관심사는 역시 치안 문제이다. 특히 남아공 최대 도시라고 하는 조하네스버그의 치안상태는 새삼 거론할 필요가 없을 정도이다. 수많은 관광객들이 몰려드는 월드컵이 범죄자들에게도 큰 특수를 볼 수 있는 기회가 될 것은 뻔한 일이다.

남아공 정부가 조하네스버그에 치안을 집중해 월드컵 전까지 치안을 안정시킨다는 목표를 가지고 있지만 쉽지만은 않은 것으로 보인다.

또 하나의 문제는 바로 대중교통 수단이다. 버스나 기차는 거의 흑인 전용이기 때문에 관광객들이 이용하기 쉽지 않다. 정부에서는 33억 달러가 투입되는 도심고속철도 건설을 검토 중에 있고 관광객용 미니 택시의 보급을 확산시킨다는 계획을 발표했다.

앞으로 3년, 월드컵의 성공적인 개최를 위해서 남아공 정부의 갈 길은 아직도 멀기만 하다. 하지만 수많은 고용창출을 할 수 있는 기회이기도 하고 무엇보다 인종간의 갈등을 뛰어 넘어 남아공 국민들을 하나로 결집해 낼 수 있는 범국가적인 대회로 승화되었으면 하는 바람이 있다.

케이프타운에도 집값이 뛰고 있다

언젠가 인터넷에서 케이프타운이 세계 최고의 집값 상승률을 가진 도시라는 기사를 본 적이 있다. 한국의 한 친구는 날마다 집값이 오르는 비싼 동네에 사는 기분이 어떠냐고 메일에 농담을 해오기도 했다.

남의 나라에 살면서 집값이 얼마나 오르는지 부동산 시장이 어떻게 돌아가는지 자세하게 알 필요가 없지만, 이곳 부동산 매매나 임대가 얼마나 활발하게 움직이는 지는 부동산 사무실과 광고만으로도 쉽게 짐작할 수 있다.

상가가 모여 있는 곳에는 반드시 두세 곳의 부동산 사무실이 있다. 부동산이 그렇게 많은 것은 우리나라도 비슷하지만, 다른 점은 이곳은 사무실을 한 사람이 경영하는 것이 아니라 대부분이 프랜차이즈식의 기업으로 운영되고 있다는 것이다. 물론 특정 회사에 소속되지 않고 개인적으로 사업을 하는 에이전트들도 상당히 많지만, 한 사무실에 여러 명의 에이전트들이 근무하는 것이 보편적이다.

어디서든지 빠지지 않는 것이 또한 부동산 홍보. 유명한 부동산 프랜차이즈 중의 하나인 회사가 고등학교 축제 때 차량을 이용해 광고를 하고 있다.

케이프타운이 어느 정도로 부동산 매매 시장이 활발한지는 이런 부동산 에이전트들이 얼마나 많은지를 보면 짐작할 수 있다. 14가구가 사는 우리 콤플렉스에 네 명이 부동산 에이전트이다. 또한 상가에 한두 개 이상씩 자리 잡고 있는 부동산 사무실에는 많게는 열 명 가까이 적게는 다섯 명 이상씩이 일하고 있다.

또 다른 점은 부동산 에이전트의 경우 단순히 주택 매매나 임대 중개만 하는 것이 아니다. 임대의 경우는 계약 기간이 끝날 때까지 주택관리 역할까지 해주곤 한다.

부동산 매매의 경우 부동산 에이전트의 수수료는 4프로로 정해져 있는데, 집을 사는 사람은 수수료를 부담하지 않고 파는 사람이 이 수수료를 부담하게 되어 있는 것도 다른 점이라 할 수 있겠다.

주말에 발행되는 두꺼운 신문의 거의 반 이상이 지역 주택 매매 광

부동산 전문 잡지. 집 내부와 외부의 사진과 함께 상세한 정보가 실린 부동산 정보 잡지가 지역별로 기간별로 꾸준하게 발행된다. 그 숫자와 종류도 여러 가지이다.

고이다. 이 광고뿐만이 아니라 타블로이드판으로 인근지역의 집 사진과 매매 가격 등이 표시된 고급 인쇄물도 적지 않게 쏟아진다. 집 전경 사진과 크기, 특징들이 깨알 같은 글씨로 소개된다.

우리나라도 언제부터인가 부동산 중개업이라는 직업이 남자의 전유물에서 많은 숫자의 여성 점유율을 나타내기 시작했는데, 이곳 남아공의 부동산 에이전트는 90프로 이상이 여성이라는 특징도 있다.

간혹 몇몇 에이전트는 국제적인 투자를 전문으로 취급한다는 광고를 하고 있다. 케이프타운은 아름다운 자연풍광과 기후 등으로 세계에 몇 개씩 별장을 가지고 있는 사람들이 빼놓지 않는 곳 중의 하나이다.

실제 케이프타운의 빼어난 유럽풍 해변 중의 하나로 꼽히는 캠스베이 해안의 절벽 위에 위치한 엄청난 규모의 주택 중의 많은 숫자가 해외 투자가나 부호들이 사들인 주택이라고 한다.

케이프타운의 집값 상승에 단단히 한몫을 하는 것은 해외투자가들의 끊이지 않는 투자 때문이다. 천혜의 자연 풍광을 가진 덕에 세계 각국의 부호들이 별장을 몇 개쯤 가지고 있기도 하다.

그런 소문에 뒷받침이라도 하듯 캠스베이나 바닷가 경치 좋은 곳에 위치한 주택 가격은 일반 서민이 상상도 못할 수준이다.

인도양과 대서양의 두 바다가 만나 넘실거리고 도시의 찬란한 불빛 너머로 야생의 자연이 숨 쉬는 곳. 일년 내내 큰 변화 없는 날씨, 아프리카의 축복 받은 자연 풍광을 가진 케이프타운은 투자가치로서의 주택 구매로 해외에서도 많은 투자가 이루어진다는 것이다.

그리스식 해안 풍경을 가지고 바닷가를 개인 요트 정박장으로 쓸 수 있게 되어 있는 최고급 주택가들.

얼마 전에 낯선 에이전트 하나가 집을 내놓을 생각이 없냐고 무작정 벨을 누른 적도 있다. 영국에 사는 사람이 좋은 가격으로 콤플렉스를 하나 사두고 싶어하는데 우리가 사는 콤플렉스가 적당해 보여서 집집마다 무작정 벨을 누른다고 했다.

2006년 한국에서 은행에 다니다 명예 퇴직을 하고 이곳으로 이민 온 사람은 정착하자마자 부동산에 관심을 갖고 열심히 발품을 팔고 다닌 덕에 좋은 집을 싼 가격에 몇 채 샀다고 한다. 그 집 아이가 자기 아빠 직업이 케이프타운 온 쇼(on show)안내원이라고 말했을 정도라고 하니, 어느 정도로 많은 집을 보러 다녔는지 짐작할 수 있다.

집을 팔 때, 한 에이전트와 계약을 하고 에이전트는 집이 팔릴 때까지 일요일에 집을 개방해서 구매자들에게 보여주는 행사를 한다. 온 쇼를 하는 것이다.

그때는 집 주인도 집을 깨끗하게 치우고 집을 비워주는 것이 관례화 되어 있다. 일요일이 되면 길목마다 집집마다 온 쇼 팻말이 그야말로 성시를 이룬다. 토요일 오후나 일요일 오전이면 에이전트들이 직접 본인들이 계약을 성사시켜야 할 집의 온 쇼 팻말을 설치하고 일요일 오후면 수거해가곤 하는 것을 볼 수 있다.

사실 남아공의 집값이 그렇게 상승하고 있다고 해도 별로 실감할 수 있는 기회가 없었는데, 지난 달 같은 단지 안에 이층집을 팔려고 내놓고 온 쇼를 할 때 재미삼아 구경을 간 적이 있다.

2005년 년 초까지 우리 앞집에 살다가 이사한 베씨 할머니네 집과 똑같은 구조를 가진 이층집인데, 100만 랜드가 넘는 가격 즉 1억 3천만원 정도의 가격에 집을 내놓았다.

케이프타운의 전형적인 일반 주택의 경우 대부분 앞뒤 마당과 수영장 하나쯤은 가지고 있다.

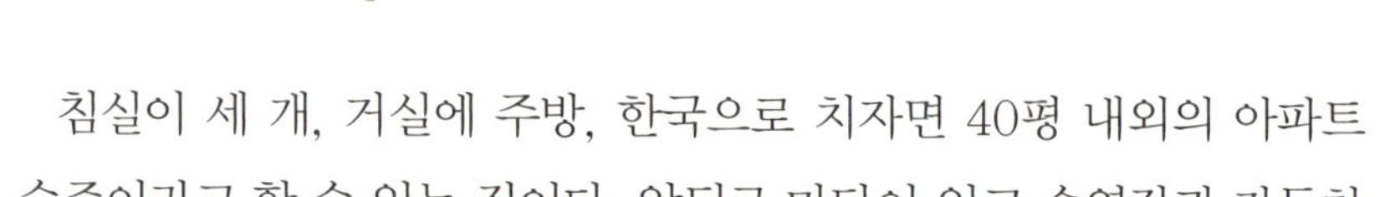

침실이 세 개, 거실에 주방, 한국으로 치자면 40평 내외의 아파트 수준이라고 할 수 있는 집이다. 앞뒤로 마당이 있고 수영장과 자동차 한대를 주차시킬 수 있는 실내 차고를 가지고 있다.

베씨 할머니가 집을 팔고 이사 갈 때만 해도 그 집값이 약 75만 랜드였는데, 1년도 안돼서 집값이 25%이상 올랐다는 이야기다. 물론 재개발 붐이 일어서 하룻밤에 몇 천만 원 혹은 억대에 가까운 프리미엄이 붙는 우리나라 같은 경우도 있다. 그런 엄청난 거품이나 기현상은 아니지만, 케이프타운의 집값 역시 상한가를 치고 있다.

몇 년 전에 정착한 한국인들의 이야기를 들어봐도 집값이 많이 오르는 것만은 사실인 듯하다. 4,5년 전에 이곳에 정착해서 자기 집을 샀던 경우는 대부분 큰 상승폭의 이익을 남겼다고들 입을 모은다.

골프장 안에 고급 주택을 지어 분양하는 경우도 많은데, 그 분양가격도 몇 년 전에 비해 거의 배 이상으로 올랐다는 이웃집 부동산 에이전트의 말도 집값 상승률을 실감나게 한다.

그런 집값 상승률과 맞물려 돌아가는 상황인지 우리가 사는 지역 주변으로도 엄청난 주택이 건설되고 있다. 아마 한참 우리나라 아파트 개발붐이 이는 것처럼, 이곳에는 지금 여기저기 콤플렉스 건축붐이 일고 있는 것 같다. 겉으로 보기에는 사람도 별로 많지 않을 것 같은 지역에 웬 집을 저리 많이 지을까 하는 생각이 들 정도이다.

옆 단지에 사는 팻 할머니 말에 의하면 이곳에 이사 왔던 5년 전에는 자기들이 살고 있는 단지 외에는 주변이 다 허허벌판이었다고 한다. 5년 만에 주변에 공터라고는 이제 겨우 몇 군데뿐 빈 공터라는 공터에는 다 집들이 들어서고 있다.

우리가 처음 이사 왔던 3년 전과 비교를 해도 엄청난 주택 단지들이 들어섰다. 거실에서 내다보면 하늘을 향해 쭉쭉 뻗어 자라나 있던 아름드리 나무들이 어느 날에는 뭉텅 뭉텅 잘려 넘어가고 그 다음에는 영락없이 커다란 담장이 둘러쳐진다.

이곳은 큰 주택 단지가 결정되면 일단 높은 담장이 쳐지고 그 단지를 하나씩 분양해서 개인 각자가 원하는 스타일로 집을 짓거나 아니면 한 주택업자가 비슷한 모양의 주택을 지어 분양한다.

전자의 경우는 제법 큰 규모의 주택들이 들어서고 후자의 경우는 같은 모양의 주택이 지어져 분양된다. 하지만 겉모양이 같은 콤플렉스라고 하더라도 주택 내부의 마감재나 구조는 분양받는 사람의 주문에 따라 조금씩 다 다르다.

똑같은 겉모양의 주택이더라도 본인들의 취향에 따라 내부 구조를 선택할 수 있다는 것은 구매자에게 매력 있는 장점중의 하나인 것 같다

처음에 이곳에 와서 집을 살 것이냐 말 것이냐를 놓고 고민을 하다가 경제적인 문제도 있었지만, 완전한 이민이 아니니 집은 사지 않는 것이 좋다고 판단했다. 지금 생각하면 조금 아깝다는 생각도 든다.

우리야 어차피 돈을 쫓는 재주야 젬병인 사람들이니 기본적인 재테크 수단이라는 부동산에 전혀 관심조차 갖고 있지 않아 그저 남의 일

여러 주택이 한꺼번에 모여서 살고 있는 콤플렉스의 내부. 요즘은 험악해지는 치안 때문에 전기 담장을 둘러친 곳이 인기가 많은 편이다.

우리 가족이 살고 있는 콤플렉스. 겉 모양은 비슷하지만 내부 구조는 우리나라 아파트와는 달리 입주자들의 기호에 따라 다양한 구조를 띠고 있다.

이긴 하지만, 1년 사이에 집값이 25%를 상승한다는 것은 거의 기록적인 일일 듯하다.

한국 특정 지역의 집값에 거품이 들어 새로운 정권이 들어설 때마다 부동산 시장 잡기, 특정 지역 집값 안정시키기가 필수적이 공약이 되곤 하는데, 남아공의 집값이 이렇게 천정부지로 용솟음치다가는 안 그래도 여러 가지 문제로 벅찬 남아공 정부의 또 다른 숙제가 되지 않을까 걱정스럽다.

대중교통에서 아픔을 엿보다

한국을 떠나올 때 남편이 타던 차를 팔면서 많이 속상해 했다. 이곳에 와서 차를 사면서는 그 차를 팔 때보다 더 많이 속이 상했다. 한국에서 타던 차 수준의 중고차를 사는데도, 한국에서 웬만한 새 차를 사는 가격을 주어야 살 수가 있는 것이다.

한국에서는 차를 산다고 하면 당연히 새 차를 사는 것으로 생각하지만, 이곳에 와서는 중고차를 사는 것이 오히려 자연스러운 것으로 받아들여졌다.

남아공의 차 값은 살인적이다. 새 차는 아예 처음부터 생각을 할 수도 없다. 자국 브랜드의 차를 생산하지 않기도 하고, 차 값이 워낙 비싸기 때문이다. 그 대신 중고자동차 시장이 활발하게 형성되어 있다. 남아공의 차 값은 그야말로 살인적이지만, 중고차는 백만 원도 안되는 차까지 천차만별이다.

자동차가 모든 가정의 필수품인 이곳은 세계 자동차 전시장이라고 해도 과언이 아닐 만큼 세계 유명하다는 차란 차는 모두 다 굴러다니고 있다. 유명한 차뿐만 아니라 최신형 모델 자동차부터 몇 년도 산인지 도저히 짐작할 수도 없고 제대로 굴러다니기나 할지 모르는 차까지 온갖 종류의 차를 구경할 수 있다.

제일 눈에 많이 띄는 것이 독일산과 일본산이다. 프랑스, 미국, 영국, 이태리 차도 많고 자동차 잡지에서나 보았을 온갖 자동차가 다 모여 있다. 한국산 자동차도 다른 나라 차에 비해 빠지지 않을 만큼 많다.

한국에서 가지고 있던 차는 레저용 사륜구동 9인승이었는데, 이곳에 와보니 이런 중고차 정도를 구입하려면 한국에서 똑같은 새 차를 구입하는 가격수준이다. 한국 자동차라고 값이 좀 저렴할까 기대했지만 한국 자동차 가격도 만만하지 않은 수준이었다.

짐을 풀고 일주일

남아공의 차 값은 그야말로 살인적이고 천차만별이다. 앞집 고등학생이 졸업선물로 받은 중고 미니. 백만 원을 조금 못 주고 샀다고 했다. 대부분의 경우 고등학교를 졸업하면서 면허를 받고 차를 사는 것이 관례화 되어 있다.

도 안돼서 중고자동차 시장을 이 잡듯 뒤지고 다녔다. 한국에서는 웬만한 고급 승용차를 살 돈으로 5년이 넘은 중고차를 사는 게 속이 쓰렸지만, 영국산 랜드로버를 구입하는 것으로 자동차 시장 순례를 끝마쳤다. 한국 같으면 꿈도 꾸어보지 못할 그 유명한 차를 중고차나마 잠시 타볼 수 있게 된 것에 위안을 삼았다.

자동차가 없으면 한발자국도 움직이지 못하는 이곳에서 차를 산 후 두어 번 문제를 일으켰지만, 그나마 그 차가 우리가족의 유일한 교통수단이다. 대중교통이라고는 전무한 상태인 이곳에서 자동차에 이상이 생기면 그야말로 온 식구 발이 꼼짝없이 묶이고 만다.

이곳은 아이들 학교 데려다주고 데려오는 문제서부터 사소하게 시장 보는 것까지 자동차가 없으면 한발자국도 움직일 수 없다. 전철에 버스에 학원에서 운영하는 순환버스까지 한국의 상황에 비한다면, 이곳은 교통문제에 있어서만큼은 절대적으로 불편한 나라이다. 더구나 아이들 한 둘이 있는 가정의 부모들에게는.

학교가 끝나는 시간이면 학교 앞은 아이들을 데리러오는 부모들의 차로 장사진을 이룬다. 대중교통을 이용할 수 없기 때문에 등하교는 고스란히 부모들의 몫이다.

언어가 완벽하지 않은 데서 오는 외국 생활의 스트레스는 자동차에 이상이 생겼을 때 그 고조를 이룬

멋진 풍광을 끼고 지나면서 시내를 오가는 기차가 있긴 하지만, 일반인들 특히 외국인들에게는 그림의 떡이다. 현지인들 중에 백인들도 출퇴근 시간에는 기차를 이용하는 사람들도 있지만, 그 수는 지극히 미미하다.

다.

한번은 집에서 한 시간 이상 가야하는 근교에 갔다가 이름도 모르는 어느 한적한 시골길 농장 앞에서 차가 서버린 적이 있다.

아이들 학교 끝날 시간은 다가오고 어느 곳인지도 모르는 한적한 시골길에서 차가 서버렸으니 그야말로 난감하고 당황스러웠다.

보험회사에 전화 걸어 자동차 견인해달라고까지는 했는데 그리고 렌터카 회사에 전화 걸어 차를 보내달라고까지는 했는데, 내가 지금 어디에 있는지 알 수가 없으니 어디로 오라고 설명해줄 길이 없었다.

다행히 근처에 농장이 있어 찾아들어가 그곳 위치가 어디인지 설명해줄 것을 부탁해서야 견인차도 렌터카도 부를 수가 있었다. 한번씩 그렇게 차가 말썽을 부릴 때면 조금 과장한다면 엄청난 위산이 분비되는 걸 느낄 정도로 스트레스를 받곤 한다.

케이프타운 생활의 가장 불편한 점 중에 하나는 의심할 것도 없이 대중교통의 부재라고 할 수 있다.

물론 이 나라 국민이 이용할 수 있는 대중교통 수단이 전무한 것은 아니다. 버스도 있고 택시도 있고 기차도 있다. 하지만 그 대중교통이라는 것이 거의 흑인들을 위한 수단일 뿐 안전 문제로 백인들은 거의 이용하지 않는다. 물론 기차와 버스의 경우는 출퇴근 시간 러시아워에는 백인들도 이용하지만, 그 이용 실태는 아주 미미하다.

골든 에로우라는 버스가 있다. 주로 흑인들이 이용하다보니 우리로서는 감히 타 볼 엄두를 내지 못한다. 처음부터 관심을 가질 생각도 못했고 타볼 생각도 해보지 못한데서 오는 선입견 때문인지, 그 버스 외관부터가 조금 우중충하다.

운전석은 강력한 철조망이 둘러쳐져 있는데, 가끔 강도라도 만나는 모양이다. 5,6년 전에 이곳에 온 한국 사람 한 명이 용감하게 그 버스를 타고 다녔다는 무용담이 전해지기는 하지만 확인할 길은 없다.

어쩌다 가끔 백인들이 탄 모습을 보기도 하지만, 늘 흑인들만 가득 태우고 다니는 그 버스 뒤꽁무니에 bus for us라는 문구가 무슨 시위라도 하듯 씌어져 있다. 그 '우리'의 의미는 흑백을 아울러 모두를 지칭한 것이겠지만, 여기서 '우리'는 마치 '흑인'들을 상징한 듯 늘 흑인들만 타고 다닌다. '흑인들을 위한 버스'이니 타지 마시오라고 자랑하듯 쓰여진 그 문구는 없는 자들의 절규처럼 들리기도 하지만, 대중교통에서의 우리는 흑인들 뿐이다.

버스는 그렇다 치고 택시는 더욱 엄두가 나지 않는다. 이곳 흑인들이 가장 널리 이용하는 교통수단은 바로 택시이다. 택시라고 우리나라 택시를 연상하면 큰 오산이다. 우리가 생각하는 일반 택시처럼 승용차에 택시 표시등을 단 택시가 없는 것은 아니지만, 이런 택시는 시내 중심가나 공항 그리고 유명한 관광지 등을 도는 관광객들의 전유물일 뿐 일반인들이 이용하는 교통수단은 아니다.

흑인 전용 버스라고 해도 과언이 아닌 시내버스 골든 애로우.

대부분 자동차를 가질 만큼 여유가 없는 흑인들이 이용하는 택시는 우리나라로 치면 승합차를 말한다. 독일차가 주종을 이루고 있는 9인승 미니 콤비를 개조해 15인승으로 만든 택시가 이곳 흑인들의 대중 교통수단이다.

여유 있는 가정에서는 성인 식구 수 만큼 자동차를 가지고 있고 적어도 부부가 한 대씩은 가지고 있는 것이 대부분이다.

흑백 분리 정책이 무너지고 흑백 갈등이 없어졌다고는 하지만 흑

흑인들의 가장 대중적인 교통수단인 택시. 택시 정류장 주변에는 늘 값싼 물건을 늘어놓은 상인들이 있기 마련이다.

백 빈부의 격차가 그 자리를 대신 차지하고 있는 만큼 당연히 대부분의 백인 가정과 달리 흑인들은 자동차가 없는 경우가 많다. 물론 차를 가질 수 없을 만큼 가난한 백인도 있고 최고급 자동차를 가질 만큼 부자인 흑인도 있지만.

이른 아침 아이들을 등교시키다 보면 시내 쇼핑센터 옆에 있는 택시 정류장에 수많은 택시가 장사진을 이루면서 한 무리의 흑인들을 내려놓곤 한다. 좌석은 15명이 앉을 수 있게 개조했다지만 실제로는 몇 명이 타고 가는지 모를 정도로 만원 상태의 택시가 대부분이다.

퇴근시간에는 그 정류장에 다시 수많은 흑인들이 모여들고 터질듯 손님을 태운 택시들이 퇴근길 도로를 질주하는 모습을 볼 수 있다.

자동차도 없고 그나마 택시나 버스를 탈 돈이 없어서인지 퇴근 시간 무렵에는 비어가는 화물칸에 태워주기를 구걸하는 흑인들도 적지 않게 있다.

버스를 타거나 택시를 타거나 혹은 공짜 차를 얻어 타는 사람들은 그래도 집으로 돌아가는 피곤한 몸이 편히 쉴 수 있을 게다.

늘 걷고 걸어야 하는 흑인들이 지나다니는 길은 이렇게 잔디위에 그들만의 길이 만들어진다. 길 아닌 길인 셈이다.

하지만 그나마 버스나 택시를 탈 돈도 없고 공짜 차도 얻어 타지 못한 흑인들이 가끔씩 하염없이 걷고 또 걷는 것을 볼 수 있다.

어디까지 걸어야 그 피곤한 몸이 쉴 수 있는 보금자리가 있을까. 푸른 잔디 위에 석양을 지고 피곤에 지친 몸을 끌고 걸어가는 사람들을 보노라면 가끔 인생의 고달픔이 새삼스럽게 전해지곤 한다.

인생이란 어쩌면 걷기 싫어도 주저앉고 싶어도 걸어야만 하는 것인지도 모른다. 이 아프리카 땅끝 아름다운 케이프타운 희망봉에서 아름다움 뒤에 숨겨진 인생의 고달픔을 발견하곤 한다.

남아공 택시

남아공의 택시는 늘 무서운 범죄의 온상으로 상징된다. 택시 운영 이권을 놓고 사업자들끼리 혹은 운전 기사들끼리의 다툼은 상상을 초월한다.

대낮 그것도 시내 한 복판 법원 건물 앞에서 권총 난사 사건으로 무고한 시민이 희생되는 경우도 있고 타운쉽 내에서 사업자들끼리 암살을 시도하는 경우도 적지 않게 보도된다.

또한 남아공 택시는 남아공의 세계적인 교통사고 사망률에도 단단히 한 몫을 하는데, 거친 운전 습관과 정원 이상으로 태우고 다니는 고질적인 문제로 항상 대형 사고의 위험이 잠재하고 있다.

무면허 운전의 경우도 택시 사고의 큰 원인이 되고 있다. 암암리에 거래되는 허위 면허증이나 뇌물로 발행된 면허증으로 택시를 운전하는 경우가 적지 않다고 한다. 사실상 무면허 운전이나 마찬가지인 셈이다. 실상이 이렇다보니 대부분 흑인들의 대중교통 수단이라고 할 수 있는 택시는 늘 사건 사고의 중심에 있게 된다.

2부 _ 아프리카 대륙을 거닐다

아프리카 대륙의 땅 끝에 서다

남아공에는 역사적으로나 지리적으로 의미 있는 곳이 많다. 그래서 여행을 좋아하는 사람이라면 누구나 꿈꾸는 지구 최후의 관광지로 검은 아프리카 대륙, 그것도 남아공을 꼽는다고 한다. 남아공에서도 희망봉은 역사적으로나 지리적으로 가장 의미 있는 곳이기도 하다.

우리에게 익히 '희망봉'으로 알려진 이곳의 원래 명칭은 '케이프 오브 굿 호프'(Cape of Good Hope)로 희망곶, 즉 봉우리가 아니라 바다를 향해 삐죽 튀어나온 지형의 곶이다. 사실 진짜 아프리카 땅끝은 '아굴하스곶'이지만, 희망봉이 우리에게 아프리카 대륙의 최남단으로 알려져 있기도 하다.

케이프타운에서 살면서 케이프 반도의 땅 끝, 희망봉을 찾아가는 길은 그리 어렵지 않다. 케이프 반도 남서쪽 맨 끝에 자리한 희망봉은 케이프타운 시내에서 한 시간 남짓이면 가는 거리이다.

희망봉. 아프리카의 가장 끝머리로 알려진 이곳은 1488년 인도로 가는 항로를 찾던 포르투갈인 바르톨로뮤 디아스가 우연히 인도인 줄 알고 상륙했다가 파도와 바람이 거세다고 해서 '폭풍의 곶(Cape of Storms)' 이라 불렀고, 1498년 바스쿠 다 가마가 인도로 가는 항로를 개척한 것을 기념해 포르투칼의 왕 존 2세가 '희망의 곶' 이라 이름을 붙인 곳이기도 하다.

유럽제국이 인도로 가는 항로를 찾다 발견해 대륙 침략의 발판으로 이용했던 아픔이 묻어 있는 바람의 땅, 희망봉은 이제 케이프타운을 찾은 여행자들의 발길이 끊이지 않는 유명한 관광지가 되었으며 케이프타운의 상징이기도 하다.

시내를 통한다면 쉽게 희망봉에 이를 수 있지만, 나는 굽이굽이 언덕을 돌 때마다 파도치는 푸른 바다를 내려다 볼 수 있는 산등성이의 드라이브 코스를 택하였다.

산길을 오르다 보면 산 아래로 옥빛 바다가 출렁이는 해안 도시를 내려다보며 대서양을 끼고 달리게 되는데, 높지 않은 산을 한 구비 한 구비 넘을 때마다 굽이치는 파도를 만나게 된다.

또 저 아래 내려다보이는 해안선을 따라 달리는 기차가 서정적으로 느껴지고 마치 기적소리가 들려오는 듯하다.

그 푸른 바다를 휘감아 돌며 정상에 올랐다가 내리막길을 향하여 내려가면 국립공원 지역으로 들어서게 되는데, 자생 식물 군락지가 마치 푸른 융단을 펼쳐놓은 듯 시야를 시원하게 한다.

케이프 포인트에서 내려다 본 희망봉. 희망봉은 정작 근사한 모습의 봉우리도 아니고 돌무더기를 쌓아놓은 듯한 초라한 곳이다.

희망봉 일대는 케이프타운의 최대 관광지로서 곶의 첨단까지 관광용 자동차도로가 잘 정비되어 있다.

영국 본토 내에서 자생하는 수목의 종류보다 더 많은 천여 종이 넘는 식물이 자라고 있다는 국립공원의 명성답게 온갖 종류의 핀보스(fynbos) 군락이 초록의 물결을 치며 저 멀리 대서양의 푸른 수평선과 함께 어우러진다. 꽃피는 계절에 찾으면 남아공의 국화인 화려하고 우아한 프로티아 군락을 만날 수 있고, 우기에 찾는다면 더 찬란하게 빛나는 짙푸른 초원을 만날 수 있다.

등대가 서 있는 제일 높은 곳인 케이프 포인트(Cape Point)로 향하자면, 오른쪽으로 희망봉 표시가 나오는데 그곳으로 내려가면 바로 반도 최남단인 희망봉이다.

대부분의 관광객들은 희망봉을 한 눈에 내려다 볼 수 있는 케이프 포인트로 직행하고 정작 땅끝 희망봉에는 들르지 않는 경우도 있다지만, 나는 역사적인 희망봉에 먼저 한발을 내딛기로 했다.

아픔이 있는 바람의 땅, 마치 돌무더기를 쌓아놓은 듯이 보이는 희망봉 바닷가에 이르니, 동경 18도 28분 26초, 남위 34도 21분 25초라고 쓴 이정표가 서 있다. 순간 그 역사적인 곳에 발을 디뎠다는 감격이 밀려온다.

희망봉에 와서 부딪치는 파도가 여느 바닷가에서 만나는 파도와 다를까마는 어찌 바닷물이 다르지 않다고 해서 희망봉이 다른 곳과 같은 의미를 가질까.

희망봉이 어디인가. 인도양을 항해하고 돌아가는 수많은 선원들이 고향으로 돌아가는 길목에서 만나는 곳. 이제 고향까지는 얼마 남지 않았다는 희망을 가지게 했던 바로 그곳이다. 교과서에서만 듣던 유명한 그 희망봉 푸른 바다가 눈앞에 펼쳐져 있다.

그러나 생각해보면 교과서의 말처럼 정말 유럽인들이 아프리카의 이곳에 '희망'을 가져다주었을까. 수 세기 동안 아프리카인들이 흘린 피와 눈물이 거센 바람을 타고 밀려오는 듯 구름이 드리우고 물결이 부딪쳐 하얀 포말로 부서진다.

푸른 대서양 수평선을 안고 수없이 부딪치는 파도를 여전히 묵묵히 받아들이고 있는 희망봉. 울컥 감동이 휘몰아친다.

사진 찍히는 것 싫어하는 우록이를 잡아 세우고 웬만해서는 피사체

역사적인 희망봉 앞에서의 가족 사진 한 장. 희망봉 바다라고 해서 여느 바다와 다르지 않았지만 그 감회만큼은 새로웠다.

가 되지 않는 나도 역시 합세해 가족 사진을 한 장 찍었다. 희망봉 푯말 앞에서 찍는 한 장의 기념사진은 다른 어느 곳에서 찍는 사진보다 많은 의미가 있는 것처럼 느껴졌다. 그리고 희망봉 그 바닷가에 서서 소박한 소망 하나, 우리가족 모두 케이프타운에 사는 동안 별 탈없이 건강하게 지내다 갈 수 있기를 빌었다.

희망봉에서의 상념을 뒤로 한 채 동쪽으로 조금 떨어진 케이프 포인트를 찾았다. 케이프 포인트는 동경 18도 29분 51초, 남위 34도 21분 24초이니 희망봉이 조금 더 남서쪽에 있는 셈이다.

케이프 포인트는 희망봉을 한눈에 내려다 볼 수 있는 높은 곳에 위치한 또 하나의 곳으로 1860년에 세워진 룩 아웃 포인트(Look out Point) 등대가 자리 잡고 있다. 이 등대는 1860년에 세워져 1919년까지만 쓰였다. 짙은 안개로 유명한 이곳에서 처음 세워진 이 등대는 제 구실을 할 수 없었다. 그래서 지금은 이 등대는 그저 역사적인 의미만을 가진

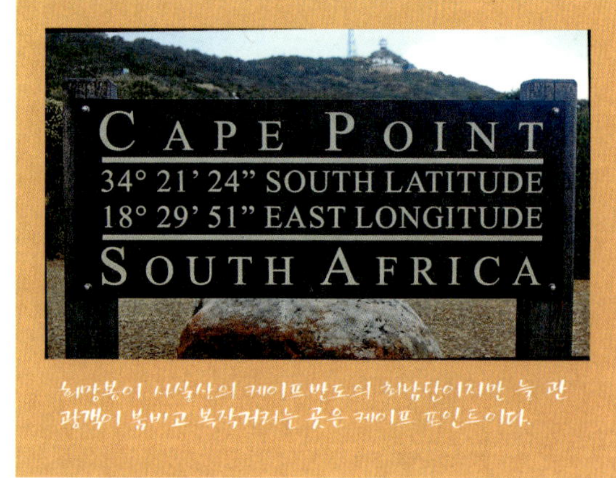

희망봉이 사실상의 케이프 반도의 최남단이지만 늘 관광객이 붐비고 북적거리는 곳은 케이프 포인트이다.

채 관광객들의 발길이 끊어지지 않는 곳이고 현재는 조금 낮은 곳에 세워진 등대가 실질적인 희망봉의 등대 역할을 하고 있다. 케이프 포인트는 높은 등대가 있는 이곳까지 외선 철도에 왕복 전동차가 운행되고 있기 때문에 정작 희망봉은 들르지 않고 돌아가는 관광객들도 많은 것이다.

케이프 포인트에 올라서면 비로소 대륙 땅끝에 와 서있다는 실감이 난다. 마치 꿈틀거리는 용의 꼬리가 내려앉은 것 같은 땅끝 희망봉이 푸른 대서양의 수평선과 하나가 되면서 눈앞에 펼쳐진다. 좌우 바다의 파도에 온몸을 맞기고 선 기암절벽의 수려함과 수십 겹의 푸른 파도가 200m 이상 되는 절벽을 때리며 흰 포말로 부딪히는 장면은 장관중의 장관이라고 할 수 있다.

케이프 포인트 언덕 위에 위치한 등대. 지금은 역사적인 건물일 뿐이다.

등대 옆에는 방향계가 세워져 있는데, 남극까지의 거리가 6248km라고 선명히 씌어져 있다. 각 대륙 주요 도시까지의 거리가 표시된 그 방향계 앞에 관광객들이 앞 다투어 사진 촬영을 한다.

등대가 서있는 자리에 또 큰 바위가 하나 있는데, 그곳은 수많은 관광객들이 다녀갔음을 증명하듯 어지럽게 많은 이름이 새겨져 있다.

한글이 눈에 띄어 가까이 살펴봤더니 평양에서 왔다는 리씨 성을

케이프 포인트 정상에 설치된 방향계. 남극까지의 거리가 선명하게 표시되어 있다. 그 옆엔 '뉴델리 9296km, 리오데자네이로 6055km, 뉴욕 12541km…'라고 쓰인 방향 표지판이 사방팔방으로 팔을 벌리고 서 있어, 까마득한 거리를 새삼 더듬어보게 한다.

가진 사람들의 이름이 선명히 남아있다. 아마도 가족이었을 법한 그 사람들도 역시 희망봉에 서서 작은 소망들을 빌었으리라. 어쩌면 이 먼 곳 희망봉에 우연히 조우를 했을 수도 있을 법한 북한 사람들이 남긴 그 자국이 친근하게 느껴졌다.

푸른 바다를 내려다보는 이 희망봉에서는 남과 북의 이념을 떠나 손이라도 한번 잡아보고 아프리카의 원시 희망을 담아 진짜 우리의 가장 큰 희망인 통일을 같이 기원해볼 수도 있지 않았을까 하는 감상적인 생각이 잠시 들었다.

검은 대륙 아프리카의 진짜 땅끝 마을 아굴하스곶(포르투갈어로 '바늘'이란 뜻이며 끝이 뾰족한 암초에서 유래한다)을 가는 길은 희망봉 가는 길과는 사뭇 다르다. 아굴하스는 희망봉에서 남동쪽으로 160킬로 떨어진 곳에 위치하고 있다.

희망봉은 좁은 반도의 해안도로를 따라 백여킬로미터의 사이클 경기가 열릴 만큼 아름다운 해안도로를 끼고 있지만 아굴하스는 끝없는 밀밭의 행렬을 지나고 색색의 열매를 달고 있는 과수원의 행렬을 지나고 시골길을 한참 달려야만 만나게 된다. 제철에 지나면 푸른 물결치는 밀밭의 풍광과 노란 유채꽃을 배경으로 점점이 박힌 한 무리

아프리카 대륙 최남단인 아굴하스를 가는 길에 만난 시골 농가.

의 양떼들의 한가로운 풍광 또한 일품이다.

일년 사시사철 관광객으로 붐비는 희망봉과 달리 아굴하스에는 관광객도 없고 기대와는 달리 조용하고 평화스러운 마을이었다. 땅끝 마을임을 표시하는 기념비민이 내가 대륙의 제일 땅끝에 와 있음을 말해주었다.

"여러분은 지금 아프리카 대륙 최남단 땅끝 마을에 있습니다."

아프리칸스어와 영어로 쓴 간단한 기념비와 그 밑에 인도양과 대서양이 교차한다는 화살표를 그려 두 바다가 만나는 곳이라는 표시를 해놓았다. 두 대양 표시를 한 표지판 위에 올라서니 감동이 밀려온다. 대서양과 인도양이 만나는 지리학적인 장소는 아굴하스이지만 여행길에 자주 만날 수 있는 풍차. 물이 귀한 곳에서 지하에서 물을 끌어올리기 위해 만든 장치이다.

대륙 최남단 아굴하스의 최남단 표시와 인도양과 대서양이 만난다는 지점 위의 아이들. 잠깐이지만 바다를 닮은 아이들로 자라나길 빌었다.

사실상 뱅골만의 한류와 아굴하스의 난류가 교차하는 지점은 희망봉이다.

남성적인 대서양과 여성적인 인도양이 만나 수십 겹의 푸른 파도를 만들어내는 곳. 아프리카 검은 대륙의 최남단에 내가 서있는 것이다.

대서양과 인도양, 두 바다 모두 은빛 물결을 찰랑이며 푸른 파도로 부서질 뿐 여느 바다와 다르지 않았지만, 대륙의 땅 끝, 두 대양이 만나 교차하는 곳에 서있다는 감동은 그 두 대양의 파도보다 높게 휘몰아친다.

두 대양을 내려다보고 있는 낮은 언덕 위에 그림 같이 자리 잡고 있는 등대 또한 아굴하스의 낭만을 훨씬 더해주었다.

아굴하스의 작은 항구에는 늦은 저녁까지 낚싯대를 드리운 한가로운 그림이 그려지고, 일년 내내 낚시꾼들의 발길이 끊이지 않는다.

개인 요트를 타고 바다로

아프리카 대륙 최남단인 아굴하스 항의 등대. 인도양과 대서양, 두 대양의 부서지는 파도를 굽어보고 있다.

게망봉은 늘 관광객으로 붐비지만 사실 대륙 최남단인 아굴하스 항은 조용하고 아늑한 마을이다. 저녁 무렵의 아굴하스 항.

나가 낚시를 즐기다가 자동차에 트레일러를 연결해 요트를 끌고 가는 모습도 어렵지 않게 볼 수 있다. 해양도시인 웨스턴 케이프의 전형적인 모습을 또 한번 만날 수 있는 곳이었다.

가족과 함께 바다가 내려다보이는 조용한 게스트하우스에서 하룻밤 묶었는데, 뒷마당에 불을 피워 브라이를 하며 아프리카의 하루해를 땅끝 마을에서 맞이하게 되었다.

인도양과 대서양, 두 대양을 타오를 듯 붉게 물들이면서 장엄하게 넘어가는 아프리카의 또 하루해를 보내면서 내 인생의 어디에 아프리카가 숨어있었는지, 어찌 이렇게까지 먼 곳에 와 있게 되었는지 새삼스러운 하루였다.

아름다운 항구 도시 케이프타운

여행자들의 마지막 종착역 아프리카. 여행을 좋아하는 사람이라면 누구나 꿈꾸는 지구 최후의 관광지 아프리카 대륙. 그 가운데서도 남아공의 케이프타운은 아프리카로 가는 첫 관문이다. 케이프타운은 남아공의 시초가 되었던 곳이라는 뜻에서 '마더 시티(어머니의 도시)' 라 불리기도 하고, 쾌적한 지중해성 기후와 도시 경치가 워낙 세련되고 뛰어나 '아프리카의 작은 유럽' 이라 불리기도 한다.

영국의 BBC에서는 '죽기 전에 가봐야 할 곳 50선' 에서 다섯 번째로 케이프타운을 손꼽았을 정도이다.

케이프타운에는 인도양과 대서양이 만나 푸른 파도로 부서지는 아름다운 해변, 아픔이 묻어 있는 바람의 땅 희망봉과 케이프 포인트, 도시를 병풍처럼 감싸고 바다를 향해 신화처럼 웅장하게 솟은 탁상지 테이블마운틴, 다양한 식물군과 조류, 물개섬과 펭귄섬 등 많은 볼거리가 많다.

또한 지중해성 기후의 영향으로 다른 지역과 달리 포도와 올리브 농사가 잘되는 곳이기도 하다. 유럽풍의 아름다운 도시 경관과 더불어 푸른 하늘을 배경으로 끝없이 펼쳐지는 와인팜 투어와 와인테스팅 코스 역시 케이프타운의 유명한 관광 상품 중의 하나이다.

케이프타운 시내를 한품에 감싸 안고 있는 테이블마운틴은 정상을 오르는 3분여 동안 360도로 천천히 회전하는 케이블카를 타고 오를 수가 있는데, 그림처럼 아름다운 항구 도시 케이프타운 시내와 대서양의 푸른 물결이 한눈에 들어온다.

시원한 바닷바람과 함께 짠 냄새가 훅 코끝으로 밀려드는 테이블마운틴은 이름 그대로 칼로 자른 듯 평평한 정상에 수많은 식물과 동물의 생태계가 살아있는 자연보고이다. 평평한 탁상지를 중심으로 왼쪽으로 데빌스 픽, 그리고 오른쪽으로 라이언 헤드까지 3킬로의 '하늘정원' 이 아름답게 펼쳐져 있다. 한쪽으로는 케이프타운의 최대관광 특구인 '워터 프론트' 항구가 그림처럼 펼쳐지고 한쪽으로는 유럽의 멋쟁이들이 모인다는 캠스베이의 아름다운 해변 등 푸른 물결 넘실거리는 바닷가 풍경이 입을 벌리게 한다. 켐스베이 해변을 따라 늘어선 테이블마운틴의 옆 자락은 예수의 12제자를 본떠 이름 지은 '12사도 봉우리' 이다.

북쪽 앞바다에는 외롭게 떠있는 조그만 섬이 눈에 들어온다. 바로 넬슨 만델라가 아파르트헤이트에 항거하다 27년간의 복역생활 중 18년을 보낸 로빈 섬이다. 로빈 섬은 과거 정치범을 수용하고 자유를 위해 싸우던 투사들을 길러내던 정치학교였지만, 이제는 케이프타운 관광객들이 빼놓지 않고 들리는 유명한 관광 코스가 되었다.

케이프타운 시내에 위치한 말레이 코트. 보캅 이라고도 불리는데
언덕 위에 위치해서 붙여진 이름이다.

고 아름다운 항구로 유명한 핫베이. 물개섬에
기 위한 배를 타는 곳이기도 하다.

케이프타운의 최대 관광 특구인 워터프론트,
뒤로 보이는 것이 테이블마운틴이다.

케이프타운의 상징인 테이블 마운틴. 케이프타운 사람들의 테이블마운틴에 대한
사랑은 거의 숭배에 가깝다. 오른쪽은 사자모양을 닮았다는 라이언헤드, 넬슨 만델
라 대통령의 수감생활로 유명한 로빈 아일랜드로 가는 배안에서.

일상에서 만나는 야생의 아프리카

푸른 초원을 배경으로 어슬렁거리는 기린, 떼를 지어 이동하는 버팔로 무리, 엄마 코끼리의 꼬리를 물고 아장거리는 아기 코끼리. 아프리카하면 제일 먼저 떠올리는 것이 동물의 세계이다. 아마 우리나라 여행자들이 가장 가보고 싶어 하는 '땅' 은 검은 미지의 대륙, 이런 아프리카가 아닐까.

남아공에 살면서 TV에서 보았던 그런 야생의 세계는 아니지만, 나는 생활 곳곳에서 야생의 동물들을 쉽게 만날 수 있었다. 그럴 때마다 새삼 아프리카에 와있다는 사실이 실감나곤 한다.

자동차 여행을 하다보면 도로 곳곳에서 바분 무리가 어슬렁거리는 것을 볼 수 있다. 가족인 듯한 무리가 총출동되어 나온 듯 수십 마리

케이프타운에서의 바분과의 만남은 그야말로 피할 수 없는 인연이다. 특히 희망봉 가는 길목에는 바분 온가족이 출동해서 먹이를 기다리기도 하고 오히려 사람을 구경하기도 한다.

가 한꺼번에 나타나는 경우도 있고, 전속력으로 달리는 차 앞을 휙 하고 지나가는 용감한 바분들도 있다.

희망봉에 가면 '바분의 출현이 잦으니 조심하라'는 경고문과 함께 쓰레기통에는 특별한 장치가 있다. 바로 바분들 때문이다. 바분들이 쓰레기통을 뒤져 엎어 놓는 피해 때문에 뚜껑을 쉽게 열지 못하도록 장치를 해놓았다. 어찌나 바분들이 많은지, 실제로 나는 창문을 내리고 구경하던 차에 뛰어들어 가방을 뒤져 음식물을 가져가는 바분 때문에 질겁하기도 했다.

조하네스버그까지 가는 여행길에서는 앞발을 들고 먼 곳을 정찰하는 듯한 앙증맞은 몽구스의 모습도 심심치 않게 보곤 했다. 그럴 때

희망봉 쓰레기통에는 특별한 장치가 있다. 바분이 많은 지역이다 보니 쓰레기통을 뒤집어 엎어 놓는 것을 방지하기 위해 잠금 장치가 되어 있다.

바분 한 마리가 아이들이 수영하는 곳에 내려와서 태연스럽게 쓰레기통을 뒤져 먹을 것을 찾고 있다. 조하네스버그 선시티에서.

희망봉 가는 길에 만나는 사이먼스 타운에 엄청난 아프리카 펭귄이 모여 사는 펭귄 서식지가 있다. 운이 좋으면 30센티도 안되는 귀여운 녀석들을 코 앞에서 조우를 해볼 수도 있다.

나는 아프리카에 와있다는 것을 실감할 수 있다.

내가 사는 시내에서 가까운 곳에는 아프리카 펭귄의 서식지가 있다. 케이프타운의 작고 오래된 항구 도시로 유명한 사이몬스 타운 가까이게 자리 잡고 있는데 주택가 중심에 별다른 보호시설도 없는 곳이다. 다만 펭귄 서식지를 따라 관광객들이 오갈 수 있는 나무 다리를 하나 만들어 놓았을 뿐인데, 그 다리 밑에 엄청난 숫자의 펭귄이 산다. 50센티미터 정도 되는 녀석들이 엄청나게 큰 소리로 떠들어댄다. 주변 주택에 사는 사람들은 그 시끄러운 소리의 피해자일 수도 있을 텐데 별다른 불평이 없다. 그냥 사람과 펭귄이 함께 어울려 산다

아프리카에 웬 펭귄? 펭귄은 이미 낯선 동물이 아니다.

나비 농장에서 아이들은 마음대로 이구아나 등 동물을 만져보고 심지어는 어깨에 올려놓아 보기도 했다.

물론 동물의 세계에서 보았던 맹수들과 장관의 동물 떼를 쉽게 만날 수 있는 건 아니지만, 내게는 여전히 낯선 그래서 신기하기만 한 장면을 어렵지 않게 마주하곤 한다.

뿐만 아니라 우리나라처럼 온갖 동물을 모아 놓은 동물원에 익숙한 나에게는 생소했지만, 케이프타운에는 구석구석에 크지 않지만 원숭이 공원, 사자 공원, 새들의 천국 등이 있다.

실감나는 동물의 세계는 케이프타운에서 2천킬로 이상 떨어진 크루거 내셔널파크에나 가야 TV에서 본 진짜 아프리카의 야생다운 야생을 만날 수 있다는데, 아직 그곳은 가보지 못했다.

남아공 내륙을 여행하면서 나는 조하네스버그에서는 사자 공원을, 나이시나 여행 때는 코끼리 공원을 가볼 수가 있었다. 두 곳 모두 진짜 아프리카의 실감나는 야생 상태는 아니었지만, 생동감 있는 동물의 세계를 엿볼 수 있는 좋은 기회였다.

아프리카 육지 거북은 어디서나 쉽게 만날 수 있다. 아이들과 함께 소풍을 나갔다가 만난 거북은 그 크기가 몇 살인지 짐작도 할 수 없을 만큼 컸다.

많은 관광객들이 케이프타운 관광 일정 중에 빼놓지 않고 가는 곳이 바로 물개섬이다. 천여 마리의 물개가 모여 살고 있고 실제로 이곳 말고도 물개는 바닷가 여기저기서 어렵지 않게 만날 수 있다.

사자 공원은 차를 타고 돌아봐야 할 만큼 넓은 곳으로 모두 네 곳의 사파리 지역으로 나뉘어져 있었다. 공원에서 제공하는 차량을 타고 설명을 들으면서 돌아볼 수도 있고, 각자 자신의 차로도 돌아볼 수 있다.

차를 이용하기로 했다. '차에서 절대로 내리지 마시오' 라는 표지판이 군데군데 서있는데, 벌써부터 마음이 설레고 흥분이 되었다.

제1지역으로 들어가니 커다란 나무 그늘 아래 암사자 무리가 쉬고 있었다. 우록이 우성이가 흥분을 하며 차창으로 바짝 다가앉는다. 늘어져 쉬고 있는 암사자를 오르락내리락하면서 장난치는 새끼 사자들의 모습이 무척 귀엽다. 동물의 왕이라는 사자의 세계에서도 역시 새끼들은 귀엽다. 어슬렁거리는 엄마 뒤를 졸졸 따라 다니는 새끼 사자의 모습도 보인다.

그곳 1지역의 사자는 줄잡아 20여 마리는 되어 보였다. 한쪽에서는 숫사자 한 마리가 얼룩말 다리인 듯한 먹이를 물고 어슬렁거리며 나타났다. 파리떼가 엄청나게 달려드는 피투성이의 먹이를 뜯느라 열심이다.

1,2지역을 지나 3지역에서 나는 좀더 용기를 내어 검은 갈기를 가진 숫사자 무리가 쉬고 있는 바로 코앞에 차를 세우고 구경을 하였다. 그 숫사자 무리 옆을 어슬렁거리던 암사자 한 마리가 차 뒤로 움직였지만, 나는 그저 예사롭지 않게 자기 길을 가나보다 생각했다. 그런데 잠시 후 "북" 하고 무언가 찢겨져 나가는 소리가 들리더니, 그 암사자가 자동차 스페어타이어를 물고 어슬렁거리면서 다시 나타나는 게 아닌가.

사자공원에서 차를 세우고 구경을 하는데 암사자 한 마리가 차 뒤로 접근해서 스페어타이어를 물고 왔다.

순간 아찔한데, 아이들은 흥분해서 난리다. 암사자는 자신의 전리품을 앞에 놓고 앉아 한가롭게 하품을 한다. 절대로 차에서 내리지 말라고 했으니 한발자국도 나갈 수도 없고, 바로 눈앞에 만져질듯 하니 두고 가기는 아쉽고, 결국 공원 사무실로 갔다.

공원 사무실 직원과 함께 그 장소로 다시 간 것은 30분을 채 넘기지 않은 시간이었는데, 타이어 커버의 모습은 간 곳이 없다. 10마리 이상 무리지어 있던 녀석들이 타이어 커버를 벗기고 스페어타이어를 그새 갈갈이 찢어놓아 작은 조각들이 여기저기 흩어져 있을 뿐이다.

나는 농담으로 타이어 값을 변상해 달라고 했더니, 입장권 뒤에 쓰여진 문구를 들먹이며 난색을 표한다. 꼭 변상 받아야겠다고 마음먹고 말했던 것은 아니었지만, 역시 직원은 가끔씩 그런 일이 생긴다면서 자기들로서도 책임밖의 일이라고 한다.

스페어타이어 사건 이후에 아이들은 사진 찍으려고 창문 내리는 것도 조심했다. 실제 이곳에서 사고를 당한 타이완 사람들이 있다. 타이완 젊은이 세 명이 사자들이 얌전해 보였는지 사진을 찍겠다고 차에서 내려 사진기를 들이대면서 자기를 쳐다보라고 소리까지 치는 바람에 세 명 모두 사자한테 순식간에 사자밥이 되고 말았다고 한다.

야생의 세계란 역시 TV에서 보는 것처럼 한 순간에 평화가 깨지고 다시 평화가 반복되는 적자생존의 세계라는 것이 실감이 났다.

사자공원에서 만난 아기 백사자. 아기 사자들도 아이들을 알아보는지 어른들에게는 장난을 치지 않아도 아이들에게는 장난치면서 달려든다.

3,4지역을 돌아 사파리를 마치고 나오면, 백사자 새끼들을 직접 만질 수 있는 우리가 있다. 두 달 된 새끼사자 두 마리가 나른한 오후를 즐기고 있었다.

이제 두어 달 더 자라면 사파리 우리로 보내질 아기 사자들이 우성이가 들어가자 마치 친구라도 만난 듯 달려들며 좋아한다.

백사자는 아프리카에서도 쉽게 볼 수 없다는데, 백사자를 직접 만져볼 수 있는 기회가 생겼으니, 그보다 더한 행운이 어디 있을까. 안

그래도 동물이라면 사족을 못쓰는 우성이는 아기 사자들과 실컷 놀 수 있었고, 내게는 타이어 사건이 두고두고 이야깃거리가 되었다. 이럴 때는 내가 진짜 아프리카에 와 있구나 싶은 생각이 절로 든다.

사자 공원은 차에서 내리지도 못하고 구경하는 것으로 만족해야 했지만, 야생의 짜릿함을 한껏 느낄 수가 있었다. 반면 나이시나에 있는 코끼리 공원에서는 아프리카 코끼리를 맘껏 만져볼 수도 있었고 또 다른 경험을 했던 곳이다.

나이시나 지역은 원래 코끼리가 아주 많았던 것으로 유명한 곳이다. 하지만 지금은 불법 사냥에 의해 모두 멸종되고, 나이시나 산 코끼리는 공원에 남아있는 여섯 마리가 전부라고 한다.

나이시나 코끼리 공원의 코끼리 가족.

몸집이 작은 두 마리는 나이시나 공원에서 태어난 토종 나이시나 산 코끼리인데 엄마가 죽고 없다고 했다. 내가 다가가자 녀석들이 커다란 귀를 연신 팔랑팔랑 흔들어댄다.

더 가까이 다가가서 살펴보니 작은 녀석 중에 한 녀석의 귀에 커다란 구멍이 나있다. 무슨 구멍인가 물었더니 엄마인줄 알고 품을 파고들다가 숫코끼리의 상아에 찢겨 생긴 구멍이라고 한다. 그 코끼리 귀를 들어보았더니, 신기하게도 진짜 귀가 아프리카 대륙 모양을 닮아 있다.

이곳에서 나는 코끼리들의 생태와 특징을 자세히 들을 수가 있었다. 아프리카 코끼리들은 무리 중에 누군가 아프면 똥을 먹어보고 그 원인을 찾아 치료를 도와준다고 한다. 아이들은 그 이야기를 듣고는 더럽다고 하면서도 동물들이 어떻게 그런 지혜를 가지고 있는지 신기해했다.

아프리카 성인 코끼리는 하루에 16킬로그램 이상의 나뭇잎을 먹는다고 한다. 그런 이유로 크루거 내셔널 파크의 숲이 코끼리들 때문에 몸살을 앓아 일정수의 코끼리만을 남겨둔 채 사살을 할 수밖에 없다고 한다.

그래도 다행인 것은 이곳 아프리카의 코끼리들은 태국 여행 때 본 코끼리들처럼 사람들을 코로 들어 올리거나 작은 통 위에 올라가서 묘기를 부리며 사람들을 즐겁게 해주기 위해 사육되지는 않는다. 가능한 야생 상태 그 대로 보존한다는 뜻이리라.

우리 가족이 속해있던 무리가 설명을 다 듣고 먹이도 주고 사진도 찍고 자유롭게 산책이 허락되었던 코끼리들이 다른 팀이 탄 트랙터

소리가 들리자 다시 트랙터 주변으로 몰려든다. 천성적으로 코끼리들은 사람을 좋아하는 걸까. 야생에 가깝다고는 하지만 역시 길들여진 코끼리임에 분명했다. 순간 그런 생각을 지울 수가 없어 다소 아쉬움이 남았다.

비록 많은 수의 코끼리는 아니었지만 아프리카 코끼리를 만나고, 만져보고, 기념품 가게에서 진짜 코끼리 똥이라고 표시된 깡통 하나씩을 사들고 나오는 아이들은 비로소 아프리카의 야생을 만난 듯한 흥분으로 얼굴이 상기되어 있었다.

푸른 초원을 배경으로 사슴을 사냥하는 사자의 무리, 떼를 지어 이동하는 누 무리, 버팔로를 낚아 채는 악어들. 이런 경험은 아직 하지 못했지만, 일상에서 만나는 야생의 아프리카. 그 경험이 내게는 먼 훗날에도 소중한 삶의 원천이 될 것만 같다.

크루거 내셔널 파크

아프리카라고 하면 늘 동물의 세계를 연상하지만, TV에서 본 엄청난 규모의 야생의 세계는 만날 수 있는 기회가 그리 쉽지 않다.

아프리카 대륙에서 가장 생태계가 잘 보존되어 있다는 크루거 내셔널 파크는 케이프타운에서 자동차로 쉬지 않고 하루 이상을 가야 한다.

크루거 내셔널 파크는 세계에서 가장 크고 오래된 공원으로 남아프리카 공원 그 어디보다도 많은 동물의 수를 자랑하고 있다. 아프리카의 '빅5'(big five animals)인 치타, 버팔로, 사자, 코끼리, 코뿔소는 물론 원숭이, 표범, 기린, 얼룩말, 누, 하마, 영양 떼를 볼 수 있는 그야말로 야생이 살아 숨 쉬는 세계이다.

하지만 크루거 내셔널 파크에 간다고 해서 언제든지 기대했던 것처럼 대규모의 이동장면 같은 것을 볼 수 있는 것은 아니다. 워낙 넓은 지역이다 보니 벼르고 별러서 갔던 일정 중에 며칠씩 묵으면서도 코끼리 꼬리조차 보지 못했다는 웃지못할 일도 가끔씩 발생하곤 하는 모양이다.

아프리카는 겨울이 우기이기 때문에 사파리 관광은 주로 우기를 택하는 것이 좋다. 건기 때는 더위 때문에 동물들의 이동을 자주 볼 수 없기 때문이다. 하지만 또 건기에 먹이를 찾아 이동하는 동물이 있기 때문에 만나기 쉽다는 이야기도 있다.

크루거 내셔널 파크에서 만날 수 있는 동물의 대이동이나 장관을 기대하지는 못하지만 시내에서 멀지 않은 곳에 큰 덩치의 야생 동물을 만날 수 있는 사파리 시설이 있다.

고급 숙박 시설과 함께 운영되는 곳이 대부분인데 이런 시설이 적지 않다는 건 크루거 파크가 워낙 먼 곳에 위치하고 있기도 하고 간다고 해서 늘 생생히 살아 움직이는 동물의 이동이나 장관을 구경할 수 없는데서 오는 이유가 아닐까 하는 생각이 든다.

마침내 원시 아프리카를 만나다

아프리카에서 살면서도 늘 진정한 아프리카를 만나보지 못한 것 같은 아쉬움이 있었다. 동물의 세계가 아니더라도 아프리카라고 하면 원시의 힘이 느껴지는 곳, 때 묻지 않은 순수를 연상하게 된다. 하지만 어디를 가도 아프리카라기보다는 마치 유럽에 와있는 느낌, 그래서 원시의 힘이 느껴지는 아프리카다움을 보지 못한 아쉬움이 있었다.

현지인 친구인 수젯이 그런 하소연을 듣고는 자기 친정집 동네 근처에 있는 세데버그를 같이 가보자고 제안을 했다. 수젯은 이십대 중반에 일본에 건너가서 10년 이상을 살다온 친구라 동양인들의 정서를 잘 이해하는 친구이기도 했고, 지금도 일본 관광객들을 가이드를

수젯의 고향은 오렌지가 많이 나는 곳으로 유명하기도 하다.

하고 있어 그 친구와의 동행은 다른 어떤 여행보다 유익할 것이라는 생각이 들어 떠나기 전부터 많이 기대했던 여행이었다.

수젯의 고향은 클랜윌리엄에서도 한참을 더 들어가야 하는 오지이다. 클랜윌리엄은 케이프타운에서 2시간 정도 떨어진 시골 마을로 루이보스차 생산지로 유명한 곳이고, 봄이면 온갖 들꽃이 유명해 수많은 관광객들이 모여드는 곳이기도 하다. 마침 루이보스차 페스티벌이 열리고 있다니, 한 가지 즐거움을 더할 수 있게 되었다.

클랜윌리엄을 가는 길에는 또한 최상품의 오렌지과의 과일이 많이 생산되는 시츠러스달(시츠러스 달은 아프리칸스어로 오렌지 계곡이라는 뜻이다. 시츠러스-citrus는 오렌지과의 과일을 말하고, 달-daal은 계곡이라는 뜻으로 많은 지명에 붙어있는 아프리칸스어이다)을 지나가게 되어있다.

시츠러스달은 그 입구에 아담한 팜스톨이 유명하다. 시츠러스달에 이르니 하얗고 아담한 집 양쪽으로 분홍꽃을 활짝 피운 나무가 마치 그림엽서의 한 장면 같다. 농가에서 직접 만든 잼을 담은 병이 선반을 가득 메우고 있고, 이쁘게 포장해놓은 마른 과일들이 보기 좋아 사지 않고 보는 것만으로도 충분했다.

이것저것 둘러보는데, 인심 좋은 할아버지의 서비스와 입담이 즐거워 아이들이 좋아하는 귤 몇 망태기를 샀다. 50개 이상은 들었을 귤 한 망태기가 5랜드, 천원이 채 안되는 가격이었다.

시츠러스달을 지나 루이보스 페스티벌이 열리는 클랜윌리엄에 들어서니 사람들이 엄청나다. 남아공에서 그렇게 많은 사람을 구경하는 것은 쉽지 않다. 작고 아담한 마을인데 길에 쏟아져 나와 걷는 사람들로 온통 북새통을 이루고 있었다.

루이보스차 축제라고 해서 혹시 여러 가지 차를 맛보거나 싼 값에 살 수 있을까 기대했지만, 정작 차 구경은 하기 힘들고 연극 공연, 음악 공연, 전시회 등 많은 행사가 열리고 있었다. 그 행사를 후원하는 회사들이 대부분 큰 루이보스차 가공 회사였다.

내놓고 루이보스차를 홍보하기보다 그런 행사들을 지원함으로써 루이보스차 축제의 명분을 더 살리는 게 아닌가 싶었다.

이 축제 기간 동안은 길거리에서 파는 여러 가지 전통 음식들도 맛볼 수가 있었다. 불을 때고 남은 재 속에서 구워내는 아쉬쿡이라 불리는 빵이 제일 먼저 눈에 띄었다. 현지인들은 빵을 갈라 버터를 바르고 양파 볶은 것을 넣어먹기도 하지만, 아무것도 들지 않고 그저 쫀득한 밀가루 덩어리인 그 뜨끈뜨끈한 커다란 빵을 혼자서 두 개나 해치웠다. 단 음식에 길들여진 아이들은 아무 맛도 없는 그 빵을 맛있게 먹는 나를 신기한 듯 쳐다볼 뿐 길을 재촉하기에 바쁘다.

축제 거리를 한 바퀴 돌아본 후, 케이프타운 시내에서는 구하기 힘들다는 루이보스차를 몇 박스 샀다. 그리고 우리는 곧장 수젯의 고향 마을로 향했다.

자기 고향은 엄청나게 외진 곳이라고 몇 번이나 강조한 수젯의 말이 이해가 갔다. 아프리카에서는 처음으로 비포장도로를 만난 것이다. 남아공은 도로가 잘 정비되어 있는 것으로 유명한데, 드디어 비포장도로를 만난만큼 오지로 들어가고 있음이 분명했다.

사륜구동 자동차가 드디어 빛을 바랄 때가 온 것이다. 수젯 부부의 차가 뿌연 먼지를 일으키며 앞서가는데, 그 뿌연 먼지 사이로 아프리카 돌산의 행렬이 이어진다. 클랜윌리엄 자체가 이미 고산지대인데, 우리는 그 보다 더 깊은 고산지대로 향하고 있는 것이다.

우리가 묵을 숙소는 수젯의 고향집 가는 길목에 있었다. 사방이 돌산으로 둘러싸이고 사람이라고는 살지 않을 것 같은 곳인데, 문득 작은 표지판이 나오면서 길을 안내한다.

큰 도시 여행에서 만나는 게스트하우스나 B&B처럼 호사스럽거나 깔끔하진 않지만 나름대로 정성을 들여 꾸며놓은 집이었다. 네 식구가 쓰기엔 황송하게 넓다.

수젯은 부모님과 함께 지내고 다음날 만나기로 하고 헤어졌다. 주위를 살펴보니 매번 차를 타고 지나다니면서 구경만 하던 아프리카의 돌산, 그것도 돌산 중심에 와 있는 것이다. 아이들은 시골이라 재미없을 것이라고 툴툴댔지만 풀어놓자마자 물 만난 물고기들처럼 펄떡거린다. 마른 나뭇가지를 모아 불을 피우기도 하고 풀어 기르는 송아지를 따라다니면서 TV도 없는 심심한 산골 집에서 심심한 줄 모르며 하루해를 넘겼다.

다음날 아침 일찍 수젯의 고향집을 찾아 나섰다. 사십 중반을 넘긴 수젯이 태어나고 자랐다는 시골집은 깨끗하고 깔끔했다. 칠십을 훨씬 넘긴 수젯 친정엄마는 평생을 오지에서 농사꾼의 아내로 살았다는 것이 믿어지지 않을 만큼 세련되고 화통한 할머니였다.

수젯 친정엄마가 싸준 피크닉 바구니를 싣고 수젯 아버지의 자동차 한 대로 여섯 명이 함께 움직이기로 했다.

드디어 세데버그(Cederberg-berg는 아프리칸스어로 '산' 이란 뜻이다) 산행이 시작되었다. 덜컹 덜컹 차는 심하게 움직인다. 수젯의 남편 스컬크는 그런 험한 비포장도로에서도 기본이 시속 80km이다. 스컬크가 굴곡이 심한 길에서도 속력을 줄이지 않아 차체가 크게 움직일 때마다 머리가 천장에 부딪치고 내장이 다 쏠리는 것 같은데도 아이들은 마냥 즐겁기만 하다. 학교 선생님이라 아이들 다루는데 이력이 난 스컬크가 일부러 좁은 차안에서 아이들이 지루할까봐 배려 아닌 배려를 한 것이다.

덜컹거리는 차. 뿌연 흙먼지 속을 헤치면서 거대한 돌산을 굽이굽이 돌아 오른다. 어느 산봉우리 정상에 오르니 우리가 지나온 길이 까마득하게 내려다보인다. 바짝 말라 물기라고는 하나도 없어 보이

내륙 여행길에 만난 탁상지. 케이프타운의 상징인 테이블 마운틴과 거의 흡사하다. 내륙 깊은 곳을 달리다보면 이런 탁상지를 수도 없이 만난다.

는 초록 덤불과 돌산을 배경으로 황토빛 구불구불한 길이 마치 아프리카 여인들의 투박한 목걸이를 풀어놓은 듯한 모습이다.

아프리카 대륙은 선캄프리아기에 해저에서 융기한 대륙이다. 그래서 유난히 탁상지가 많은 것으로도 유명하다. 사방을 둘러선 산 전체의 모양새는 뾰족하거나 굴곡이 심하지 않고 완만하다.

어느덧 산 아래서는 까마득하게 올려다보이던 돌산과 어깨를 나란히 하고 달리고 있다. 엄청난 흙먼지를 일으키며 산 정상에 오르니 거짓말처럼 넓은 평원이 나타난다.

휙 성냥이라도 한번 그어대면 휘리릭 타버릴 듯 바짝 마른 대지 위에 키 작은 덤불들이 아무렇게나 자라나 있다. 평원은 그렇게 펼쳐져 있었다. 우기가 시작되고 있다고는 하지만, 이 지역은 아직 목마르다. 제 몸의 물기라고는 이미 다 빨아먹고 목마른 듯 바짝 마른 덤불 가지들, 바람과 목마름에 견디지 못하고 쓰러져버린 키 작은 나무들이 바람에 이리저리 밀려다니는 것이 안쓰럽다.

바닷가에서 보는 하늘과 마른 대지 위에서 보는 하늘색은 다르다. 바닷가의 하늘은 늘 맑고 투명한데, 오지 산 위에 맞닿은 하늘은 맑지만 짙은 잉크색이다. 바람에 실려 구름이 깃털 모양으로 흩어지며 흘러간다.

그 짙고 푸른 하늘을 배경으로 붉은 빛의 돌무더기가 힘차게 솟아 있다. 부시맨들이 살았다는 동굴이 있고 부시맨의 벽화가 남아 있는 바로 그 돌무더기였다. 동굴이라고는 하지만 상상하는 것처럼 좁은 입구를 통해 들어가는 곳이 아니다. 다만 엄청난 크기의 돌이 마치 지붕처럼 막아주어 사람들의 은신이 가능했던 곳이다. 크기가 가늠 잡아 족히 20여 명은 지낼만한 정도로 커보였다.

부시맨들이 살았던 주거지는 높은 산 위에 마치 거짓말처럼 평평하게 형성되어 있다. 부시맨들의 주거지가 있었다는 곳은 온통 붉은 색의 대지와 붉은 색의 바위 투성이었다.

그 안쪽 벽에 부시맨들의 벽화가 남겨져 있다. 적어도 1500년에서 2000년 전에 그려진 것으로 추정된다는 부시맨 벽화는 아직도 너무 선명하다. 마치 바로 어제 장난꾸러기 아이들이 아무렇게나 그려놓은 듯 선명하고 단순하지만 천년 이상의 긴 세월을 거기서 그렇

부시맨의 동굴 벽화 표지판.

벽화가 그려져 있는 바위의 뒷면. 사진에서 보여지는 모습은 웅장하지 않지만 실제로는 그 붉은 색과 모습이 힘차고 웅장해 보인다.

게 말없이 지내온 것이다.

코끼리 몇 마리와 긴 형태의 사람 몇 명이 간단하게 그려진 벽화는 어떤 주술적인 의미가 있었던 것으로 짐작되지만 정확하게 무슨 뜻인지는 아직 밝혀지지 않았다고 한다.

남아공의 원주민이었던 부시맨들은 왜 강가나 바닷가를 제쳐두고 이런 척박한 오지에서 둥지를 틀었을까. 내내 의문스러웠다.

벽화가 있는 곳에서 멀지 않은 곳에 스타짤(Stadsaal, 시민광장이라는 뜻의 아프리칸스어이다)이라는 곳이 있다. 부시맨들이 모여 살았던 공동주거 지역이었다는데, 아마도 부족 내 회의 등을 주관하던 곳이라 그렇게 이름 붙여진 듯했다. 바짝 마른 허허로운 대지 위에 붉은 돌무더기들이 온갖 희귀한 모양으로 우뚝 우뚝 솟아 있다. 마치 작은 바위 도시를 보는 듯하다.

높은 바위에 오르니 바람이 강하게 와 부딪치고 저 아래 산 계곡들이 멀리 내려다보인다. 잉크빛 하늘에 바람이 흩어놓은 구름을 배경으로 우뚝 우뚝 솟아있는 붉은 색 바위들의 조화가 힘차고 신비스럽기까지 하다.

2천년 이상의 역사를 가지고 있다는 부시맨의 벽화. 무슨 뜻인지 아직도 해석을 하지 못했다는 이 벽화는 마치 바로 어제 그려 넣은 것처럼 선명한 모습이다.

부시맨들이 남긴 벽화를 설명하는 표지판. 제일 앞에 쓰여진 문구 중에 stadsaal은 아프리칸스어인데 시민광장쯤의 의미로 생각하면 된다. 부시맨들이 그림을 남겨놓은 곳은 부시맨들이 모여 회의를 하고 의견 결정을 하던 공동 장소였던 것 같다.

부시맨들이 살았다는 해발 1500m 이상의 산에 오르자 온통 붉은 색의 기이한 형상을 한 바위들이 곳곳에 널려있다.

밖에서 보면 척박하게만 보이는 아프리카의 돌산에도 이렇게 아름다운 경치를 가진 곳이 곳곳에 숨어 있다

흔히들 아프리카를 '검은 땅' 이라고 부르지만, '붉은 땅' 이라고 불러야 할 정도로 지도를 펼쳐놓고 보면 부시맨들의 주 무대였던 곳은 모두 붉은 색의 바위산이 집중되어 있는 지역에 분포되어 있었다는 것을 알 수 있다.

잠시 눈을 감고 그 옛날 이 땅의 주인이었을 부시맨들이 축제를 벌이는 모습을 상상해 보았다. 나도 모르게 원시 아프리카의 힘이 느껴진다.

차로는 갈 수 없고 걸어서 5시간 이상 오르면 볼 수 있다는 거대한 돌 아치문과 돌 기둥까지는 가 볼 수 없어서 아쉬움이 남았다. 가볼 수는 없었지만, 이미 눈앞에 펼쳐져 있는 돌무더기의 형상과 규모를

봐서 어느 정도의 규모인지 짐작하고도 남는다.

8시간 이상의 비포장 도로 여행을 끝내고 돌아오는 길, 붉어지기 시작한 해를 안고 돌아오는 길 내내 높아지거나 낮아지면서 옆으로 스쳐가는 돌 산등성이의 실루엣이 다시 한 번 원시 아프리카의 힘을 느끼게 한다.

그날 저녁 우리가 묵었던 집에서 모두 함께 불을 피우고 브라이 파티를 했다. 수젯 엄마가 준비해준 몇 점의 고기와 직접 구워낸 빵. 하루 종일 덜컹거리는 차 안에서 지칠 대로 지친 우리들에게 산 속에서의 소박한 한 끼 식사는 차라리 축복이었다.

피곤은 성난 폭풍처럼 달려들고 눈꺼풀은 인정 없이 내려앉는다. 그때 무심코 올려다 본 밤하늘. 내 생애 가장 많은 별을 본 밤이기도 하다. 마치 구름이 머문 듯 뿌옇게 보이는 것 모두가 별, 별, 별들이었다. 성운이라고 하는 것이 바로 저런 것을 두고 하는 말일까.

별자리에 해박한 남편이 북반구에서는 구경하지 못하던 별자리라며 무슨 자리 무슨 자리하며 열심히 설명하지만, 마치 금방이라도 쏟아져 내릴 듯 부서질 듯 반짝이는 별을 보는 것만으로도 마냥 신기하고 행복했다.

우리가 머물던 산만 넘으면 남아공 최대의 천문 관측대가 있는 서더랜드이다. 남반구 별자리를 관측하기 위해 세워졌다는 한국 무인 천문대도 역시 그곳에 자리 잡고 있는데, 왜 이 지역이 별자리를 관측하기에 최고의 장소인지 실감이 났다.

길들여진 자연과 잘 정리된 곳에 익숙한 우리 가족이 처음 만난 원시 아프리카에서의 이틀은 너무 아쉽게도 빨리 지나갔다.

부시맨

최초 아프리카 대륙에서 사람이 살기 시작한 것은 대략 50만년 전부터라고 알려져 있다. 우리에게 흔히 부시맨이라고 알려진 남아프리카의 원주민은 산(San)족이나 코이(Khoi)족 이라고 하는 부족이다.

부시맨은 현재 남아공에 살고 있는 여러 부족인 줄루족이나 수트 또는 코사족과는 생김새가 다르다. 부시맨은 다른 흑인 부족들과 확연하게 키가 작은 것이 특징이다.

산 속에서 생활하던 부시맨들은 유럽인들이 케이프타운에 정착하던 시기부터 정착민들의 민가에 내려와 가재도구 등을 훔치곤 했는데, 그 이후부터 부시맨과 정착민들 사이에 갈등이 시작되었다고 한다(가재도구 등을 훔쳤다는 사실은 순전히 백인 정부 시절에 만들어진 이야기일 뿐이다).

조하네스버그 아파르트헤이트 박물관에 남아공 마지막 부시맨들의 모습이 담긴 사진이 전시되어 있다.

지금 남아공에는 더 이상 부시맨들이 살지 않는다. 마지막 부시맨들의 대부분은 아파르트헤이트 당시 대부분 형무소에서 고된 부역을 하다가 숨졌다고 한다

우리가 묵었던 산 넘어 더 깊숙이 들어가면 관광용 레저시설이 있는 카카마가 나오는데, 그 곳에 관광객들을 위해 나미비아에서 이주시켜 온 전시용 부시맨 몇 가족이 살고 있는 것이 남아공에 남아있는 유일한 부시맨이라고 한다.

남아공 땅의 주인이었던 부시맨들. 이 마지막 부시맨들은 모두 형무소에서 강제 노동에 시달리거나 생을 마감했다고 한다.

아프리카의 눈 내리는 마을 서더랜드

서더랜드에 대한 더듬이는 언제나 팽팽하게 긴장되어 있었다.

남아공에서 제일 춥다는 곳. 한 겨울이면 얼음이 얼고 눈이 내리기도 한다는 사실만으로도 그 곳은 더할 수 없이 매력적인 곳이었다. 언젠가 한번은 꼭 가고 싶다고 벼르던 곳이다. 아프리카에서 눈을 볼 수 있다니!

거기에 움직일 수 없는 또 하나의 매력은 남반구 최대의 천문대가 있다는 사실이다. 서더랜드에 가면 남반구 밤하늘의 별을 볼 수 있다. 우리가 사는 곳에서도 많은 별을 볼 수 있지만, 그곳에서 보는 별은 비할 수 없는 다른 낭만이 있는 것이다.

언제쯤 갈 수 있을까. 늘 궁리를 했지만 쉽게 계획이 짜이질 않았다.

2005년 9월에 서더랜드 천문대에 세계 6개국이 공동합작으로 세운 지름 11미터의 엄청난 천체망원경이 새로 설치된 것이 방송으로 보도된 적이 있다. 그 천체망원경을 설치하기 위해 새로 지어진 천문대 건물을 보는 순간 서더랜드에 대한 호기심은 그 극을 향해가고 있었다.

뉴스에서 본 그 천문대는 돔 지붕을 가진 하얀색 건물로 마치 아무것도 없는 황량한 들판에 우주선처럼 떠오르는 듯한 신비로운 느낌을 주고 있었다. 가야할 또 하나의 이유가 분명해졌다.

서더랜드 천문대에는 남반구의 별자리를 관측하기 위한 한국 천체관측소가 설치되어 있기도 하다. 한국천문연구소와 연세대학교에서 공동 운영하는 곳으로 세계 유일의 무인 천체 관측소이다. 규모는 크지 않지만 기상 상태에 따라 망원경이 열리고 닫히며 관측 결과가 한국으로 전송되는 첨단 기술이 집약되어 있는 곳으로 일 년에 두 번 정도 한국에서 담당자가 방문해서 상태 점검을 하고 있다고 한다.

드디어 겨울방학. 만사를 제쳐놓고 서더랜드 여행길에 나섰다. 천문대에 들러 별 구경을 하고 카루 고원까지 돌아보고 오는 계획을 세웠다. 케이프타운은 웨스턴 케이프 주에 속해 있고, 서더랜드는 노던 케이프 지방이라 조금만 움직이면 같은 노던 케이프 주의 카루 고원을 둘러볼 수도 있다는 생각이 들었다.

카루 고원은 아프리카의 고원 지대로 농작물 재배가 어려운 지역이라고 생각하면 된다. 카루에서 맞이하는 일몰은 영원히 잊을 수 없을 정도로 아름답다고 현지인 친구가 말해준 적이 있다. 붉은 태양이 지평선을 넘어가면서 순간적으로 짙은 초록빛으로 변하는 그 신비로움은 카루 지역이 아니면 맛볼 수 없는 환상적인 느낌이라고 했다.

남반구 밤하늘의 별과 초록빛 신비로운 노을. 서더랜드로 향하는 길은 다른 어떤 여행길보다 흥분 되었다.

아침 일찍 서둘러 나선 길. N1 고속도로를 따라 2시간여를 달리다가 지방 도로로 접어들었다. 도로가 좁아지면서 양 옆으로 산들의 행렬이 이어진다.

산의 바다가 펼쳐졌다. 마치 투박한 종이를 아무렇게나 구겨놓은 듯한 느낌의 산이 그야말로 끝없이 바다를 이루고 있다. 그 산의 바다를 배경으로 구름의 바다가 떠있다. 그 장관은 단지 산의 바다 구름의 바다라고 밖에 달리 표현할 수가 없었다.

아프리카의 산은 대부분 평평한 탁상지라 높은 지형을 올라가더라도 가파른 언덕을 올라가는 경우는 거의 없다. 우리나라에서는 해발 800여미터의 대관령만 오르려고 해도 굽이굽이 가파른 언덕길을 돌아 오르고 내려가지만, 아프리카에서는 해발 1500미터 높이의 산을 오르더라도 막상 운전을 하고 갈 때는 높이 올라가고 있다는 느낌을 전혀 가질 수가 없다. 하지만 지나온 길을 뒤돌아보면 굽이굽이 완만한 고갯길을 올라와 어느 새 높은 곳에 와 있는 걸 발견하곤 한다.

서더랜드를 가는 길 내내 만나던 굽이굽이 고갯길. 산과 구름의 바다를 헤엄치고 있는 듯한 느낌이었다.

N1 고속도로에서 서더랜드로 향하는 곳에서 만나게 되는 페라테크루프 고갯길은 그 경관이 뛰어나고 아름답기로 이름난 고개이다. 어느 여행자는 자신의 여행기에 그 고갯길을 두

고 자신의 인생을 바꿀 만큼 아름다운 곳이었다고 극찬을 아끼지 않았다.

그 고개 정상에 잠시 차를 세우고 지나온 길을 돌아보았다. 그 여행자의 표현이 과장된 것이 아니었다. 완만한 능선이 끝도 없이 이어지고, 지나온 길이 능선을 따라 구불구불 흐르는 장관이 펼쳐졌다.

그 고갯길은 2006년 겨울에 40년 만에 30cm 가량의 폭설이 내리는 바람에 잠시 통행이 금지되기도 했는데, 이 일은 앞으로도 두고두고 남아공 사람들의 입에 많이 회자될 것이다.

서더랜드를 가는 내내 산의 바다와 구름의 바다가 어우러져 물결치는 장면이 그칠 줄 모르고 계속되었다.

서더랜드는 해발 1550미터의 고산 지대이고, 인구 2000여명의 작은 마을이다. 천문대 때문에 외부 관광객이 찾아올 뿐 도시는 작고 한산했다.

곧장 천문대로 향했다. 시내에서 20분 정도 거리에 떨어져 위치한 천문대가 멀리 작은 하얀 점으로 보이기 시작하더니, 가까이 가면서 산 정상에 우뚝 자리 잡은 모습을 드러냈다. 차창을 잠시 열었더니 케이프타운과는 전혀 다른 싸늘하고 오싹한 공기가 훅 밀려들어온다.

서더랜드는 해발 1500m가 넘는 고산지대에 위치한 도시이다. 인구 2천 남짓의 작은 도시이지만 천문대 때문에 유명세를 타고 있다.

천문대 사

서더랜드의 상징은 바로 천문대이다. 그 명성답게 관광 안내소 앞에도 천체 망원경으로 장식되어 있다.

무실. 예약을 하지 않아 천문대 이용은 할 수 없다고 한다. 이 무슨 마른 하늘에 날벼락 같은 소리인가. 얼마나 벼르고 온 길인데. 그대로 물러나올 수가 없었다. 창구 여직원을 통해 책임자를 만나게 해달라고 부탁했다.

다행히 사무실 안쪽으로 안내되어 들어가 책임자를 만나 간곡하게 부탁했다. 그 책임자 역시 빽빽하게 적힌 예약 명단을 보여주며 6개월 안에는 어찌 해볼 도리가 없다고 한다. 사무실 창문으로 세 남자, 두 아들과 남편이 나란히 서서 간절한 눈빛으로 들여다보고 있다.

나는 한번 더 간곡하게 부탁을 했다. 한국 천문대가 있다는 말을 듣고 멀리서 왔노라. 오늘 아니면 다시 기회를 내기 어려울 것 같다. 할 수 있는 말은 다 동원했다. 마법의 단어라는 플리즈를 열 번쯤 했을까.

책임자는 웃으면서 창문 밖의 세 남자들도 들어오라고 손짓을 하더니, 예약자 명단 끝에 4명의 코리안이라고 덧붙인다. 역시 플리즈는 마법의 언어였다.

뿐만 아니라 그 책임자가 직접 나서서 한국 천문대까지 안내를 해주었다. 한국천문연구소와 연세대에서 공동 운영하는 한국관은 다른 나라의 천문관보다 작고 초라했지만, 멀리 아프리카의 땅끝에서 한국 천문대를 보게 되니 감회가 새로웠다. 한국관은 2002년 4월에 설립되었다.

서더랜드 천문대에 자리 잡고 있는 우리나라 천문관. 연세대학과 한국천문연구소가 공동 운영하고 있는 세계 유일의 무인 천문대이다.

남반구의 별자리를 관측하기 위해 세워진 세계 각국의 천문관이 자리 잡고 있는 서더랜드 천문대의 전경.

서더랜드 천문대에는 최근에 세워진 6개국 합작 천문관을 비롯해 모두 10개의 천문대가 있다. 남아공 천문관을 비롯해 영국, 일본, 독일, 한국 등의 천문대가 설치되어 있다. 남반구의 별자리가 관측되어 각각 본국의 연구소로 송신된다고 한다.

2005년 독일, 뉴질랜드, 폴란드, 남아공, 영국, 미국이 합작해서

세계 6개국 합작 초대형 천체 망원경이 설치된
서더랜드의 가장 규모가 큰 천문관.

세운 천문관에는 지름 11미터짜리 초대형 천체 망원경이 설치되어 있다. 그곳에 있는 다른 나라의 망원경이 지름 1미터 내외인 것을 감안하면 어느 정도 규모인지 짐작할 수 있다.

한국관을 돌아보고 나오니, 그 책임자가 잠자리를 예약하고 왔는지 묻는다. 내려가서 찾아봐야 한다고 하니, 여직원을 시켜 게스트하우스를 알아봐 주겠다고 한다. 아무것도 예약하지 않고 갔다가 연거푸 뜻밖의 행운을 만난 것이다.

우리가 묵을 게스트하우스 이름이 주피터, 즉 '목성'이라고 한다. 별자리 구경을 와서 목성이라는 이름의 게스트하우스에 묵게 되다니 그것도 또한 재미있는 인연이었다.

여직원이 예약해준 그 게스트하우스를 찾아 내려가 짐을 풀고 간단

목성이라는 이름을 가졌던 서더랜드의 게스트하우스. 여행하면서 유일하게 전기 담요가 깔린 침대에서 잠을 잔 곳이기도 하다.

히 요기를 한 후, 그 책임자가 알려준 대로 장갑이며 목도리를 챙기고 두툼한 겉옷까지 갖춰 입었다. 약속된 시간에 다시 천문대로 향했다. 이미 땅거미가 내려앉고 있는 시간이었다.

들어가기 전에 천문대 정상 위에서 바람을 맞으며 온통 하늘을 보랏빛으로 물들이며 장엄하게 넘어가는 또 하루의 아프리카 석양을 바라보았다. 친구가 이야기하던 카루의 신비로운 초록색 노을은 아니더라도 서더랜드의 석양은 충분히 아름다웠다. 코가 시리고 온몸이 움츠러들었다. 케이프타운에서도 추운 날씨였지만 서더랜드의 밤은 비교되지 않을 만큼 추웠다.

밤하늘의 별자리 관측은 그 10개의 천문관에서 하는 것이 아니라, 사무실 앞에 따로 마련된 망원경을 이용한다고 했다.

예약했던 사람들이 하나둘씩 모여들었다. 하루 저녁에 별자리 관측을 할 수 있는 인원은 20명 안쪽으로 예약을 받는 것이다. 안내원이 사무실 앞의 두 대의 망원경이 설치되어 있는 곳으로 일행을 안내하였다. 망원경을 통해서 볼 별자리에 대해 친절하게 설명을 끝낸 후, 두 대의 망원경으로 나누어 볼 수 있게 하였다.

태양의 대륙 아프리카의 땅. 추운 겨울날, 발을 동동 구르면서 올려다본 하늘은 다름 아닌 별, 별, 별의 바다였다. 굳이 망원경을 통해 보지 않아도 좋을 듯했다.

까만 하늘을 뒤덮고 있는 별의 바다는 아프리카 코이족과 산족의 전설대로 화가 난 소녀가 모닥불 한 움큼 불씨를 잡아 하늘로 날려 보내 만들어졌다는 은하수의 전설이 그럴듯하게 느껴질 정도로 점점이 하나하나 환하게 반짝이면서 거대한 은하수 무리를 만들어내고 있었다.

안내원이 가장 먼저 남십자성을 가리킨다. 남십자성의 반짝이는 별 4개가 선명하게 눈에 들어온다. 마름모꼴로 정렬되어 있어 각 별을 이으면 정확한 십자가 모양을 만들어 낸다.

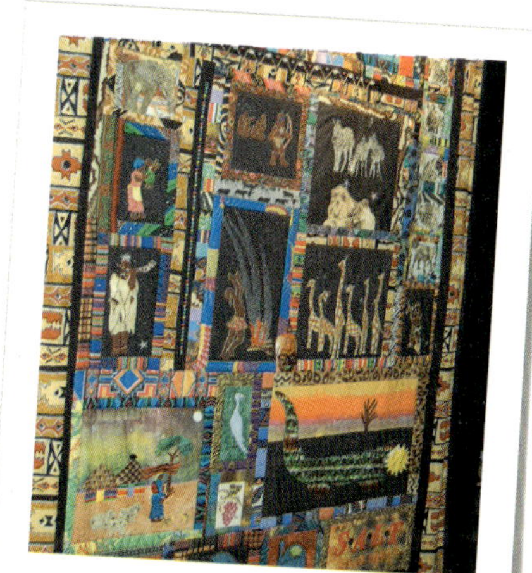

남반구 별자리에 관한 신화를 퀼트로 만들어 천문대에 전시해놓았다.

오래 전 유행했던 노래 중에 남십자성이라는 노랫말이 나오는 노래를 기억하는데, 지금까지 남십자성이란 별자리가 북극성처럼 하나의 별 인줄 알았었다. 정작 그곳에서 남십자성을 눈으로 확인할 때까지도 하나의 별인 줄 알고 있었는데, 네 개의 별이 반짝인다.

남십자성 옆으로 나란히 두개의 별이 더 반짝이는 것을 볼 수 있는데, 아프리카 부족들 사이에서는 이 여섯 개의 별을 기린이 목을 늘이고 있는 모양이라고 한다.

별자리 모양은 간혹 붙여진 이름과는 전혀 상관없는 듯한 모양일 때도 있는데, 남십자성이 기린으로 보인다는 것 역시 나에겐 낯설고 터무니없는 듯 들리기도 했다.

토성과 목성은 한국에서 볼 때보다 훨씬 더 선명하고 가까이 보이는 것 같았다. 일반 디지털 카메라를 가지고도 망원경을 통해 보이는 목성과 토성을 찍을 수 있다고 시도해 보라고 한다. 온통 깜깜한 사위에 모두들 별을 보느라고 집중하고 있는데, 카메라 조작한다고 불을 켜고 법석을 떨고 싶지가 않아 아쉬운 마음을 접었다.

아이들이 제일 신기해 한 것은 전갈자리 별자리였다. 다른 별자리들은 설명을 듣고 억지로 꿰어 맞추어야만 그 모양을 가늠해볼 수 있지만, 그 날 밤 우리는 엄청나게 큰 전갈 한 마리가 남반구의 까만 밤하늘에 선명하게 자리 잡고 있는 것을 볼 수 있었다.

천문관 내부에 걸려있던 사진을 찍은 모습이다. 서더랜드 천문대 하늘을 도는 별자리 사진을 찍은 것이다.

육안으로도 확인 할 수 있는 별자리들의 설명을 끝내고, 오직 망원경을 통해 볼 수 있는 몇 개의 성운을 가리키며 설명해 주었다.

까만 밤하늘에 뿌연 먼지나 구름처럼 보이던 성운은 망원경을 통해 하나하나 반짝이는 빛이 선명한 별로 그 모습을 드러냈다. 대부분의 성운은 나이가 비슷한 별들이 모여 있어 그 별빛도 한 가지 색일 경우가 많은데, 보석상자라고 불린다는 성운에는 온갖 색의 별들이 제각기 빛을 발하고 있었다. 그야말로 밤하늘의 보석상자라는 표현이 딱 어울렸다.

분화구가 깨어져 쏟아져 내릴듯하게 선명하고 크게 보이는 달을 마지막으로 한 시간여의 밤하늘 여행은 끝났다.

지름 11미터의 망원경으로 별자리 여행을 해볼 수 있을까 했던 기대에는 못 미쳤지만, 그 날 밤의 그 별자리 여행은 오랫동안 잊혀지지 않을 또 하나의 아프리카에서의 한 조각 기억으로 남았다.

잠자리를 찾아 내려오니 게스트하우스 주인아줌마가 꼭 전기담요를 켜고 자라고 당부한다. 숙박비가 왜 다른 곳보다 비싼가했더니, 침대마다 전기담요가 깔려있다. 밤공기가 케이프타운과는 다르게 춥다.

주피터 게스트하우스. 그 작고 아담한 집에서의 하룻밤. 추운 날씨에 산 위에서 떠느라고 얼었던 우리는 맘씨 좋아 보이는 주인아줌마가 밤참으로 삶아 내어준 달걀 몇 개와 따뜻한 잠자리로 어느 곳에서 보내는 하룻밤보다 부자가 된 것 같았다. 쏟아져 내릴 것 같은 별빛을 안고 별의 도시 서더랜드의 하룻밤 꿈에 푹 빠져들었다.

남아공의 도로

남아공은 아프리카 대륙에서 도로가 가장 잘 발달되어 있는 나라 중의 하나이다. 남부 아프리카 대륙의 수송로 역할을 하고 있는 나라로서의 면모를 보이고 있는 것이다.

N(National) 시리즈로 시작되는 고속도로는 남아공의 대도시를 잇고 있는데, 북쪽 나미비아, 보츠와나, 모잠비크, 짐바브웨 국경까지 연결된 고속도로도 있다.

도시와 도시를 이으면서 북부 여러 나라 국경까지 닿아 있는 주요 고속도로가 N시리즈라면 간선 도로는 R(Route)로 시작되는 도로로 각 지방과 지방을 거미줄처럼 엮고 있다. 그리고 도시 내의 도로는 M(Metropolitan) 시리즈로 거리마다 이름이 붙여진 좁은 이면도로까지 잘 연결되어 있어서 지도 한 장만 가지면 좁은 골목까지도 쉽게 찾아갈 수 있도록 잘 정비되어 있다.

우리나라와 비교하면 도로와 운전석이 반대인 것만 빼고는 전국적인 도로망이 잘 발달되어 있다. 다만 교통사고로 인한 사망률이 세계에서 손꼽히는 나라 중의 하나이다.

호수와 천연 휴양림의 도시 나이시나

부활절 휴일 2박 3일만으로 나이시나를 충분하게 돌아보고 오리란 기대는 애초에 하지 않았다. 하지만 본격적으로 우기에 접어들기 전에 가야 그나마 즐길 수 있으리란 결정을 하고 강행하기로 했다.

케이프타운에서 N2 고속도로를 타고 여섯 시간 정도 거리에 있는 나이시나는 남아공의 가장 유명한 관광코스인 가든 루트(Garden Route)에 속한 도시 중의 하나이다. 인도양이 넘나들면서 만들어내는 석호로 유명한 곳이고, 바다뿐만 아니라 호수와 강이 있기 때문에 여러 가지 레포츠를 즐길 수 있으며, 뛰어난 경관 때문에 일년 내내 관광객이 끊이지 않는 곳이다. 또 가까이 위치한 치치카마 국립공원은 자연 휴양림의 장관이 이름나 있는 곳이기도 하다.

증기기관차 추키.

자동차를 타고 나이시나를 가는 도중에, 나는 조지에서 내려 증기기관차를 갈아타기로 했다. 조지 역시 가든 루트 코스 중에 있는 아름다운 도시 중의 하나인데, 조지에서 나이시나까지는 자동차로는 30분 내외의 거리이지만 증기기관차를 타면 2시간 30분이 걸린다. 아이들은 말할 것도 없고 나도 너무나 생소한 증기기관차를 직접 타 볼 수 있는 기회를 갖기 위해서였다.

츄키(CHOO TJEO)라고 불리는 이 증기기관차는 1900년대 초 처음 운행하기 시작한 당시에는 중요한 교통수단의 하나였지만, 지금은 관광객들의 즐거움을 더해주는 관광명물의 하나로 자리 잡고 있다.

가든 루트 지역의 심장부라고도 할 수 있는 곳을 2시간여에 걸쳐 천천히 운행하면서 산과 바다의 비경을 고스란히 볼 수 있게 해준다.

조지에서 나이시나까지 하루에 두 번 왕복하는 이 증기기관차는 석탄을 때야 하는 관계로 여름에는 운행이 중단된다고 한다.

출발하던 날, 아침부터 내리던 비가 오후에 조지에 도착하자 거센 빗줄기가 되었고 기차가 출발하는 시간에는 비는 그쳤지만 짙은 먹구름 때문에 바깥 풍경을 충분히 즐길 수 있는 날씨는 아니었다.

하지만 저 멀리 수평선을 배경으로 큰 기적소리를 울리며 내달리는 기차 안에 있다는 사실만으로 아이들과 나는 흥분했다. 다행히 출발하고 30분쯤 되자, 먹구름이 걷히기 시작했다.

기차는 그리 험악한 산악지역이 아닌데도 조금 오르막길이 있으면 여지없이 큰 기적소리를 내지르며 오른다. 차창 밖으로 얼굴을 내놓으면 석탄을 가득 실은 앞차에서 날아오는 석탄재 때문에 눈물을 흘리곤 했지만, 우리는 모두 차창 밖으로 얼굴을 내밀어 구경하는 것을 포기할 수 없었다.

증기 기관차 추키를 타고 지나면서 본 나이시나의 주택가. 남아공의 많은 도시들은 다 비슷한 분위기지만 나이시나는 쭉쭉 뻗은 나무 때문인지 다른 도시와는 사뭇 다른 분위기를 가진 도시이다.

길지 않은 터널을 지나자 곧바로 만과 만을 잇는 철로 위를 달린다. 차창 밖으로 고개를 내밀고 아래를 내려다보니 손아래 바로 바닷물이 만져질 듯하다.

목적지인 나이시나가 가까워지자 색색의 들꽃무리가 한창인 들판을 천천히 지나고 바닷물이 들어와 만들어낸 호수를 둘러싸고 발달한 아름다운 도시가 한눈에 들어온다.

호수 위의 낮은 다리를 아슬아슬하게 건너며 기차는 마지막 기적소리를 힘껏 내지른다. 자동차를 타고 남편이 먼저 와서 기다리고 있어야 했던 탓에 조금 안타까워했던 아이들이 멀리 기차역에서 손을 흔드는 아빠를 보고 마치 오랜만의 해후라도 하는 듯 반가워한다. 그것역시 기차가 주는 낭만 중에 하나이리라.

나이시나는 천연 석호로 유명한 곳이다. 투헤드(two heads)라고 불리는 200여미터의 곶이 마치 닿을 듯 마주보고 있는 사이로 바닷물이 들어와 석호를 만들고 있다. 파도치는 인도양 푸른 물결이 투헤드를 통해 밀려들어오면서 그 거친 물결이 어느새 잔잔해지면서 그림처럼 아름다운 호수를 만들어낸다.

그 호수에는 작은 섬 두 개가 떠있고 크고 작은 배들이 호수 위에 점점이 떠있는 모습은 마치 그림엽서의 한 장면을 보는 듯하다. 호수에 떠있는 두 개의 작은 섬, 레저 아일랜드와 텐슨 아일랜드 위에는 오밀조밀 이쁜 집들이 실제 그림처럼 자리 잡고 있다.

텐슨 아일랜드에는 무엇보다 워터 프론트가 형성되어 있어 토산품가게, 옷가게, 보석가게들이 저마다의 독특한 분위기를 자랑하기도 한다.

나이시나는 다른 도시에서는 느낄 수 없는 독특한 느낌이 있다. 케이프타운 어디에서나 바다는 쉽게 만날 수 있지만 도심에서 강을 만나기는 쉽지 않는데, 여러 개의 강이 지나기도 하는 나이시나는 바로 석호를 중심으로 형성된 도시이다. 그리고 웨스턴 케이프지방에서

나이시나의 유명한 two heads중에 하나. 바닷물이 들어와 호수를 만드는 곳으로 마치 바닷물을 받아들이는 관문처럼 양쪽에 형성되어 있다. 양쪽 언덕에 모두 고급 주택가가 형성되어 있다.

만나는 대부분의 산은 돌산이지만, 나이시나의 산에는 나무가 우거져 있는 것 또한 큰 특징이다.

첫날 저녁 우리 가족은 무엇보다 생굴을 먹을 수 있다는 것에 들떠 있었다. 물론 케이프타운에서도 생굴을 먹을 수 있지만 가격이 너무 비싸서 엄두를 내지 못했다.

직접 굴을 양식하는 회사에서 운영하는 레스토랑이니 가격이 좀 싸지 않을까 기대를 했다. 하지만 메뉴판을 보던 순간 그만 악 소리를 금치 못했다. 자연산 생굴 여섯 개에 무려 백 랜드. 한 입 거리도 안 되는 생굴 하나에 삼천 원을 내야하다니. 한국에서 자연산 굴이라도 오천 원이면 네 식구 실컷 먹을 수 있었는데.

남아공 사람들에게 어쩌다 한번 먹는 비싼 음식으로 꼽히는 생굴을 실컷 먹을 수 있으리란 기대는 물거품이 되고, 대신 푸짐한 새우구이와 오징어 튀김으로 만족해야 했다. 껍데기에 붙은 채로 상 위에 올

치치카마 국립 공원에서는 바다를 만날 수도 있고 삼림욕을 즐길 수 있을 만큼 울창한 숲을 만날 수도 있다.

라온 생굴 여섯 개로 입맛을 다시면서.

다음날 아침 일찍 치치카마 국립공원으로 향했다. 가는 길 내내 하늘을 찌를 듯 곧게 자란 소나무 숲의 행렬이 한동안 이어졌다. 치치카마 국립공원 가는 길목에 있는 에덴동산이라는 산책 코스를 꼭 가봐야 한다던 현지인 친구의 말이 생각났지만 아이들의 반대로 아쉽지만 다음 기회로 미루었다.

매표소를 지나 굽이굽이 산길을 돌아 바닷가에 이르니 바다를 병풍처럼 둘러싼 산자락에는 빽빽한 휴양림이 조성되어 있고, 푸른 인도양 물결이 파도가 되어 부딪치는 기암절벽이 장관이다.

바닷가 바로 인접해 야영지가 펼쳐지고 통나무 숙소들이 옹기종기 모여 있다. 자전거를 타는 사람들의 행렬, 바닷가를 바라보며 피크닉을 즐기는 사람들, 벤치에 앉아 바다를 보며 사색에 잠긴 노신사의 뒷모습이 평화스러워 보였다.

푸른 바닷물을 뒤로 하고 하늘을 찌를 듯 솟아오른 소나무 군락 속으로 들어가면 일상의 피곤함을 내려놓고 느긋해질 수 있는 산책로가 이어진다.

하지만 아이들의 마음은 휴양림이나 바다를 넘어 벌써 세계에서 가장 높다는 번지 점프를 하는 곳으로 달려가고 있다. 스스로는 아직 시도해볼 엄두를 못 내지만 216미터 높이에서 뛰어내리는 번지점프는 구경하는 것만으로도 스릴을 느낄 수 있으리라.

치치카마 국립 공원 바닷가 벤치에 앉은 노신사의 모습이 평화로워 보인다.

남반구에서 가장 높고 큰 다리라는 스톰브릿지(storm bridge). 다리 길이는 400미터이다. 거대한 자연 앞에 또 하나 인간의 도전이었을 그 다리는 도저히 그 건설 과정을 짐작할 수 없을 정도로 신기한 모습으로 우뚝 솟아있다. 이 다리는 남아공에서 가장 큰 돈인 200랜드짜리 지폐 뒷면에 인쇄되어 있기도 하다.

바다와 만나는 거대한 두 계곡 사이에 날렵한 아치 모양의 교각 밑

세계에서 가장 높은 번지 점프를 할 수 있는 다리. 길이 400미터를 자랑한다는 다리의 교각 밑으로 번지 점프를 하기 위해 사람들이 모여 있는 것이 보인다.

에서 자신의 한계에 도전하는 많은 사람들이 계곡을 향해 몸을 날리는 모습을 보기 위해 전망대로 향했다.

번지 점프를 하는 다리주변을 헬기로 돌아볼 수도 있다. 바다와 강이 만나는 비경을 하늘에서 즐겨볼 수도 있다.

다리 상판 바로 밑에 사람들이 지나갈 수 있는 통로가 있다는데, 전망대에서는 확인할 수 없을 정도로 멀리 보이고 망원경으로도 밑에 숨어있는 통로가 보이지 않는 것으로 보아 아마도 안전을 위해 밖을 내다볼 수 없게 만들어 놓았나 보다. 다리 위로 두 개의 탱크를 끌고 가는 유조차가 지나가지만 터무니없이 작게 보일뿐이다.

일정한 간격으로 사람들이 몇 백 길 높이의 계곡을 향해 몸을 던질 때마다 전망대의 사람들이 일제히 함성을 지르고 몇몇 사람들은 마치 제 몸이 던져지기라고 한 듯 몸서리를 치곤했다.

계곡을 향해 몸을 던지는 사람들은 떨어지는 동안 무슨 생각을 할까. 떨어지기 바로 직전에는 어떤 생각을 했을까. 점프를 하기 위해 물구나무서기로 적응 훈련을 하는 젊은이들의 얼굴이 상기되어 있다.

까마득한 계곡에 잠시 거꾸로 매달려 있는 동안 자연의 위대한 모습과 인간의 왜소한 모습을 느끼게 될까? 아니면 보는 것만으로 머리털이 쭈뼛 서는 그 도전으로 어떤 자신감을 갖는 걸까? 도저히 도전해볼 용기를 갖지 못한 사람들은 단지 그 느낌이 어떨까를 무수히 추측하며 하나둘씩 자리를 뜬다.

세계에서 가장 높다는 번지 점프를 하기 위해 적응 훈련을 하고 있는 젊은이들. 이들은 단지 젊다는 이유 하나로 그런 모험을 즐기고 싶어 하는 것일까?

전망대를 떠나 다음 목적지로 향하기 위해서는 번지 점프대가 설치된 그 다리를 지나야 한다. 지금도 그 다리 바로 밑 교각에서는 여전히 계곡을 향해 몸을 던지고 싶어 하는 사람들이 깊은 심호흡을 하고 있을 것이다.

나이시나에서도 아름다운 휴양지로 이름난 네추널 빌리지. 바다와 연결되어있는 호수 주변으로 이백여 채의 아름다운 별장이 숲 속에 숨어 있다.

그 다리를 지나 내추럴 빌리지로 향했다. 높은 산 위에서 내려다보이는 내추럴 빌리지 역시 바닷물이 들어와 또 하나의 작은 호수를 그림처럼 만들고 있다.

내추럴 빌리지는 호수 주변을 따라 울창한 숲이 형성되어 있는데, 숲으로 난 작은 길을 들어서니 숲 안쪽에 거짓말처럼 집들이 숨어 있다. 남아공의 유명한 별장지역이라고 하는 그곳에 저마다 독특한 분위기를 가진 집들이 바깥에서는 보이지 않을 정도로 울창한 숲 속에 오밀조밀 자리 잡고 있었다.

이미 해가 조금씩 기울기 시작한 때, 석양에 물든 호숫가에 내려가 아이들을 앞세워 낚싯대를 드리운 가족. 바람에 돛을 맡기고 유유히 흘러가는 작은 요트의 모습이 극한의 평화로움을 만들어낸다.

시내에 잡아두었던 숙소로 돌아오는 길에 하루해의 노을과 함께 나이시나 전체를 내려다 볼 수 있는 가장 높은 곳으로 올라갔다. 바닷물이 호수로 들어오는 길목인 투헤드의 한 곳의 정상에 서니 넘실거리는 바닷물이 호수로 밀려드는 모습을 실감나게 볼 수가 있다. 첫날 본 그 호수 안에 떠있는 작은 두 개의 섬에 색색의 조명이 밝혀지고, 아늑한 호수의 도시 나이시나의 하룻밤은 평화로웠다.

나이시나 여행의 가장 백미는 마지막 날 카누 여행이었다. 마치 우리 나라 동강을 쏙 빼닮은 듯한 곳이 있어 카누를 타고 8킬로 남짓하는 강을 거슬러 오르는 것이다.

아침 날씨가 흐려서 곧 비라도 쏟아질 태세였다. 혹시 기대하던 카누를 못타고 돌아오는 것은 아닐까 걱정했는데, 강에 도착하자 마침 먹구름이 걷히고 환해진다. 다행이 해도 심하게 내리 쬐지 않고 카누를 타기에는 안성맞춤이었다.

작은 배에 두 명씩 나누어 타고 천천히 노를 저어 상류로 거슬러 올라가자 온갖 새 소리가 양쪽에서 울려 퍼진다. 바다가 가까이 있는 탓에 심심치 않게 갈매기도 만날 수 있고, 수심이 얕은 곳에 삐죽이 올라온 나뭇가지 위에 막 물고기 사냥을 마치고 돌아온 새가 날개를 말리느라고 퍼덕거린다.

우리나라 동강을 꼭 빼어 닮았던 강에서 아이들이 카누를 타고 있다.

아프리카의 다른 지역에서는 척박한 돌산뿐인데, 모처럼 숲이 우거진 산을 바라보며 강줄기를 타고 흐르는 것이 절경이었다.

마치 아프리카에 있는 것이 아니라 한국의 강원도 산골짜기를 흐르는 동강의 한줄기에서 흐르는 듯해, 진경산수화의 한 풍경 속에 있는 듯한 착각이 들었다.

강 상류까지는 아쉽게도 가보지 못했지만, 왕복 네 시간 남짓한 카누 여행은 아름다운 도시 나이시나에서의 추억에 또 하나의 그림을 더했다.

나이시나의 공예품

나이시나 지방은 좋은 나무가 많이 나는 것으로 유명하다. 나이시나 지방에서 나는 나무로 만든 공예품은 그래서 늘 비싼 값에 팔리곤 한다.

특히 나이시나 지방산 나무로 만든 아프리카 새 조각품은 온갖 종류의 진귀하고 독특한 새 모양을 하거니와 정교하기로도 이름이 나 있다. 상품 하나 하나에 고유번호가 새겨져 있어 마구잡이로 양산되어 판매되는 관광품들과도 차별화되어 그 상품 가치를 높이 인정받는다.

나이시나 공예품 가운데 새 조각품

자동차 여행길에서 만나는 청량제 팜스톨

남아공에 살면서 어쩌다 한 번씩 여행을 할 때면, 늘 그랬듯이 언제나 자동차를 이용한다. 물론 관광객을 대상으로 하는 초특급 열차 블루 트레인도 있고, 비행기도 있고, 이층버스도 있지만, 이것 저것을 고려해 볼 때 가장 합리적이고 저렴한 것은 역시 손수 운전해서 가는 방법이 최고이다.

또 하나는 남아공에서도 고스란히 한국식 식단을 유지하고 있는 나로서는 여행을 할 때도 끼니 해결이 가장 큰 몫을 차지하는데, 많은 짐들을 싣기 위해서라도 자동차 여행이 편하다.

그런데 대부분의 여행 후에 짐을 풀 때면 가지고 간 짐이 많이 줄지 않은 경우가 많다. 그럴 때마다 다음 번 짐을 꾸릴 때는 절대로 미련을 떨지 않으리라 다짐하지만 그것은 그냥 다짐이고 바람일 뿐이다.

막상 짐을 꾸려야 될 때면 집 전체라도 떠메고 가는 것처럼 울렁줄렁 가방이 줄을 서 있곤 한다. 바리바리 그 짐꾸러미를 실을 때마다 배낭 하나씩 매고 간편하게 가는 여행을 꿈꾸곤 하지만 늘 바람으로 그칠 뿐 여전히 나는 그 많은 짐꾸러미들로부터 자유로워지지 못하고 있다.

그렇지만 사실 자동차 여행을 다니면 좋은 점이 많다. 언제 어디서나 내 맘 내키는 대로 쉬고 가고를 결정할 수 있다는 것이다. 또 사고 싶은 물건을 내 맘대로 사서 차에 끼워 넣을 수도 있다. 처음 짐 실을 때는 전혀 여유 공간이 없을 것 같다가도 막상 뭔가를 사고 나면 반드시 들어갈 틈이 생기곤 한다. 짐 싸고 정리하고 채워 넣는 것에 이미 도사가 된 것이다.

남아공에서 자동차 여행길에 만나는 가장 큰 즐거움 중에 하나는 역시 그 지방마다 독특한 분위기의 팜스톨(farm stall)이다.

팜스톨은 그 지방 특산물을 파는 시골 가게를 말하는데, 주인의 성향에 따라 팜스톨의 멋진 분위기가 특색있게 꾸며져 있다.

그리고 이런 멋진 분위기에 걸맞게 팜스톨의 가게 이름을 써놓은 간판도 아주 인상적이다. 물론 남아공에서 자동차 여행을 하면서 보아도 어디에도 커다란 간판이나 현란스러운 광고 문구를 본 적이 없어 우리나라와는 사뭇 분위기가 달랐다. 중요한 관광 명소가 있는 곳에도 규격에 맞는 작은 이정표가 세워져 있을 뿐이다.

팜스톨 역시 커다란 광고를 하는 곳은 한군데도 없다. 어쩌다 한국의 정다운 시골길에서 이름도 없는 가게를 보는 듯하다.

아프리카의 땅끝 아굴하스를 다녀오는 길에 만난 팜스톨. 몇 개의 식탁을 내놓고 집에서 직접 만들어 내주는 식사가 아주 인상적인 곳이었다.

가끔 팜스톨의 지붕이나 벽에 큰 글씨로 이름을 써놓은 것들은 있는데, 그 자체가 디자인이 될 수 있도록 독특하게 꾸며놓아서 오히려 보기에 좋다.

팜스톨은 내륙 깊은 지방으로 들어갈수록 그 지방만의 특산물과 만나게 되는데, 주로 과일 종류이다. 일년 내내 수많은 종류의 과일이 풍성한 나라이기 때문이다. 시골 농가에서 직접 만든 다양한 종류의 잼과 말린 과일은 도심에서 파는 것과는 그 맛 또한 비교할 수가 없다. 더구나 알록달록 병에 담아 진열해놓은 모습은 더 할 수 없는 눈요깃거리이다.

여행을 다녀오고 나면 가끔 가까운 친구들에게 선물 하나쯤 건네고 싶은 생각이 들곤 하는데, 그럴 때마다 시골 팜스톨에서 사온 잼은 더할 수 없이 좋은 선물이 된다.

아프리카 대륙의 최남단인 아굴하스를 다녀오는 길에 들른 팜스톨 역시 그 고장의 특산물인 과일 말린 것이 풍성했고 크고 작은 병의 여러 가지의 잼이 소박하게 진열되어 있었다. 작은 가게 안에는 크지 않은 탁자가 몇 개 놓여 있었고, 가게 밖에 내놓은 식탁에는 아침 식사를 하는 사람들이 여유롭게 식사를 즐기고 있었다.

지붕에서 연결해 뻗어 내린 덩굴 잎에 강한 햇빛이 한차례 걸러지고 있고, 그 그늘 아래 한가로운 아침 식사를 즐기는 사람들이 여유있어 보였다.

시골길을 달리면서 만나는 팜스톨에서 만날 수 있는 가장 반가운 선물은 아무래도 그 지방 특산 과일로 집에서 만든 과일 잼들이다. 적은 돈으로 좋은 선물을 마련할 수도 있다.

유별나게 맛난 음식이 아니더라도, 화려하게 장식된 고급 레스토랑이 아니더라도, 인심 좋은 넉넉한 주인아줌마의 웃음과 정성껏 가꾸어 놓은 그 소박한 팜스톨에서의 한 끼 식사를 나는 잊을 수가 없다.

어디서나 시골 인심은 도시 인심보다 넉넉한 법이다. 남아공도 예외가 아니다. 부시맨들의 벽화가 남아 있는 클랜윌리엄 가는 길에 남아공에서 오렌지가 가장 많이 나기로 유명한 시츠러스달 팜스톨에 들른 적이 있다.

그 팜스톨은 무엇보다 화려하면서 깜찍한 모습이 매력적이었다. 하얀색 작은 집 앞에 분홍색 만발한 꽃이 화사하게 흐드러진 모습이 작고 별스러울 것 없는 팜스톨을 한껏 화려하게 연출하고 있었다. 알록달록한 과일주머니를 문에 달아 전시해놓은 것도 그 자체가 멋진 인테리어가 되었다. 가게 안에는 할머니가 직접 만들었다는 갖가지의 잼 병들이 그림처럼 진열되어 있었다.

나는 그 팜스톨에서 전형적인 시골 인심을 경험할 수 있었다. 아직은 오렌지를 수확하기에 좀 이른 시기였는데, 그 팜스톨에는 철 이른 나키(우리나라 귤 종류인데 더 달고 물이 많다)가 한창이었다.

동네에서는 적어도 20랜드(3천5백원)는 주어야 할 나키 한 망태기가 5랜드(9백원). 20랜드를 주고 네 망태기를 차에 실었는데도 할아버지는 연신 귤을 까서 먹어보라고 권한다. 쉬지 않고 입에 가득 물고 있는데도 그 할아버지는 여전히 귤을 권하고 그것도 모자라 귤 몇

시트러스달의 한 팜스톨. 오렌지가 유명한 지방에 있는 팜스톨인데 작은 규모지만 화려한 색으로 단장하고 거기에 화려한 꽃까지 더해 다른 어떤 팜스톨보다 화사한 눈요기를 제공했던 집이다.

시트러스달의 팜스톨 철문에 장식되어 있는 과일들. 아무렇지도 않게 걸어놓은 과일 주머니들이 좋은 장식과 디자인이 된다.

개를 더 손에 쥐여주었다.

그 사이 그 작은 팜스톨에는 쉴 사이 없이 차가 드나들었다. 그 많은 손님들에게 할아버지는 빠지지 않고 귤을 권하고 할머니가 만들었다는 대추 과자를 권했다.

그곳에서는 무엇을 먹어도 맛있고 어떤 것을 집어 들어도 정성이 가득해 보였다. 오랜 세월 그 땅에서 오렌지와 함께 늙어왔을 할아버지 내외의 정성이 듬뿍 묻어있었다. 바로 이런 기쁨이 자동차 여행을 하면서 찾아가 누릴 수 있는 기쁨이 아닐까.

비포장도로를 한참 달리다가 아주 오지에서 만난 팜스톨이었는데, 시골 오븐에서 갓 구워낸 빵 맛이 일품이었다.

클랜윌리엄의 오지에서 만난 작은 팜스톨에서는 도시에서는 전혀 구할 수 없는 시골에서만 먹어 볼 수 있는 오븐에서 구운 빵을 팔고 있었는데, 그 크기도 엄청나고 맛 또한 슈퍼에서 늘 사먹던 빵과는 비교가 되지 않을 정도로 맛이 있었다.

나는 그 커다란 빵을 차에 걸터앉아 유난히 빵을 좋아하는 친구 수젯 남편 스컬크와 손으로 뜯어먹으면서 즐겁게 수다를 떨었던 기억을 아직도 잊지 못한다.

팜스톨 입구에 세워진 높은 탑.

대도시 주변에서 만난 팜스톨 중에서 가장 인상적인 곳은 대학과 와인으로 유명한 스텔란보쉬의 무이버거 팜스톨이다.

'아름다운 산' 이라는 뜻의 이 팜스톨은 인근 지방의 독특한 특산주들을 모아놓은 곳으로 유명하다. 시내에서 쉽게 구할 수 없는 술도 그 곳에 가면 찾을 수 있는 경우가 많다.

그곳은 들어가는 입구부터 손님의 눈길을 끌었다. 가게 간판을 세워놓은 곳에 온갖 재미있는 모양의 허수아비들이 즐비하게 늘어서 손님을 맞는다. 개구쟁이들처럼 높은 탑을 타고 오르는 허수아비들도 있다.

그 팜스톨 근처에는 주인이 직접 재배하는 딸기밭이 끝없이 펼쳐져 있는데, 딸기밭 고랑을 따라 앙증맞게 꾸며놓은 허수아비들이 죽 늘

재미있고 익살맞은 모양의 허수아비로 꾸며놓은 것이 눈길을 끈다.

어서 있다. 아마도 새들을 쫓으려는 것보다는 시골 풍경을 느낄 수 있게 한 것이라는 생각이었다. 그런 기분 좋은 곳을 만나면 특별히 살 것이 없어도 그 주변을 한참씩 서성이고 싶어진다.

이렇듯 남아공에서 자동차 여행을 하다가 만나는 팜스톨은 지루하고 지쳤을 때 받아 마시는 한줄기 단물과 같다는 생각이다. 목적지를 향해서 앞만 보고 달리지 말고 주변을 두루 두루 살피면서 갈 수 있게 해주는, 진정한 자동차 여행의 맛을 즐겁게 해주는 여행길의 청량제 같은 존재가 아닌가 싶다.

내 마음에도 여행길의 청량제 같은 팜스톨을 하나쯤 지어볼 생각이다.

왕복 4천킬로의 대도시 순례1

남아공의 케이프타운에서 살면서 여전히 먼 여행은 엄두를 내지 못하고 있었다. 남아공에서의 삶이 순탄하지 않았고 무엇보다 교통사고 후유증으로 먼 여행은 우성이에게 무리라 여겨 오랜 동안 케이프타운을 크게 벗어나지 못한 것이다.

하지만 한번쯤 케이프타운을 벗어나 꼭 한번 남아공의 대도시를 가로질러 보리라는 생각이 늘 꿈틀거리고 있었다. 남아공에 오래 살고 있는 탓에 꼭 의무감은 아니더라도 이런 생각은 늘 풀어야 할 과제처럼 마음 한구석에 남아있었다.

2006년 4월, 드디어 언젠가는 한번 감행해야할 과제였기 때문에 가을 방학을 맞아 장도에 오를 결심을 하게 되었다. 3주일의 겨울 방학에 비해 1주일인 가을 방학으로 남아공의 큰 도시들을 순례한다는 것은 무리지만 여행하기에는 딱 좋은 시기이다. 우기인 겨울 방학에는 비가 자주 내리고 추위 때문에 더 쉽지 않을 것이란 결론을 내리고 밀어붙인 것이다.

떠나기 이주일 전부터 남아공 전도를 펴놓고 코스를 어떻게 잡을 것인가 머리를 맞대고 궁리했다. 비행기로 가면 어떨지, 기차를 이용하면 어떨지, 실제로 여행사를 통해 견적을 뽑아보기도 하고, 조하네스버그에 있는 한국 게스트하우스를 소개받아 관광 안내에 대한 견적을 받기도 했다.

최종적으로 자동차를 이용하고 가이드 없이 스스로 찾아 움직인다는 것으로 결정을 했다. 시간만 낭비했을 뿐 역시 자동차 여행이 값도 싸고 무엇보다 자유로운 여행을 즐기기에는 안성맞춤이다.

여행사에서 얻어온 안내 팸플릿을 샅샅이 뒤져 어디 어디를 가야 좋을지 체크했다. 드디어 자동차 여행의 대도시 순례 여행의 일정이 짜여졌다.

다이아몬드 도시인 킴벌리를 경유해 행정 수도인 프리토리아를 거쳐 아프리카 대륙 최고의 리조트인 선시티에서 긴장을 푼 후, 남아공 경제의 심장부이며 실질적인 수도라고 할 수 있는 조하네스버그를 돌아보고 사법 수도인 브룸폰테인에 터치다운을 하면 왕복 4천킬로의 주요 도시 순례 여행이 그런대로 그림이 그려졌다.

생각 같아서는 국도를 이용해 시골 마을을 두루두루 살펴보고 그곳 게스트하우스에서 잠을 자면서 움직이고 싶었지만 시간이 너무 부족했다. 또한 자동차를 전적으로 믿을 수가 없었다. 언젠가 낯선 시골

구석에서 자동차 타이어가 펑크가 나 말도 통하지 않는 사람들에게 물어 물어 해질녘이 돼서야 차를 견인한 적이 몇 번 있었기 때문이다.

왕복 4천킬로의 여행은 결코 쉽지 않다. 이번 장거리 여행길 역시 가장 큰 관건은 차가 고장 없이 움직여 주어야 한다. 이미 몇 번 골탕을 먹은 적이 있었기 때문에 목적지인 대도시까지 가는 경유 도시에서 가능한 숙박만을 해결하고 무리한 밤 운전도 하지 않으리라 생각하며 사전 정비를 철저히 했다.

그런 모습을 지켜보던 우록이 우성이는 먼 거리도 걱정이지만 범죄의 도시라고 하는 조하네스버그를 가야한다는 것 때문에 긴장하고 있는 것처럼 보였다. 주변 친구들도 모두들 다른 지역 여행 때보다 각별히 조심할 것을 주의시켰다. 남아공에 와서 가장 먼 여행길을 나선 것이다.

첫 번째 목적지인 킴벌리. 노던 케이프주의 수도이다. 남아공 최대의 다이아몬드 광산이 있었던 곳으로 실제로 엄청난 다이아몬드를 채광했던 빅홀을 보는 것이 목적이었다.

킴벌리에 도착한 시간은 일요일 정오를 넘긴 시간이었다. 지도를 더듬어 빅홀을 찾아갔다. 빅홀을 구경하기 위해서는 입구에서 입장료를 내야 했는데, 입구가 초라하기 그지없고, 공사중이라 더 을씨년스럽고 황량했다. 입장료를 받으면서도 안내장 한 장이 없다.

그 옛날 다이아몬드 채광으로 들썩거리며 몸살을 앓았을 그곳의 영화는 다 간 곳이 없고 다소 실망스러운 분위기였다.

일요일 오후 사정없이 내리쬐는 태양 아래 먼지 나는 길을 툴툴 걸

킴벌리의 빅홀. 다이아몬드를 채광했던 빅홀은 어마어마한 규모였다.

어 빅홀을 향했다. 하지만 빅홀을 보는 순간, 나는 입을 다물지 못했다.

내가 마주한 빅홀, 그 빅홀의 규모는 상상할 수 없을 정도로 거대했다. 빅홀의 깊이가 1킬로가 넘고, 반경이 무려 300미터나 되었다. 빅홀이 위치한 곳 바로 가까이 도로 옆에 20층 이상의 빌딩이 보이는데, 그 빌딩의 모습이 오히려 왜소했다.

킴벌리 다이아몬드 광산은 1871년 6월에 처음 발견되어 1914년 8월에 폐광되었고, 모두 2,727킬로, 약 14,500,000만 캐럿의 다이아몬드가 채굴되었다고 한다. 다이아몬드라고는 0.1캐럿도 없는 나로서는 그 양이 상상이 가지 않는다.

지금은 빅홀의 구덩이에 진한 초록빛 물이 가득 차있는데, 표면에서 물까지의 거리가 174미터라고 한다. 이제는 그저 역사 속의 관광지로 변해버린 그 곳. 그 곳에서 얼마나 많은 사람들이 땅 속의 기형 돌조각에 대한 꿈과 환상을 좇았을까.

한참을 둘러본 후, 빅홀 한 옆에 관광객을 대상으로 원석을 걸러내는 과정을 보여주고 또 직접 다이아몬드를 찾는 작업을 체험하는 곳이 있다고 해서 찾아가 보았다.

그곳에 가니 10랜드에 돌을 한 양동이씩 준다. 다이아몬드를 찾으면 본인이 가져도 된다고 하는 말에 우성이가 눈이 동그래지면서 잽싸게 받아간다. 그때까지도 힘들다면서 징징거리던 우성이가 마치 진짜 다이아몬드라도 찾아낼 듯 눈을 반짝이며 열심이다.

다이아몬드에 대한 인간의 집착은 예나 지금이나 어른이나 아이 할

다이아몬드 광산이던 킴벌리의 빅홀 앞에 있는 안내판.

다이어몬드 원석을 가려내는 작업을 하던 작업대.

것 없이 다르지 않은 것 같아 잠시 허탈한 웃음이 나왔다. 다이아몬드를 찾을 수 없다는 것은 뻔한 일이지만, 잠시 시간을 보낸 후, 빅홀

킴벌리 다이아몬드 광산 안에 그대로 보존되어 있는 그 당시 선술집.

박물관을 향했다.

빅홀 박물관은 지금은 공사 중이라 곳곳을 파헤치고 막아놓고 어수선한 느낌이지만, 박물관 안은 그 당시 광산 내의 생활을 고스란히 보여줄 수 있게 잘 보존되어 있었다. 광산 노동자들이 힘든 노동 끝에 맥주 한잔으로 피로를 달랬을 선술집이나 광산 노동자들이 살았을 몇 채의 가정집이 그 시절 가재도구들과 함께 온전히 전시되어 있어 볼만한 눈요깃감이었다.

그 선술집에서 정말 맥주 한잔 할 수 있다면 꿀맛이겠지 농담을 하며 빅홀을 나와서는 시내를 한 바퀴 돌아보았다. 그 옛날 최대 다이아몬드 광산이 있었다는 사실 빼고는 유별나지 않은 작은 도시일 뿐이었다.

점심을 먹으려고 KFC에 들어갔는데, 매장 안에는 백인이라고는 하나도 찾아볼 수 없고 온통 흑인들뿐이다. 식당 안에서 먹으려 했지만 주문한 음식을 가지고 나와 이동하면서 차 안에서 점심을 때워야 했다. 사실 벌건 대낮에 그것도 시내 한복판 식당에서 무슨 일이 생길 리도 없지만 수십 개의 검은 눈이 낯선 이방인을 향해 꽂히는 것을 견디지 못한 것이다.

우리는 그렇게 점심을 때우며 두 번째 목적지인 프리토리아를 향해 서둘러 떠났다.

남아공 행정 수도인 프리토리아. 프리토리아는 하우텡 주의 수도이기도 하다. 우리나라 대사관도 프리토리아에 있다. 프리토리아에 가면 빼놓을 수 없는 곳, 바로 유니온 빌딩이다. 1913년에 세워진 이 건물은 신고전주의 양식의 아름다운 곡선이 유명한 국회의사당 건물이다. 특히 봄이면 유니온 빌딩 주변을 온통 보랏빛으로 물들이는 아프리카 라일락이 아름답기로 이름나 있다. 그 시기의 유니온 빌딩의 야경은 사진으로만 봤을 뿐인데도 근사했다.

곡선의 아름다움이 유명한 프리토리아의 유니온 빌딩. 봄이면 아프리카 라일락이 유니온 빌딩을 덮어 그 야경이 낭만적인 것으로 이름나 있다.

우리는 프리토리아에 들어서자마자 유니온 빌딩을 찾아 올라갔다. 유니온 빌딩은 도시를 한눈에 내려다 볼 수 있는 시내의 가장 높은 곳에 지어져 있다. 유니온 빌딩을 등지고 서니 프리토리아 시내가 한눈에 내려다보인다. 그곳에서 바라보는 도시는 행정 수도라는 이름과는 달리 그렇게 크지 않아 보였다.

저 멀리 아래쪽 잔디밭에서 한 무리의 흑인들이 시위를 하고 있어 가까이 가보니 은퇴자들의 시위이다. 시위자들의 주변으로 경찰들이 둘러서 있고 시위자들은 목소리를 높여 무언가를 주장하고 있었다. 흑인들이 시위하는 모습은 어렵지 않게 볼 수 있는 풍경인데, 가끔 뉴스를 통해 보여지는 극렬 시위와는 사뭇 분위기가 다르게 평화로웠다.

우리나라 국회의사당 앞에서도 일년 내내 시위가 끊이지 않는 것처럼 남아공에서도 역시 국회의사당은 없는 자들이 자신들의 목소리를 높이고 주장하는 장소이다.

파라다이스 호텔 전경. 위로 솟아있는 몇 개의 돔 아래 위치한 방에서 선시티의 아름다운 전경을 볼 수 있다.

프리토리아의 흑인들은 다른 지역의 흑인들에 비해 활기차다. 국회의사당 주변이라 공무원들이 많아서인지 젊은이들 모두가 눈이 반짝반짝거리고 말소리도 유쾌하고 활기찬 느낌이 확연하다.

선시티의 유명한 조각품중의 하나인 코끼리 조각상. 멀리 보이는 것이 파라다이스 호텔이다.

케이프타운에 살면서 가난한 흑인, 일자리를 구걸하는 흑인들에 익숙해진 나에게 행정 수도 프리토리아에서 만난 흑인들은 그야말로 이 땅의 주인다운 모습이었다.

프리토리아에 가면 동물 공원에 꼭 가보라는 친구의 권유가 있었지만, 마음은 벌써부터 선시티 리조트로 향하고 있었다.

선시티는 아프리카에서 가장 크고 화려한 리조트 도시다. 노스웨스트주의 깊은 산 속에 위치한 선시티는 네 개의 특급 호텔과 골프 코스 그리고 각종 레포츠를 즐길 수 있는 시설뿐 아니라 최고급 카지노까지 한 곳에서 즐길 수 있는 휴양지이다. 남아공의 대기업 선 그룹이 만든 곳으로 선시티라 이름 붙여진 것도 그 때문이다.

네 개의 호텔 중 파라다이스 호텔이 특히 유명한데, 그 규모와 독특

선시티에서 자랑하는 인공 파도풀과 인공 모래 사장. 내륙 깊숙이 위치한 지역이라 바닷가 구경이 쉽지 않은 사람들에게는 좋은 경험이 되기도 한다.

한 외관이 이름에 걸맞게 화려하고 웅장하다.

선시티는 야경을 감상하는 것도 좋고, 인공 파도와 인공 모래 사장에서 한 나절을 보낼 수도 있다. 아프리카의 상쾌한 바람을 맞으며 물안개가 피어오르는 호숫가를 산책하다 보면 신선한 공기가 여행에 지친 몸에 새로운 힘을 불어 넣어 준다.

또 여유로운 마음으로 극장에서 펼쳐지는 화려하고 박진감 넘치는 아프리카 원주민들의 전통 춤을 구경해도 좋다. 내가 구경할 때는 제일 늦은 공연시간이어서 그랬는지, 관광객이 붐빌 거라는 예상과는 달리 관객이라고는 달랑 우리 네 식구가 다였다. 하여 썰렁한 느낌이 었다.

넓지 않은 공간에 남아공 내의 여러 부족의 집 모형이 전시되어 있었고, 안내원이 우리 가족을 안내해 한 채씩 세워진 여러 부족의 가옥 구조를 설명해 주었다.

하지만 달랑 네 명뿐인 관람객에도 불구하고 설명하기에 전혀 게으름이 없는 안내원과 전통가옥 앞에 전통의상을 입고 앉아있던 사람들이 전통 공연을 시작하고 나서는 그만 그런 심드렁한 분위기는 싹

안내원이 돌에 새겨진 전사의 모습 그대로 똑같은 포즈를 취해 보였다.

관광객들을 위한 공연을 준비하던 출연자들이 줄루족의 미혼 여자 의상을 입고 잠시 휴식을 취하고 있다.

선시티 민속마을 공연장에서. 제 흥에 겨워서 신나게 춤을 추는 모습이 힘이 느껴진다.

하얀 이를 환하게 드러내면서 신명나게 두드려대던 그 모습에서 진정 검은 대륙 아프리카의 주인을 보는 듯한 느낌이 들었다.

달아나고 말았다.

부족마다 각각 의상과 전통은 다르지만 한데 어우러져 하늘을 울리고 땅을 울릴 듯한 강렬한 몸짓과 소리에 나는 숨이 막힐 정도였다. 어느 의상이 어느 부족이고 어느 출연자가 어느 부족인지 구별할 수는 없었지만 그들이 만들어내는 현란한 몸짓과 강렬한 음악은 내가 다름 아닌 바로 아프리카 땅에 와 있다는 것을 느낄 수 있게 해주었다.

코사족, 줄루족 그리고 은데벨레족이니 그런 경계쯤은 무시해도 좋을 것 같았다. 다만 검은 대륙 아프리카에 주인으로 살던 사람들이 그 옛날 어느 것에도 구속됨이 없이 그들의 영혼을 일깨우는 의식을 행하고 있는 듯이 보였다.

사람 키 만한 커다란 북을 울리고, 다듬어지지 않은 투박한 나무로 만든 타악기를 두드리는 그들의 모습은 아주 먼 옛날 이 땅의 주인으로 살았던 그들의

실로폰 같이 생긴 전통 악기를 연주해보이고 있는 출연자. 뒷벽에 그려진 그림은 은데벨레 기혼 여자들의 전통의상 모습이다.

당당한 모습을 보여주었다.

나는 비로소 처음으로 검은 대륙 아프리카에서 검은 피부를 가진 진정한 주인들이 만들어내는 그들만의 혼이 담긴 몸짓과 소리를 만날 수 있게 되었다.

그리고 단 네 사람의 관객을 위해 비 오듯 흐르는 땀도 아랑곳하지 않는 그들의 모습에서 어쩌면 처절한 아름다움마저 느껴졌다. 아직도 귀에 쟁쟁하게 그들의 음악이 맴돌고 그들의 춤사위가 어른거린다.

선시티에서의 이틀은 장거리 여행의 피로를 풀고 자칫 지루할 수도 있는 여행길에 더없이 좋은 활력이 되었다.

파라다이스 호텔의 야경.

왕복 4천킬로의 대도시 순례2

드디어 그 유명한 조하네스버그로의 입성. 남아공에는 행정(프리토리아), 사법(블롬폰테인), 입법(케이프타운) 등 각각 세 곳의 수도가 있기는 하지만, 조하네스버그야 말로 명실상부한 남아공 최대의 산업 도시이며 경제 수도라고 할 수 있다.

떠나오기 전부터 귀가 닳도록 조심하라는 이야기를 들은 만큼 조하네스버그 시내에 들어가면서부터 조금 긴장이 된다. 조하네스버그는 남아공의 가장 큰 도시이고 최대 상업도시인만큼 범죄 또한 많이 일어나는 곳으로 유명하다.

조하네스버그의 자동차번호판은 하우텡(Gauteng)주와 같은 주에 있는 행정 수도 프리토리아(Pretoria)를 따서 GP로 시작하는데, 사람

남부 조하네스버그를 흑인에게 양보하고 새롭게 개발된 조하네스버그의 북부 샌튼 지역. 남부 지역의 열악한 상황과 비교해 화려한 외관을 자랑한다.

들은 그걸 가리켜 갱들의 천국(Gangsre' s Paradise)이라고 부른다.

조하네스버그는 크게 남부 지역과 북부 지역으로 나눈다. 남부 지역은 이제 이미 백인들의 손을 떠난 곳이라고 할 수 있는데, 남부 조하네스버그는 아파르트헤이트 철폐 전까지는 그야말로 남아공 최대의 상업도시로서의 면모를 자랑하던 곳이었다. 하지만 이제는 백인들은 밀려드는 흑인들에게 그 자리를 물려주고 북부 샌튼 지역에 새로운 타운을 건설해서 옮겨갔다.

북부 지역의 가장 큰 번화가라는 샌튼 중심가와 쇼핑센터를 들러봤는데, 확실히 케이프타운보다 규모가 크고 화려했다. 식당에 앉아 점심을 먹으면서 지나가는 사람들을 구경하고 있자니, 진짜 인종 박물관이라고 해도 좋을 만큼 다양한 사람들이 모인 곳이다. 특히 케이프타운에서는 흔하게 볼 수 없었던 흑인들이 많았는데, 돈 많은 중앙아프리카의 여러 나라의 흑인들이 쇼핑을 위해 조하네스버그로 온다는 말이 실감이 날 정도였다.

아파르트헤이트 박물관 입구. 만델라 대통령의 자유에 대한 정의가 입구에 씌어져 있고, 자유, 평등, 화해를 크게 쓴 시멘트 구조물이 입구를 장식하고 있다.

조하네스버그에서 제일 먼저 가보고 싶었던 곳은 남부 조하네스버그 외곽에 있는 아파르트헤이트 박물관이다. 우리나라로 말하자면 놀이동산 같은 시설이 함께 마련된 유명한 골드 리프 시티와 가까이 자리 잡고 있다.

아파르트헤이트 박물관은 생각보다 크지도 화려하지도 않았다. 박물관 입구에는 넬슨 만델라 대통령의 자유에 대한 정의가 새겨져 있었다.

“자유란 단지 개인의 사슬을 끊어내는 것에 있지 않다. 다른 사람의 자유를 존중하고 극대화시켜 줄 수 있는 것이 바로 자유이다.”

또 입구 왼쪽으로는 자유, 화해, 민주, 존중, 책임, 다양성, 평등이라고 쓴 커다란 콘크리트 구조물이 세워져 있다.

들어가는 입구에는 백인 전용 출입구와 유색인종 출입구가 따로 분리되어 있는데, 아파르트헤이트 당시의 모든 공공 시설에 백인과 유색 인종과의 구분이 철저했던 것을 상징하는 것이다.

건물 안으로 들어가는 길에 세워져 있는 설치물들 역시 상징하는 바가 크다. 사람 크기의 입체형 거울을 세워놓았는데 박물관 입구 쪽에서 바라보면 거울에 모두 사람의 뒷모습만 보이게 해놓았다. 그 거울을 지나쳐서 다시 앞 쪽에서 보면 그 사람들 모두 앞모습이 보이게 해놓았다. 백인, 흑인, 컬러드, 어른과 아이들 다양한 종류의 남아공 사람들이 한 곳을 향해 걸어가고 있는 모습을 상징화 시킨것이다.

아파르트헤이트 박물관 현관 입구. 모든 시설물에 백인과 유색인종의 분리 사용이 명확히 구분되어 있었다.

박물관의 거울 조형물. 아직도 끝나지 않은 여정, 함께 해야 할 여정 등에 관해 시사하는 바가 크다.

아파르트헤이트 박물관에 전시된 사진으로 모든 시설물에 백인과 유색인종의 구분이 확실했던 것을 볼 수 있다.

아파르트헤이트 박물관 내부의 전시물.

박물관 안에 들어가니 아파르트헤이트가 철폐되기 전의 남아공 곳곳의 사진과 설명이 전시되어 있고, 비디오 자료를 통해 그 당시의 상황을 자세히 볼 수가 있다. 사진 촬영은 허락되지 않았다.

흑인 항거 당시에 찍힌 생생한 사진이나 비디오 자료로 당시 어두웠던 시절을 다 이해할 수는 없지만, 그들의 아픔이 잠시 잠시 느껴졌다. 그러다 박물관 한 곳에 재현해 놓은 교수형 장소에 이르러서는 섬뜩함을 느껴 가슴이 아팠다.

박물관을 돌아보고 나오니, 박물관 바로 앞에서 젊은 흑인 하나가 자동차의 라디오 볼륨을 크게 올려놓고 춤을 추느라고 온몸이 땀투성이다. 자동차 안에서도 몇 명의 흑인이 흥얼거리면서 노래를 따라 부르고 있다.

선천적으로 흥이 넘치는 흑인들의 그저 사소한 습관이겠지만, 온몸에 흐르는 땀을 아랑곳하지 않고 춤추는 그 젊은이의 모습에서 진정한 자유에 대한 갈망이 느껴졌다. 아파르트헤이트 박물관 앞이어서

박물관 앞에서 온몸으로 춤을 추던 흑인 청년. 모든 가난한 흑인들의 절규를 한 몸에 담고 있는 듯한 강렬한 춤이었다.

더욱 감상적으로 보였는지도 모른다.

남아공에서 이제는 인종차별주의는 없다. 그들은 이제 자기가 원하면 어디서든지 그렇게 신나게 춤을 출 수 있다. 하지만 소수의 백인들은 여전히 부자이고 다수의 흑인들은 여전히 가난하다. 인종차별주의 대신 극심한 빈부의 격차가 그 자리를 대신하고 있는 것이다. 흑인들이 가난으로부터 자유로워지는 것은 아직도 갈 길이 멀고 멀다. 언제쯤이면 남아공에서 그런 부조리가 사라지게 될까.

박물관을 소개하는 안내문에 씌어진 글귀가 떠올랐다.

"아파르트헤이트 박물관은 목적지가 아니라 여정입니다."

문득 박물관의 슬로건처럼 남아공은 여전히 또 하나를 위해 걸어가고 있는 여정 중에 있는 나라가 아닌가 싶다.

아파르트헤이트 박물관을 그렇게 둘러보고 나오는데, 아직 하루해가 많이 남아 있다. 조하네스버그에 가면 골드 리프 시티를 꼭 들러보라는 친구의 말도 있었고, 거리도 가까이 있어 발길을 돌렸다.

조하네스버그에서 남쪽으로 6킬로 떨어진 골드 리프 시티는 한때 남아공 최대의 금광으로 이름을 날리던 곳이다.

입구를 들어서니 당시의 주택 · 은행 · 양조장 · 호텔 · 식당은 물론, 채굴한 돌을 실어나르는 화차, 광부의 모형 등 시끌벅적하던 금광촌의 모습을 그대로 체험할 수 있도록 꾸며 놓았다.

또한 수직으로 지하 3km까지 금광 채굴을 해 내려갔던 지하 금광의 모습이 온전히 보전되어 있어 직접 금광 채굴을 경험해 볼 수가 있었다.

지하 갱도에 들어가기 전에 각각 도시락 모양의 커다란 건전지가 달린 안전모를 착용했다. 지하 갱도에서 일하는 광부들이 사용하던 것과 같은 모양이라고 한다.

갱도로 내려가는 엘리베이터 앞에서.

수직으로 엘리베이터를 타고 한참을 내려간 것 같은데, 겨우 지상에서 260m 정도밖에 떨어지지 않은 곳이라고 한다. 그렇다면 지하 3km까지는 얼마나 많은 시간이 걸린다는 걸까.

엘리베이터에서 내려 갱도를 따라 한참을 들어가니, 흑인 광부 한 사람이 금광맥을 채굴하는 장면을 재현하고 있었다. 단 한사람의 작업인데, 그 소음이 굉장하다. 지하 갱도에서 하루 종일 그런 엄청난 소음에 노출되고도 청력에 이상이 생기지 않는다면, 오히려 그것이 비정상적일 거란 생각이 들었다.

그 광부가 일하는 바로 옆에는 전력이 끊어졌을 때 이용하는 비상계단이 있는데, 그 끝이 까마득하게 멀리 보인다. 그곳에서 걸어 올라가려면 1시간 이상을 꼬박 걸어야 된다고 한다. 지하갱도 곳곳에 금광을 캐기 위해 땀을 흘렸을 광부들의 지나난 삶이 지금도 묻어 있는 듯했다.

지하갱도 체험이 끝나면 이어서 금괴 제작과정도 볼 수가 있는데, 펄펄 끓는 용광로에서 나온 금물을 틀에 부어 금괴를 만드는 과정을 고스란히 재현해서 보여준다.

지금도 역시 세계 금 생산량의 60%를 자랑하는 남아공. 과거 한때

금괴를 만드는 과정을 보여주고 있다.

최대의 금광지역이었던 조하네스버그에는 이제 더 이상의 금맥은 남아있지 않지만, 여전히 세계 최고의 금 생산국으로서의 명성을 이어가고 있다.

아파르트헤이트 박물관과 금광촌을 돌아보고 숙소로 가는 길에 남부 지역 시내를 통해서 가보기로 했다. 환한 대낮에 무슨 일이 생길까 싶은 생각도 들었고, 과연 어떤 모습일까 궁금하기도 했다.

고층 건물이 밀집해 있는 지역으로 들어가는데 많은 건물의 모습이 우중충하다. 그 많은 고층 건물들이 관리가 안되 텅텅 비고 유리창이 깨지고 황폐해진 곳도 많았다.

중심가에 들어갔다가 어디가 어딘지 몰라서 길을 헤매다가 사람이 많은 곳으로 들어갔는데, 거리가 온통 흑인이다. 모든 사람이 길거리로 쏟아져 나온 듯 온통 사람들로 북적거려 차도와 인도가 구별할 수 없을 정도다. 남아공에서 그렇게 많은 사람을 보긴 처음이었다.

그 많은 사람들 중에 백인이라고는 찾아볼 수가 없다. 덜컥 겁이 났다. 더구나 다른 지방 번호판을 달고 색깔 다른 이방인이 운전하는 차라 눈에 쉽게 뜨일 수도 있다는 생각이 드니 조바심이 난다. 하지만 차는 속도를 낼 수도 없을 정도로 복잡하다. 신호등도 무시한 채 건널목을 건너는 사람들이 신기한 듯 차 안을 들여다보는 것이 여간 긴장이 된다.

빨리 거리를 벗어나자고 운전을 재촉하지만, 사실 남편이라고 뾰족한 수가 없다. 그저 사람들 밀리는 대로 밀려가는 수밖에.

그러다가 앞에 있는 봉고 택시가 옆길로 빠져나가는 것을 보고 따라갔다. 그 택시는 사람들을 잘도 피해 어디론가 들어간다. 우리도 그 택시를 따라 들어가려고 하는데, 흑인 한 명이 차 앞을 가로막으며 들어오지 말라고 저지한다. 그러면서 다른 쪽으로 빠져나가라고 요란한 손짓을 한다.

과거 조하네스버그 상권의 중심지였던 남부 조하네스버그는 더 이상 안전한 곳이 아니다. 건물은 관리가 되지 않아 을씨년스럽고 비어있는 곳이 태반이다.

왜 들어오지 말라고 했는지 궁금했다. 다른 쪽으로 빠져나가기도 어려운 상황이라 차에서 내려 보니, 그곳은 다름 아닌 흑인 전용 택시 정류장이었다. 남아공 범죄의 온상이라고 하는 택시 정류장. 그 흑인의 만류가 없었다면 어떻게 됐을까? 가까스로 그 지역을 벗어나고서야 우리는 안도의 한숨을 내쉬었다.

흑인 지역에 잘못 들어가면 운이 좋아야 속옷만 입고 목숨 부지해서 나올 수 있다는 이야기가 있다. 실제로 그런 경우를 당한 사람들이 많다. 길 모르고 헤매다가 흑인 지역에 들어가서 강도를 당해 차고 물건이고 고스란히 빼앗기고 나오는 수도 많고, 한 한국 젊은이가 위협하는 강도를 피해 차를 몰다가 총에 맞아 목숨을 잃을 뻔한 적도 있다.

날이 저물어 숙소로 가는데, 교통 신호 위반에 걸린 흑인 택시를 우연히 보게 되었다. 그런데 차에서 내리는 경찰이 방탄복을 입고 있고, 택시 운전수를 다루는 게 마치 무슨 강력범죄자를 다루는 듯하다.

조하네스버그에서 하루를 더 보내면서 경험한 일인데, 어느 지역에서건 차를 주차시켰다가 나올 때는 경비원 앞에서 시동을 껐다가 다시 켜서 본인의 차라는 것을 확인시켜야 한다. 경비원이 지키고 있는 주차장에서도 차량 도난 사건이 쉴 새 없이 일어나기 때문이라는 것이다.

흑인 인구가 70프로가 넘는 나라. 나는 아직도 택시 정류장 앞에서 들어오지 말라고 손사레를 치며 만류하던 그 흑인의 선한 눈빛을 기억하고 있다. 흑인이 주인인 나라에 와서 살면서 그들을 경계하고 무서워해야 하는 현실이 너무나 가슴 아픈 일이었다.

조하네스버그에서의 짧은 이틀의 일정을 마치고 사법수도인 블롬폰테인으로 향했다. 블롬폰테인은 반지의 제왕의 작가 톨킨의 출생지이기도 하다.

블롬폰테인은 또한 꽃의 도시로도 유명하다. 아프리칸스 식 지명인데, 굳이 우리나라 식으로 바꾸자면 화천(花泉) 정도로 이야기할 수 있을지 모르겠다.

여행 안내지에 소개된 나발 힐이라는 곳을 찾아 올라갔다. 도시 전체를 한눈에 내려다 볼 수 있는 곳이다. 정상에 오르니 도시가 한눈에 들어온다. 사법수도라는 말이 무색할 정도로 작은 도시이다.

사법수도인 블룸폰테인의 시내 전경. 사법수도라는 이름을 가지고 있지만 사실은 그 이름과 달리 작고 아담한 도시이다.

블롬폰테인에서 많은 시간을 보낼 여유가 없어 그야말로 텃치다운만 하고 돌아서야 했기 때문에, 언덕 위에서 지도를 보며 여행 안내책자에 씌어진 몇 곳을 눈에 담았다.

유리로 지어진 현대식 건물인 시민회관은 꼭 둘러봐야 한다고 해서 시민회관을 찾아갔지만, 너무 허탈했다. 우리나라 웬만한 구민회관 정도 수준의 그 건물이 그 도시에서 가장 자랑할 만한 초현대식 건물이었다. 시민회관을 거쳐 차를 타고 돌면서 이곳 저곳을 둘러보는 것으로 만족해야 했다.

마음 같아서는 톨킨이 태어난 곳에 가 게스트하우스에서 하루 묵으면서 돌아보고 싶었지만 빠듯한 일정으로 아쉬운 마음을 접을 수밖에 없었다.

꽃이 많이 피는 계절이 아니어서 도시에서 많은 꽃을 볼 수는 없었는데, 블롬폰테인을 벗어나 고속도로를 달리면서 어느 곳과도 비할 수 없을 만큼 끝없이 이어지는 해바라기 밭과 코스모스 군락지를 볼 수 있었다. 꽃의 도시 블롬폰테인을 뒤로하면서 아쉬운 마음을 달랠 수 있는 또 오랫동안 기억에 남을 수 있는 아름다운 풍경이었다.

블롬폰테인은 꽃의 도시로 유명하다. 내가 갔던 시기에는 많은 꽃을 볼 수 없어서 유감이기도 했다. 블롬폰테인의 시민 회관 건물 중의 일부이다.

꽃의 도시라고 하는 블롬폰테인을
빠져나오면서 만났던 해바라기 밭.

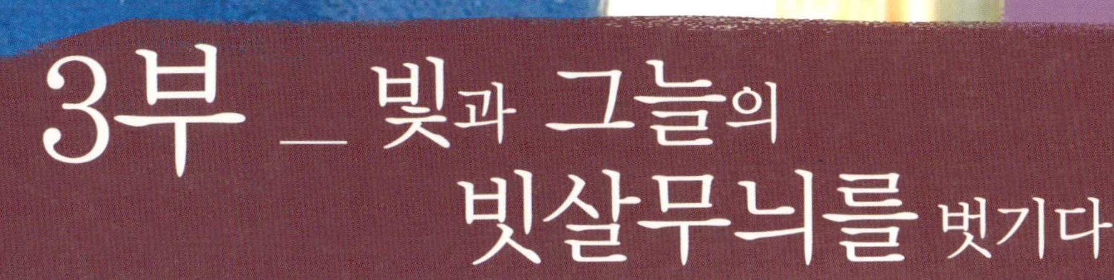

3부 _ 빛과 그늘의 빗살무늬를 벗기다

아프리카의 샛별이 될 것인가 지는 별이 될 것인가

2006년 3월 1일 남아공 자치주 선거가 있었다. 선거를 치루면 당연히 선거 유세 한 번쯤은 볼 수 있을 거란 기대와는 달리 곳곳 전봇대에 붙은 후보자들의 사진 이 외에는 어디서 무슨 유세가 열리는지 알 수가 없었다.

선거 당일 날 근처 초등학교와 고등학교에 설치된 투표장에 가봤지만 입장이 허락되질 않았다. 짐작한 일이었지만 서운한 마음을 안고 돌아서야 했다.

현지인 친구에게 물었더니, 주민증을 확인하고 손가락의 확인 도장을 받은 다음 투표용지를 나누어주면 후보자의 이름에 체크를 하면 된다고 했다. 평화롭고 조용한 투표장 안의 모습도 한국 투표현장과 별 차이가 없었다.

선거 다음날 텔레비전을 통해서 투표장이나 선거 모습을 볼 수 있었다. 결과를 집계하는 방송을 보니 A4 크기의 투표 용지에 후보자의 이름이 빽빽이 인쇄되어 있다. 남아공에 정당이 많다는 것은 알고 있었지만 상상도 못할 정도였다.

지방자치단체장 선거 당시 붙여졌던 입후보자들의 포스터.

남아공에는 97개의 크고 작은 정당이 존재한다. 가히 엄청난 수의 정당이라고 볼 수 있다. 70프로 넘는 흑인 인구 대다수의 절대적인 지지를 받고 있는 ANC(African National Congress, 아프리카민족회의)당과 같은 영향력 있는 정당이 있는 반면 아직도 백인 지상주의의 꿈을 버리지 못하고 아파르트헤이트 시대로의 복귀를 꿈꾸는 보수당 같은 정당도 있다.

한국에서도 대통령 선거나 국회의원 선거 때 평소에는 들어보지 못한 당의 이름으로 출마하는 낯선 후보자들이 있어서 저런 정당도 있나 싶은 경우가 가끔 있었는데, 97개의 정당이라니 과연 국민들이 다 알고 있기는 하는지 모르겠다.

현재 남아공의 대통령은 ANC 소속의 타보 음베기 대통령이다. 그는 남아공 최초 민주 선거에 의해 선출된 최초의 흑인 대통령이었던 넬슨 만델라 대통령의 투쟁 동지였던 고완 음벡기의 아들로 만델라 대통령의 임기 시절 부통령을 지내기도 했다. 만델라와 음벡기 대통령은 모두 흑인 코사족이다.

남아공의 차기 대통령 선거는 2009년에 치러질 예정인데, 대통령 후보로 역시 ANC당의 제이콥 쥬마가 유력한 후보로 지명되고 있다. ANC당의 부총재이기도 했던 쥬마는 불미스러운 성폭행 혐의로 고소되어 부총재직을 사임했고 무죄 선고를 받긴 했지만 재판을 받은 경력이 있다. 과거 아파르트헤이트 시절 자신의 투쟁 동지였던 딸을 성폭행 했다는 혐의로 고소되어 긴 재판을 끌었고 장장 6시간이 넘는 판결문을 마지막으로 무죄 선고를 받았다. 그러나 무죄 선고를 받았다고 하지만 아무도 그가 무죄라고 생각하는 사람은 없다.

그 재판 전에도 수없이 많은 뇌물 수수 사건에 연루되어 조사와 재판이 진행 중이지만 여전히 절대 다수 흑인들의 지지를 받고 있다.

쥬마가 조하네스버그 법원에서 성폭행 혐의 사건에 대한 무죄를 선고 받는 날 재판장 주변에는 쥬마의 지지자들이 그의 이름을 부르며 환호하였고, 재판이 끝나고 나온 쥬마는 지지자들 앞에서 투쟁가를 부르며 자신의 흔들리지 않는 입지와 의지를 확고히 하는 제스처를 보이며 과시하였다.

물론 그가 차기 대통령감으로 회자되고 있다고 해도 남아공 국민의 전반적인 지지를 받고 있는 것은 아니다. 남아공 흑인 인구 중의 가장 높은 비율을 차지하는 줄루족의 지지를 받으면서 차기 대통령 후보로서 강력히 부상하고 있는 것이다.

줄루족 출신인 쥬마가 줄루족의 강력한 지지를 받고 있는 이유는 두 번의 코사족 대통령이 탄생했으니 차기 대통령은 줄루족에서 나와야 한다는 명분도 한몫을 하고 있는 모양이다.

하지만 대부분의 백인들은 쥬마가 차기 대통령이 될 경우 남아공에서 과거 짐바브웨의 무가비 정부가 수립된 후 행해졌던 무자비한 백인 축출 현상이 재현될 것을 우려하고 있다. ANC가 공산주의를 표방하고 있고 쥬마 또한 집권을 하면 백인 재산을 몰수해 흑인들에게 무상 분배하겠다는 의지를 공공연하게 표명하고 있기 때문이다.

짐바브웨에서 행해진 백인 축출 정책으로 인해 짐바브웨는 무엇보다 경제적으로 한 걸음 후퇴한 것이 분명하다. 가장 큰 피해는 해외투자가 끊어지는 바람에 경제적으로 급격하게 후퇴하는 사태를 가져온 것이었다. 남아프리카에서 잘 사는 나라로 꼽히던 짐바브웨의 전철을 밟게 되지 않을까 남아공 사람들은 걱정한다.

줄루족은 원래 호전적이고 전사들을 숭배하는 종족으로 알려져 있다. 새삼스레 부족에 대한 특성을 들먹이며 특정 정치인과 연관시키는 것은 합리적이지 않은 것처럼 보이지만, 남아공 내의 상황과 연관 짓는 다면 그리 억척만은 아닐 것 같은 우려가 생기기도 한다.

케이프타운 대학에 다니는 한 한국학생 말에 의하면 백인들은 이 땅을 떠나야한다고 주장하는 흑인 대학생들도 있다고 한다. 비단 대학생들만이 아닐 것이다. 표면화되지는 않지만 이런 극단적인 생각을 가진 사람들이 적지 않을 것이다.

반세기 가깝게 철저하게 자기들의 땅에서 인권과 자유를 박탈당한 채 살아온 흑인들에게 어쩌면 소수의 백인은 이 땅에서 몰아내야 할 존재일지도 모른다.

프리토리아의 국회의사당인 유니온 빌딩 앞에서 시위를 벌이는 흑인들.

하지만 조상은 다른 땅에서 왔지만 이 땅에서 태어나 뿌리를 내리고 살고 있는 사람들이 떠나 어디로 갈 것인가.

실제로 남아공에 아파르트헤이트 정책이 철폐되고 흑인 정부가 수립되었을 때 상당수가 조국을 떠났다. 경제력 있는 백인 부유층들이 대다수를 이루었던 두뇌 유출 현상이라고 불리는 이 현상으로 인해 전반적인 생활수준이 하향되었을 정도였다. 그 당시 엄청난 양의 자금 해외 유출 이후에 남아공에도 금융실명제가 도입되었을 정도였다고 한다.

하지만 많은 사람들이 흑인 정부가 수립되고 나면 수반되리라고 우려했던 일련의 사건들, 백인 쿠데타나 흑인 종족간의 분쟁 등은 일어나지 않았다. 넬슨 만델라 대통령의 화해정책이 성공적으로 이루어졌기 때문이다.

아프리카 대륙은 사실 국가의 개념보다는 종족 개념이 우선되는 나라인데, 남아공은 아프리카 대륙의 고질적인 유혈 분쟁을 불러일으키는 종족 간 충돌이 없는 나라이다.

또한 과거 10여년의 흑인 정부의 치적은 나름대로 긍정적인 평가를 받고 있다. 우려했던 일련의 정치적 혼란도 없었을 뿐더러 오히려 3%이상의 경제 성장과 관광객의 증가, 자국 통화 가치의 꾸준한 성장 등이 과거 흑인 정부 수립 후의 치적으로 꼽을 수 있는 좋은 사례이다. 물론 남아공 국민들의 만족도를 평가하자면 그리 만족한 상태가 아닌 것만은 확실하다.

사실 흑인 정부 수립 당시 흑인들의 기대 가치는 엄청나게 높았다. 흑인 정부만 수립되면 모든 문제가 한꺼번에 해결될 것이라는 환상이 있었다. 하지만 빈곤 계층의 문제는 여전히 해결되지 않고 있다. 오히려 빈곤 계층이 늘어나고 실업률은 높아만 간다. 단기간 내에 모

ANC당의 유세 간판. 정부는 항상 국민을 위해 노력한다고 하지만 그런 구호는 아직 헐벗고 굶주리는 가난한 흑인들에게는 공허할 뿐이다.

든 문제가 해결될 수는 없을 것이다.

자신들과 같은 색을 가진 대통령이 당선되기만 하면 세상이 바뀌기라도 할 것 같은 기대를 했었지만 결과는 달랐다. 하지만 그들은 불평하지 않았다.

어느 날 갑자기 배불리 먹고 일자리가 넘쳐나며 정부가 모든 문제를 해결하리라는 환상이 그리 오래 가진 않았지만, 그들에게 어쩌면 빵 한 조각보다 평등과 자유를 얻는 것이 더 소중한 일이었는지 모른다.

밤이 되어도 자신들의 보호구역으로 돌아가지 않아도 된다. 거리를 마음대로 활보할 수 있다. 백인들이 이용하는 쇼핑센터를 갈 수 있고 백인들이 일광욕을 즐기는 아름다운 해변을 거닐 수도 있다.

아파르트헤이트가 철폐되고 흑인 정부가 수립되고 이제 10여 년이 흘렀다. 10여 년이란 시간은 그동안 산적해 있던 문제를 해결하기에는 턱없이 부족한 시간이다. 앞으로도 그만큼의 시간이 더 흘러야만 남아공의 산적한 문제를 해결할 수 있을 지도 모른다. 아니 그 몇 배의 시간이 필요한 것 아닌가 하는 우려가 생기기도 한다.

여전히 산재한 많은 문제를 해결해야 할 과제를 안고 있지만, 지금까지 남아공 현 정부는 나름대로 긍정적인 평가를 받고 있다.

남아공의 문제는 앞으로다. 2년 앞으로 다가온 차기 정부의 행보가 지금까지 나름대로 발전해온 남아공을 한 걸음 진보시킬 것인가 후퇴시킬 것인가의 관건이 되고 있다. 쥬마를 비롯해 정부 요인들의 끊임없는 부정부패로 흑인 정부는 이미 흑인들에게도 신용을 잃어버릴 정도라는 소문이 무성하기 때문이다.

남아공은 천혜의 자연 환경과 지하자원이나 축복받은 기후 등으로 무한한 발전 가능성을 가진 나라이다. 그리고 사실 경제적인 면이나 사회적인 면에서 아프리카 대륙의 가장 선도적인 역할을 하는 나라임에는 틀림이 없다. 남아공은 BRIC'S 4개국(브라질, 러시아, 인도, 중국)에 이은 SAIN'S 4개국(남아공, 아르헨티나, 인도네시아, 나이지리아)의 하나로 차세대 세계 경제의 주력을 담당할 나라 중의 하나로 주목받고 있는 곳이다.

그렇지만 남아공 내의 미래 전망은 그리 낙관적이지 않다. 정부 요인들의 끊임없는 부정부패 그리고 여전히 이어지고 있는 남아공 인력 유출 현상이 그걸 증명한다.

2010년 월드컵에 온 나라의 총력을 기울이고 있지만, 그 다음에는 대책 없이 추락할 것을 우려하는 사람도 있다. 월드컵 전에 치러질 2009년 대통령 선거가 남아공의 미래를 좌우할 수 있는 결정적인 계기가 되리라는 것이 과장이 아닌 것이다.

차기 정부의 행보가 남아공을 아프리카의 샛별로 자리매김하게 만들지 빛나지 못하고 지는 별이 되게 할 것인지 귀추가 주목된다.

경찰서에도 보안경비 시스템 작동 중

남아공에 대한 첫 인상 중 가장 기억에 남는 것 중의 하나가 거리에서 웬만해서는 경찰을 볼 수 없다는 것이다. 일반 경찰이야 그렇다고 치더라도 차가 이렇게 많은 나라에 그 흔한 교통경찰 한둘 정도는 눈에 뜨일 만도 한데 사고가 난 곳이 아니고서는 여간 보기가 어려웠다.

물론 시내에는 아직까지 말을 타고 다니는 교통경찰이 있어 시내 순찰을 하기도 하지만 실제적으로 교통경찰이 교통정리를 하는 경우는 거의 보기가 힘들고, 교통경찰이 타고 다니는 차량을 보는 경우에도 음주 단속을 하거나 불심 검문을 하는 등의 경우는 거의 볼 수가 없었다.

그런 사실로 미루어 남아공은 범죄 발생률이 낮은 나라일 것이라고 혼자 생각을 했었다. 그런 생각을 하게 된 것에는 적막하리만치 평화로워 보이는 거리 풍경도 많은 작용을 했다.

하지만 그런 생각이 깨지는 데는 그렇게 많은 시간이 걸리지 않았다. 남아공의 치안이 겉으로 보이는 것처럼 평화롭거나 자유롭지 못하다는 것은 가까운 곳에서부터 느낄 수가 있었다.

시내에서는 아직도 간혹 말을 탄 경찰관이 순찰을 도는 장면을 만날 수 있다.

대부분 은행의 출입문은 이중으로 되어 있다. 첫 번째 문에서 초록색 불빛이 들어오면 문을 열고 들어가서, 두 번째 문도 역시 초록색 불빛이 들어올 때까지 기다렸다가 열고 들어갈 수 있다. 첫 번째 문과 두 번째 문 사이의 공간은 많이는 서넛 명까지 들어갈 수 있지만 대부분은 한 번에 한 사람씩 들고 난다.

은행 창구는 1센티가 넘는 두꺼운 유리창이 그것도 3중으로 가로막혀 있다. 그 유리창 밑으로 돈과 서류를 주고받을 수 있는 작은 슬라이드식 장치가 설치되어 있다. 은행원과 고객도 그 작은 공간을 통해서만 이야기를 주고받을 수 있다. 비단 은행뿐만이 아니라 현금이 오고가는 우체국도 역시 이중 출입문이 설치되어 있다. 그마나 다행히 우체국은 직원과 고객 사이에 유리칸막이는 없지만.

그 뿐만이 아니라 흑인과 컬러드가 많이 모여 사는 지역의 쇼핑센

대부분의 은행 문은 이중으로 설치되어 있다.

터에 가면 계산대의 금고 위에 철망을 씌운 것을 볼 수 있다. 우리나라에서는 볼 수 없는 모습이라 생경스럽기도 했지만 그만큼 범죄 발생률이 높다는 사실을 미루어 짐작할 수 있다.

대부분의 대형 상가에는 자체 보안 시스템과 보안 용역인원이 배치되어 있다. 규모가 작은 상점에는 늘 철문을 닫아놓고 손님을 확인하고 문을 열어주는 곳이 대부분이다.

남아공의 심각한 치안문제는 주변의 적지 않은 한국 가정이 흑인들의 떼강도에 의해 피해를 입었고 신고를 해도 절대로 범인을 잡을 수 없다는 이야기로도 충분히 감지할 수 있다. 이곳에서 오래 살았던 교민들이 남아공은 절대로 밤에는 돌아다닐 생각을 하면 안 되는 나라라는 주의를 제일 먼저 꼽았다.

처음에는 이렇게 아름다운 자연풍광에 적막하도록 평화로운 나라에 치안이 그 정도로 심각하다니 아이러니하다는 생각이 들었다.

하지만 한낮에 시내 한복판 그것도 법원 건물 앞에서 택시 사업자들의 이권다툼으로 권총난사 사건이 일어나고, 심심치 않게 뉴스를 장식하는 어린이 유괴 사건들, 더욱이 흑인들의 집단 거주지역인 타운쉽에서의 범죄는 상상을 초월할 정도이고 대부분의 경우 범인을 잡는 것은 불가능하다.

극심한 빈부차에 기인하는 생계형 범죄가 범죄율에 결정적인 한 몫을 하는 남아공의 경우에는 비단 강도 사건뿐만 아니라 자동차 도난 사건도 비일비재하게 일어난다. 오죽하면 자동차 핸들에 잠금장치를 하고 다닐까. 지게차로 차를 통째로 떠가는 경우도 있다니 핸들 잠금장치도 어쩌면 소용없는 일이다.

자동차를 도난당하는 경우도 많지만 차 안에 물건을 두고 내리면 차 창문을 깨고 물건을 가져가는 일도 심심치 않게 일어난다. 친한 친구

케이프타운도 이제 더 이상 치안 면에서 안전한 곳이 아니다. 대부분의 주택이 없던 담장을 쌓는 것이 순식간에 확산되었다.

하나는 차고 밖에 세워두었던 자동차 바퀴를 밤새 몽땅 도둑맞은 경험도 있다.

남아공의 치안 상태를 증명이라도 하듯 요즘은 주변의 많은 집들이 담장을 쌓는 것을 볼 수 있다. 처음 이곳에 왔을 때는 몇몇 집을 제외하고는 거의 담장이 없는 집들이었는데, 요즘은 부쩍 이집 저집 담장을 쌓는 것이 유행이다.

그나마 케이프타운은 조하네스버그나 다른 대도시들에 비해 흑인 범죄가 많지 않은 도시였다. 그런데 케이프타운의 범죄율이 증가하는 이유는 남아공 최대 상업도시이고 케이프타운 보다 큰 도시인 조하네스버그의 범죄 조직이 대거 남쪽으로 내려왔기 때문이라는 이야기가 있다. 2010년 명실 공히 월드컵을 개최할 나라의 최대 도시에 범죄를 소탕하기 위해 케이프타운의 치안 병력이 조하네스버그로 집중되었기 때문이라고 한다. 근거가 있는 이야기인지 모르겠지만 어느 정도 설득력은 있어 보인다.

한국 대사관에서 교민들에게 보낸 공문에도 그런 이유로 특별히 단속을 철저히 할 것을 부탁하는 내용이 실려 있는 것으로 보아 아마 사실인 듯싶다.

그래서 인지 주택 성향도 예전에는 개인 주택이 인기가 있었지만 요즘은 안전성에서 조금 더 나은 콤플렉스가 인기가 많고 집값 상승폭도 크다.

남아공 주택에는 실제로 작동이 되건 안 되건 거의 모든 주택에 보안 경비 시스템이 장치되어 있고, 실제로 많은 보안 용역회사가 왕성하게 활동하고 있으며 광고 홍보도 치열하다. 남아공에서 가장 잘되는 사업이 보안경비 사업이고 보안용역 회사라고 할 수 있을 정도이다.

개인주택의 경우도 그렇지만 콤플렉스의 경우는 거의 모든 담장에 전기 펜스가 설치되어 있다. 실제로 작동이 되는지 안 되는지 늘 궁금했는데 실수로 건드렸다가 전기가 올라서 혼비백산을 한 적이 있다.

현지인 친구가 남아공이 왜 대단한 나라인가 하는 열댓 가지의 재미있는 내용을 메일로 보내준 적이 있다. 그 중 하나가 남아공은 경찰서에도 보안경비 시스템이 장치되어 있고 범죄가 일어나면 경찰은 재빨리 용역회사에 연락한다는 내용이 들어있었다. 실제로 경찰서에도 보안경비 회사의 마크가 선명하게 붙어있다. 웃지못할 현실이다. 그 정도로 보안 경비 시스템은 필수적이다.

시내 경찰서에 가면 웃을 수 없는 내용의 포스터가 붙어있다.

"Stop killing police"

강력 범죄로 인한 경찰 사망률이 점점 높아지기 때문에 이런 심각

경찰서 건물에 붙여진 보안경비회사의 마크. 경찰서도 급하면 안전 용역 회사의 도움을 받아야 하는가보다.

범죄의 희생자. 경찰관도 자유로울 수는 없다. 경찰서 내부에 붙여진 포스터에서 그 심각성을 읽어볼 수 있다.

이렇게 순진하게 웃고 있는 모습을 밤이 되면 경계하고 두려워해야 하는 것이 남아공의 현실이다.

한 포스터까지 등장하게 된 것이다

시내 상점들도 대부분 6시 전후에서 폐점을 하지만 밤새도록 안팎으로 환하게 불을 밝혀놓는다. 비싼 전기세에도 불구하고 그렇게 할 수밖에 없는 이유도 역시 치안상의 문제이다. 불을 환하게 켜놓으면 범죄자들도 심리적으로 접근하기가 어려울 테니 말이다. 밤새 불을 밝혀두는 것은 비단 상가들뿐 아니라 많은 수의 가정집들도 밤새도록 외등을 밝혀두기도 한다.

케이프타운의 야경은 세계 3대 야경중의 하나로 꼽힌다고 하는데 아마도 짙은 어둠 속에 낭만적으로 빛나는 나트륨등의 휘황찬란함 때문일지도 모른다.

빈곤 인구가 전체 인구의 60%를 육박한다는 비참한 현실로 인한 생계형 범죄의 증가로 아름다운 나라 남아공의 밤은 무서움의 상징이 되어간다는 비극적인 사실이 안타까울 뿐이다.

세계 최악의 3대 기록

1994년 남아공에 최초의 흑인 정부가 들어서면서 가장 비싼 대가를 치른 것 중의 하나가 바로 범죄이다. 범죄로 인한 사망률이 한때 국제 평균치 대비 10배 이상을 상회했던 적이 있고, 범죄로 인해 사망한 사람의 숫자가 2만 명을 넘긴 해도 있다. 최근 인터폴의 발표에 의하면 범죄율이 세계 평균의 두 배를 넘어서는 것으로 나타났다.

남아공 범죄의 대부분은 생계형 범죄이다. 아파르트헤이트의 종식으로 인종갈등과 불평등에서는 벗어났지만, 흑인들은 반세기 가까이 이 땅에 뿌리박혀 있던 아파르트헤이트의 결과로 경제발전에서 철저히 소외되었고, 그 경제적 불평등이 고스란히 전수되었기 때문에 기인하는 비극적인 현상이다.

이 외에도 남아공은 여러 가지 면에서 세계 1,2위의 불미스러운 기록을 가지고 있는데 범죄 사망률, 에이즈 보균율 그리고 또 하나가 교통사고 사망률이다.

전국적인 도로망이 잘 발달되어 있지만 남아공은 교통사고로 인한 사망률이 세계에서 손꼽히는 나라 중의 하나이다.

특히 남아공의 교통 사고율과 사망률이 높은 이유는 여름 휴가철의 대이동이 단단히 한몫을 하고 있다.

남아공 사람들, 특히 케이프타운 사람들은 마치 여름휴가를 위해 일 년을 일하는 사람들처럼 여름휴가만큼은 철저하게 즐긴다. 12월 1일부터 짧게는 크리스마스 전후로 일주일, 길게는 2,3주 이상씩 여름휴가를 즐긴다.

여름휴가에는 흑인도 예외일 수 없는데 시내에서 일하던 흑인들이 멀리 오지 고향을 찾아 떠나는 행렬이나 휴가를 가는 모습은 참 인상적이다.

우리식의 봉고에 가득 사람을 태우고 차 위에는 짐을 잔뜩 실어 묶는다. 그리고 그 뒤에 트레일러까지 달고 달리는 모습을 보면 차가 주저앉지 않을까 할 정도로 짐과 사람으로 가득 차 있다.

그런 봉고차가 주유소에서 기름을 넣을 때는 먼 길을 떠나느라고 한 방울의 기름이라도 더 넣으려는지 기름을 넣는 도중에 몇 번씩 차체를 심하게 흔들어대곤 한다.

그렇게 잔뜩 사람을 싣고 짐을 싣고 달리는 차들이 속도 또한 무섭게 낸다. 그렇게 사람을 많이 태운 차가 뻥 뚫린 도로를 걷잡을 수 없이 달리다가 사고가 나면 그 결과는 굳이 말로 하지 않아도 될 것이다.

이 기간 동안에 교통사고로 인해 죽는 사람의 수가 일 년 동안 팔레스타인 해방 운동으로 목숨을 잃는 사람보다 많다고 할 정도이니 어느 정도인지 짐작할 수 있다.

남아공 정부는 2005년과 2006년에 걸쳐 대대적인 교통사고 줄이기 캠페인을 펼쳤는데, 'Alive Arrive(살아서 도착하자)' 표지판을 고속도로 곳곳에 설치하고 졸음 운전과 난폭 운전 예방에 대한 캠페인을 벌일 정도였다. 실제로 이 캠페인으로 인해 교통사고 사망률이 현저하게 감소하기도 했다.

아프리카에서 여자로 살아가기

남자가 앞치마를 입고 설거지를 한다?

남아공 남자들에게는 결코 어색한 모습이 아니다. 대부분의 서양 남자들이 그럴 것이라고 생각하는 것처럼 남아공 남자들도 여자들에게 친절하다. 레이디 퍼스트가 몸에 배인 서양 사람들처럼 보인다. 하지만 이건 단지 겉모습에 불과하다.

오랜 세월 닫힌 문화에서 살아온 탓도 있겠지만, 남아공 남자들은 상당히 권위적인 편이다. 심지어 남아공 남자들은 마초의 대명사로 불린다. 물론 이 경우의 남아공 남자는 백인을 일컫는다.

현재 남아공은 많은 여성들이 사회에 진출해 왕성하게 활동하고 있고 정부조직이나 사기업에서도 높은 지위까지 승진하는 경우가 많다. 정부 관료들 중에도 능력 있는 여성들이 많은 수를 차지하고 있다. 현재 부통령도 최초 여성 부통령인 음람보 누보카이다. 법무부 장관도 케이프타운 시장도 역시 여자이다.

정부 요직이나 산업전선에 뛰어들어 유감없이 자신의 능력을 발휘하는 여성들이 날로 늘고 있지만, 여전히 남성위주의 사회 범주에서 크게 벗어나지 못하고 있으며 불과 10여년 전만해도 남아공은 철저하게 남성위주 사회였다.

남아공 백인 남자의 경우는 대부분 마초이면서 보수적인 남자들의 대명사로 꼽힌다. 결혼식을 앞두고 신랑 통과의례를 치루고 있는 백인 남성.

예를 들면 남아공에서 전통적이고 보수적인 백인 사회에서 이혼은 아직도 쉽게 받아들이지 못하는 관념이 지배적이며 백안시한다. 실제로는 이혼율이 날로 높아지고 있는 실정이다. 높은 이혼율을 쉽게 체감할 수 있는 것은 14가구가 사는 우리 집에 다섯 집이 이혼한 싱글맘이거나 재혼한 부부이다. 거기에 불과 10여년 전만 해도 이혼을 할 경우 양육 책임은 자동적으로 엄마가 가지는 것이 보통이었다.

우리나라는 절대적으로 아버지 쪽의 양육권을 우선적으로 인정하지만 남아공은 위자료와 양육비를 남자가 책임지는 것도 아니면서 여자들에게 아이들의 양육권을 떠넘기는 비합리적인 법률이 존재했다. 자라나는 아이들에게 아빠보다는 엄마의 보살핌이 상대적으로 필요하다는 배려의 차원에서가 아니라 남성위주의 사회에서 여자들의 희생을 절대적으로 강요했던 사례 중의 하나이다. 이혼할 경우 경제적인 아무런 장치도 보장받지 못한 채, 이혼 후의 양육과 경제적인 부담을 여성 쪽에서 고스란히 떠맡아야 했다. 요즘은 여러 여성단체의 운동에 힘입어 많이 개선되어 지금은 상당 부부 관련법이 바뀌어서 합리적의 합의를 거쳐 결정이 된다고 한다.

또한 아파르트헤이트 시절까지만 해도 남아공에서 여성은 자신의 이름으로 부동산을 소유할 수가 없었다. 백인 여성들이 넬슨 만델라 전 대통령을 좋아하고 존경하는 이유 중의 하나도 여성의 지위를 향상시킬 수 있는 법적 장치를 실시했기 때문인데, 만델라 정부가 여성들의 재산권을 인정해주는 법안을 마련한 것이다.

백인 사회뿐만 아니라 흑인 사회에서 여자의 삶은 더욱더 열악하다. 흑인 남자들의 경우는 권위적이고 보수적이라기보다 무능력하고 무책임하다는 표현이 더 맞을 것이다. 물론 사회구조 자체가 절대 빈곤층을 양산하고 있는 실정이니 남자들의 경제적 무능력은 본인들의 책임이 아닐지도 모른다.

아프리카 토속 정서를 내가 잘못 이해하고 있는 것인지도 모르지만 대부분의 빈곤 계층의 흑인들 사회에서 정식 결혼은 흔하지 않다.

남자가 여자 집에 '라볼라' 라고 하는 신부값을 치러야만 정식 결혼을 할 수 있는 풍습이 남아 있는 곳이 많은데, 그 금액이 열악한 고용환경에서는 만만치 않은 금액이기 때문에 정식으로 결혼식을 올리는 경우는 대단한 능력을 가진 남자라고 할 수 있다.

그렇지 않은 경우는 대부분 둘이 만나 사랑을 하고 아이를 낳고 싫증이 나면 남자가 훌쩍 떠나버리는 경우가 대부분이다. 그리고 남자

결혼식을 하지 못하고 살다가 여유가 생기면 꿈꾸던 화이트 결혼식을 하기도 한다. 아이 둘을 낳고 결혼식을 한다는 새(?)신부가 행복한 웃음을 짓고 있다.

건 여자건 또 다른 상대를 만나 사랑을 한다. 그렇게 해서 생긴 아이들은 대부분 여자들이 양육을 한다.

자기가 낳은 아이는 친정엄마나 동네 친척에게 맡기고 돈을 벌기 위해 백인 가정에 가정부로 일하면서 남의 아이를 보살펴주면서 살아간다.

또 한편으로는 무능한 남편과 함께 살면서 부양하느니 차라리 싱글맘으로 아이들을 데리고 독립하는 여자들도 많다.

백인 가정에서 일하는 흑인 가정부들은 대부분 싱글맘인데, 흑인 가정부의 경우는 거의 백 프로가 결혼이라고는 해 본 적이 없다. 물론 정식으로 결혼을 하고 자녀를 낳고 부부가 열심히 아이를 양육하는 경우가 전혀 없는 것은 아니지만, 대부분이 남자는 떠나가고 혼자 아이를 양육하는 여자들이다.

싱글맘으로 혼자 힘으로 아이들을 키우면서 살아가는 여자들이 떠나간 남자들을 원망하는 경우는 거의 없는 것 같다. 아프리카의 여자들은 백인이건 흑인이건 생활력이 강하다. 내 주위에도 남편 없이 아이만 키우면서 씩씩하게 살아가는 사람들이 여러 명 있다.

우리 동네에 사는 애너매리라는 할머니가 있다. 남편이 스와질란드

택시 정류장 한쪽에서 과자 몇 봉지와 전화 두 대를 놓고 장사를 하고 있는 코사족 여인.

에서 오랫동안 사업을 했기 때문에 10년 가까이 스와질란드에서 살다가 왔는데, 그때 일하던 흑인 가정부 메어리를 데리고 와서 30년 가까이 같이 지내고 있다. 메어리는 결혼하지 않고 낳은 딸이 하나 있는데,

핫베이 항구에서 말없이 생선을 다듬는 여인. 이 여인 또한 강한 아프리카의 한 여성이고 엄마일 것이다.

그 딸인 린디 역시 결혼하지 않고 아들 둘을 낳았고 아이들의 아빠는 떠나고 없다. 린디는 아들 둘을 스와질란드의 친척에 맡기고 엄마와 함께 애너매리 집에서 가정부 일을 하고 있다. 흑인 가정에서 이런 경우는 어렵지 않게 만난다.

타운쉽에서 선교활동을 하는 현지 목사를 따라 갔다가 랜시라는 중년의 흑인 여자를 만난 적이 있다. 정부가 제공하는 집에서 여섯 아이의 엄마로 살아가는 그녀는 13살짜리 아들을 앞세우고 6살짜리 손녀까지 데리고 왔는데, 큰 딸이 서른 한 살이고 막내가 여덟 살이라고 했다.

13살짜리 아들의 아빠는 중국인이고 그 위로 네 아이의 아빠가 두 명이라고 했고 막내 여덟 살짜리의 아빠는 또 다른 남자였는데, 역시 그 남자도 지금은 떠나고 없는 상태라고 했다.

서른 한 살짜리 그 딸 역시 결혼하지 않은 상태에서 자녀를 낳았고 역시 남편은 없다고 했다. 싱글맘인 두 모녀가 가장이 되어 함께 살면서 열 명 가까운 대식구를 부양하며 살아가고 있는 것이다. 남아공

세 남자와의 사이에서 낳은 아이 다섯 명을 모두 자기가 맡아 양육했던 컬러드 여인 랜시. 뒤에 보이는 아이가 마지막 남자였던 중국인과의 사이에서 낳은 아들이다.

에서 랜시와 같은 경우가 특별한 경우는 아니다.

이처럼 남아공의 흑인 여성들 스스로도 대부분 결혼을 하지 않고 아이를 낳는 것을 보편적인 현상으로 받아들인다. "산 입에 거미줄 칠 일 없다"는 우리나라 속담처럼 일단 낳아 놓기만 하면 어떻게든 살게 될 거라는 생각을 하는 걸까? 아니면 아이를 될수록 있는 대로 많이 낳는 것이 자기들 부족을 번성시키는 일이라는 생각을 아직도 하고 있는 것일까?

아프리카는 워낙 국가의 개념보다는 부족의 개념이 우선시 되었던 곳이다. 아프리카 지도에서도 알 수 있듯이 세계 열강들의 식민지 전쟁으로 직선으로 잘린 국경을 가신 곳이 바로 아프리카이다. 워낙에 국가의 개념보다 부족의 개념이 우선시 되었던 곳인 만큼 종족 보존에 대한 관념에 기인한지도 모르겠다. 그렇다면 자식은 많이 나을수록 좋은 것이다.

아프리카 빈곤 지역에서 기아 퇴치 운동을 하던 사람들이 피임 교육을 하고 가족계획 교육을 하면 자기들 부족을 말살시키기 위한 것으로 오해를 하고 펄쩍 뛴다고 한다. 남아공의 흑인들을 보면 역시 그와 많이 다르지 않은 관념을 가지고 있는 건 아닌가 하는 생각이들 때가 있다.

종족을 보존하는 것도 수를 늘리는 것도 좋지만 그 쉽지 않은 대가는 고스란히 여자가 치러야 한다. 누구에게나 인생이란 쉽지 않은 길이다. 하지만 아프리카 땅 남아공에서 여자에게 있어 인생은 더욱 더 고달픈 길이다. 약한 여자로 태어났지만 강한 어머니로 살아가야 하는 그녀들에게 인생은 자신을 버리고 끊임없이 희생하면서 살아가야 하는 고난의 시간인 것이다.

아기를 업는 것은 우리나라와 비슷한 모양이다. 한여름에 아이를 업고 우산으로 해를 가린 코사족 아기 엄마.

여전히 가난한 남아공의 흑인들

매주 수요일 오전이 되면 집 앞에 쓰레기통을 내놓아야 한다. 수요일이 우리 동네 쓰레기를 수거하는 날인데 부지런한 이곳 사람들은 대부분 화요일 낮부터 쓰레기통을 내놓기 시작한다. 처음에는 나도 화요일 오후에 쓰레기통을 내놓곤 했지만 얼마 지나지 않아 당황스러운 일이 생겨 수요일 쓰레기 수거차가 오기 직전에 내놓아야 하는 처지가 되고 말았다.

쓰레기통을 내놓는 날이면 어김없이 몇 무리의 흑인들이 쓰레기통을 뒤지고 다니기 시작한다. 마트에서 쓰는 카트를 끌고 어른이나 아이 할 것 없이 쓰레기통을 뒤지고 다닌다. 어떤 때는 아이를 업은 엄마와 겨우 걸음마를 하는 아이부터 고만고만한 아이들을 데리고 가족 모두가 쓰레기통을 뒤지고 다니는 것도 볼 수 있다.

카트 가득 넝마를 채우고 간혹 먹다 남은 음식물 쓰레기가 있으면 나누어 먹는다. 개미가 수없이 달라붙어 있어도, 이미 유효기간이 지났을 음식물들도 마다하지 않는다.

시에서 제공하는 각 가정의 쓰레기통은 어른 허리를 넘는 검은색의 커다란 플라스틱 통으로 규격화되어 있는데, 그 안에 까만 비닐봉지를 넣고 쓰레기를 버린다. 남아공은 아직 분리수거를 하지 않기 때문에 모든 쓰레기를 한꺼번에 처리한다.

쓰레기통을 뒤지는 사람들은 보통 뚜껑을 열고 이것저것 뒤적거리면서 필요한 것들을 챙겨가지만 간혹 쓰레기통을 통째 뒤집어 쏟아놓고 뒤지는 사람들도 있다. 이런 경우 14가구가 같은 출입구를 쓰는 우리로서는 참 당혹스럽다.

한국 음식을 해먹는 우리들은 이곳 사람들보다 유난히 젖은 음식물 쓰레기가 많을 수밖에 없다. 그런데 쓰레기통을 송두리째 뒤집는 일이 생기면서 게이트 입구에 냄새나는 음식물 국물이 흐르고 파리나 개미가 꼬이는 일이 생겼다. 그래서 수요일 오전 쓰레기 수거차가 오는 시간에 맞추어 쓰레기통을 내어놓아야 하는 수고로움을 감수하고 있다.

처음 남아공에 와서 살면서 한동안 힘들었던 것이 바로 이런 흑인들의 모습이었다. 화려한 관광 도시, 아프리카 속의 유럽이라고 하는 아름다운 도시. 광활한 자연 풍광을 배경으로 그림 같은 집들이 모여 있고, 대규모 쇼핑센터가 수도 없이 산재해 있고, 웬만한 백인가정에는 자가용이 두 대 이상이다. 겉으로 보기에는 아름답고 화려한 도시인데, 그 속에서 너무나 많은 흑인들은 헐벗고 굶주리며 쓰레기통을

쓰레기통을 내놓는 날이면 어김없이 한 무리의 흑인들이 쓰레기통을 뒤지기 위해 나타난다. 쓰레기통을 뒤져 쓸만한 물건을 챙기고 있던 사람들이 말을 붙이자 쑥스러운 듯이 웃고 있다.

뒤지고 잔돈을 구걸하고 하루 일자리를 구걸하며 살고 있다.

케이프타운은 아프리카 속의 유럽풍 도시라고 할 수 있나. 우리가 살고 있는 더반빌은 케이프타운 시내에서 조금 떨어진, 서울로 말하자면 일산이나 분당쯤 되는 한적한 도시이다. 더반빌은 케이프타운 다른 지역보다 아프리칸스가 강한 지역이다.

아프리칸스가 강하다는 것은 가정어로 아프리칸스어를 사용하는 네덜란드계 백인인 아프리카너가 우세하게 많은 수를 차지하고 있다는 뜻이다. 더불어 경제적으로도 안정된 계층이 모여 사는 곳이라는 뜻도 된다.

이곳은 다른 곳에 비해 흑인이 많지 않다고 하지만 내 눈에는 너무나 많은 흑인들이 헐벗고 굶주리고 있다.

처음 이곳에 와서는 쓰레기통을 뒤지고 시장 앞에서 구걸하고 쇼핑카트를 밀어주며 잔돈푼이나 과일 한두 개의 팁을 챙기는 학교도 못 가는 아이들을 보면 가슴이 너무 아팠다.

꼭 내 아이들 또래만한 어린아이들이 쇼핑 카트를 밀어주고 1,2랜드의 팁에 함박웃음을 띠고, 사과 한 개에 황송한 표정을 하는 아이들을 보면, 살점이 남은 닭다리를 아무렇지도 않게 버리고, 사과는 껍질을 깎아서 먹고, 글씨 몇 자 잘못 썼다고 멀쩡한 노트를 북 찢어버리는 우리들은 어쩌면 죄를 짓고 사는 것이라 생각했다.

똑 같은 사람인데 저렇게 다른 모습으로 살 수도 있다는 것을 보고는 처음 한동안은 정말 목에 가시가 걸린 것처럼 답답하고 그런 모습을 어찌 매일 보면서 살까 싶었다.

그래서 아이들에게 매일 잔소리를 해대곤 했다. 아이들이 학교 간식으로 가져가는 빵을 한 조각이라도 남겨오면 야단을 치고, 어떻게 해서든지 쓸데없이 낭비하는 음식물을 줄이려고 했지만 생각처럼 되진 않았다. 역시 아이들인지라 잘 지켜지지 않았고, 나 또한 음식물을 철저하게 관리하지 못해 생각지도 않은 쓰레기를 만드는 경우가 많았다.

처음에는 그게 그렇게 부담스럽고 죄짓는 것 같더니 시간이 가면서 사람처럼 간사한 게 없다고, 내 쇼핑카트를 밀어주는 아이에게도 그저 아무렇지도 않게 동전 한 닢을 건네고, 거리에 초라한 흑인의 모습에도 마치 늘 그래오던 습관처럼 아무렇지도 않게 보고 지나게 되었다.

기껏해야 아이들이 남겨오는 빵이나 다 먹지 못한 음식은 냉동실에 깨끗하게 보관했다가 쓰레기통을 내놓는 날 깨끗한 봉지에 담아서 따로 내놓는 일이었다. 그렇게 내놓는 것들은 순식간에 없어져버리곤 한다. 혹은 내가 자주 지나다니는 길에서 구걸하는 낯익은 흑인에게 건네주곤 했다.

내가 사는 곳은 그나마 흑인이 별로 없는 편이지만, 케이프타운 시내 가까운 곳마다 도시로 몰려드는 흑인들이 엄청나게 늘어나고 있다.

도시로 도시로 생계를 위해 밀려드는 흑인들은 도시 외곽에 슬럼지역을 형성하고 도시에 기생해서 살아간다. 도시 외곽에 생겨나는 슬럼가는 사람이 살 수 있을까 하는 생각이 들 정도로 비참하고 열악하다.

우리나라에도 여전히 그런 비참한 생활을 하는 계층이 있지만, 이곳 남아공은 국민의 대다수를 이루는 흑인들이 그렇게 살고 있는 것이다.

그나마 그런 집도 건기인 여름에는 불이 나서 근거도 없이 잃어버리고, 우기인 겨울에는 빼놓지 않고 물난리를 겪는다. 사람 사는 세상 어디나 평등할 수는 없다지만 세상이 너무 불공평하다는 생각을 감출 수가 없다.

택시 정류장에서 고장난 차량을 수리하는 일을 하고 있는 흑인들. 상점도 없이 떠돌이로 일하지만 그래도 일할 수 있다는 것 자체가 이 사람에게는 큰 행운이다.

아침 일찍 흑인들이 주로 이용하는 택시 정류장에 가면 하루 일자리를 찾기 위해 도시로 몰려든 남루한 차림의 흑인들이 꽉 차있다.

해가 중천에 뜨도록 하루 일자리를 얻지 못한 몇몇 흑인들이 시청 광장 앞 그늘에 앉아 쉬고 있다.

운이 좋으면 아침 일찍 누군가에게 선택받아 하루 벌이를 할 수 있지만, 그나마의 행운도 가지지 못한 사람들은 오전 한나절이 지나도록 뜨거운 햇볕 아래 삼삼오오 길가에 앉아 지나가는 차를 향해 자기를 써달라고 손가락 하나를 펴 보인다.

흑인 정부 수립 후에 흑인고용촉진 정책의 하나로 사업장 개설시 일정수의 흑인을 고용해야 하고 흑인 고용 시 세제 혜택을 주는 BEE(Black Economic Empowerment) 정책을 시행하고 있지만 고용문제는 여전히 남아공의 가장 큰 숙제 중의 하나이다.

정부 발표에 따르면 실업률이 25프로 내외라고 하지만, 실제 실업률은 40프로를 육박할 정도라고 하니 가히 심각한 사회문제일 수밖에 없다.

낮에 보면 그렇게 측은할 정도로 순해 보이는 흑인들이 밤이 되면 딴 사람이 된다고 한다. 우리야 지금까지도 특별한 경우를 제외하고는 차를 타고서도 밤거리를 다닐 기회가 별로 없지만, 늦은 밤 혼자 다니는 것은 절대적으로 피해야 한다.

자본주의 사회 어느 곳에서나 보편적으로 볼 수 있듯이 그들은 도시외곽에 슬럼가를 형성하고 살면서 가난과 굶주림을 이기지 못하고 범죄자들이 되어 가는 것이다.

옛말에 "가난은 나랏님도 구제하지 못한다"는 말이 있다. 만델라 대통령 취임 후에 열악한 환경의 흑인들에게 만델라 하우스를 지어 주택을 분양하고 수도나 전기 요금을 면제해 주는 정책을 펼쳐왔다.

최근에는 케이프타운의 시장이 직접 나서 하수로 시설이 부족해 해마다 물난리를 겪는 타운쉽의 환경을 적극 개선하겠다는 의지를 확고히 한 적도 있다.

하지만 정부나 자치단체의 힘만으로는 지속적으로 확산되고 있는 절대 빈곤인구 문제를 해결할 실마리를 찾지 못하고 있다.

국민 전체의 70프로 이상을 차지한다는 흑인. 흑백 분리주의가 무너지고 흑백 갈등은 없어졌다고 하지만, 그 자리를 여전히 빈부의 갈등이 대신하고 있는 것이다.

인종차별의 덫에서는 빠져나왔지만, 그들은 여전히 개발에 소외 받은 계층으로 한 가닥 꿈을 안고 도시로 몰려들어 도시의 빈민으로 살아간다.

이제 조금은 성숙되었을 남아공의 흑인정부가 이 문제를 어떻게 해결하느냐가 남아공이 한 걸음 더 비약하는 결정적인 도약대가 되지 않을까 하는 생각이다.

값싼 노동력을 제공하는 사람들은 대부분 가난한 흑인들이다. 거리를 달리다 보면 이렇게 트럭 뒤에 앉아 일하러 다니는 사람들을 어렵지 않게 볼 수 있다.

백인, 흑인, 그리고 컬러드

다 늦은 월요일 저녁이었다. 전화가 울렸다. 마리아다. 전화선 너머 그녀의 목소리가 심하게 흔들리고 있다. 하나도 알아들을 수가 없다. 마지막 기도해 달라는 한마디 이외에는 아무것도 알아들을 수가 없었다.

"무슨 말이야? 무슨 일인데?"

"……"

전화가 끊어졌다. 가슴이 철렁 내려앉았다. 도대체 무슨 일인지. 다시 전화를 걸었다. 남편 요한이 받는다. 의외로 침착한 목소리다. 17개월 된 아들 조나단이 수영장에 빠져 거의 익사직전이었고 다행히 지금은 병원에 있노라고 전한다.

이게 무슨 날벼락 같은 소리인가. 어제 저녁만 해도 바닷가에서 잘 놀다 왔노라고 즐거운 문자를 보내왔었는데.

나는 간단한 저녁식사 거리를 만들어 아이가 입원해 있다는 병원으로 갔다. 병실에 들어서자 마리아가 나에게 안겨 통곡을 한다. 걷잡을 수 없이 울며 무너져 내리는 마리아의 등을 토닥거려 진정을 시켰다. 아이는 산소 호흡기를 달고 잠이 들어있었다. 고비는 넘긴 것 같아 보였다.

사연인즉 마리아가 취직 준비를 위해 학교에 다닐 요량으로 아이를 돌봐줄 수 있는 사람을 알아보러 갔는데, 그 집에서 조나단이 그 사이 아이들과 어울려 놀다가 옆집 담장 밑으로 들어가 그곳 수영장에서 그만 그런 변을 당했다고 한다. 조나단은 이미 물을 먹을 대로 먹어 물에 떠 있었고 긴급구조대에 전화를 걸어 병원으로 옮겼고 거의 촉각을 다투며 목숨을 살릴 수 있었다고 한다.

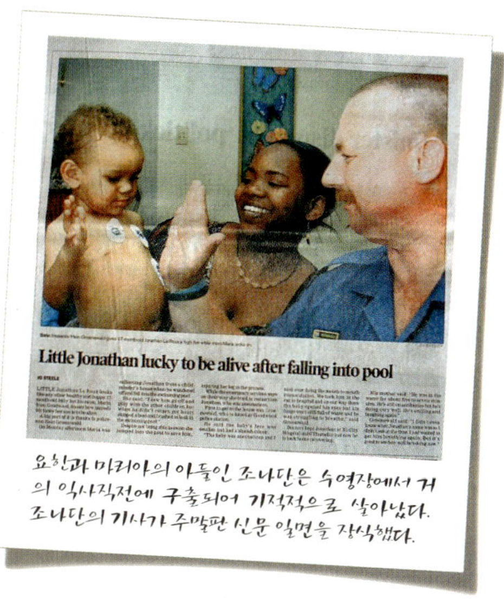
Little Jonathan lucky to be alive after falling into pool

요한과 마리아의 아들인 조나단은 수영장에서 거의 익사직전에 구출되어 기적적으로 살아났다. 조나단의 기사가 주말판 신문 일면을 장식했다.

마리아.

그녀는 케냐에서 온 새댁이다. 검은 피부에 하얀 치아를 가진 그리고 머릿속으로 파고든다는 파상모를 가진 전형적인 중앙아프리카의 여인이다. 이제 스물여덟.

남편 요한은 전형적인 남아프리카의 백인이다. 건설회사에 다니는 요한이 케냐에 파견 근무를 갔다가 마리아를 만나 결혼을 하고 아이를 낳고 파견근무 기간이 끝나자 마리아와 아들 조나단을 데리고 남

전형적인 남아공 아프리칸스인 요한과 케냐에서 온 마리아.

아공으로 오게 된 것이다.

그들은 참 행복해 보인다. 열 살이나 어린 신부를 끔찍하게 위하는 요한의 모습이나 둘 사이의 아들 천사처럼 이쁜 조나단이 있어 그 둘은 행복하다.

겉으로 보기에 행복해 보이는 그들에게는 많은 슬픔과 어려움이 있다. 케냐에서 만나 사랑하고 살 때는 그저 행복하기만 하고 처갓집에서도 사위를 끔찍이 생각해주었는데, 정작 남편의 나라 남아공에 오면서부터 마리아는 맘고생이 시작되었다.

왜 아닐까. 흑백분리주의가 무너졌다고는 하지만 흑백간의 결혼을 법으로 금지했던 시절을 살았던 사람들에게, 흑인을 동물보다 못한 존재로 여겼던 전형적인 남아공의 보수적인 가정에 검은 피부의 마리아는 그야말로 충격이었을 것이다.

그런 눈치를 모를 리 없는 마리아는 즐겁고 행복하기만 해도 모자랄 신혼에 많은 눈물의 날들을 보냈을 것이다.

처음 시누이들을 만났을 때, 포옹은 물론 악수하자고 내미는 손을 무시해 무색하게 만들었을 때의 당황스러움. 시누이들이 마리아를 앞에 두고도 한마디도 알아들을 수 없는 아프리칸스어로 이야기를 해서 혼자만 완전 따돌림을 당하고 있었을 때의 그 소외감과 절망감.

마리아는 나와 조금씩 친해지면서 남아공에 와서 겪었던 일들을 이야기할 때는 유난히 커다란 눈에 덩그렁 눈물이 맺히곤 했다.

케냐에서 내려와 시어머니와 함께 사는데, 시어머니가 아무것도 만지지 못하게 해서 늘 손님처럼 앉아있어야 했던 일. 그 때문에 남편도 수없이 울고 결국 살림을 나서 둘만의 보금자리를 가진 것이다.

마리아를 만나게 된 건 현지인 교회에서였는데 마리아는 우리를 친가족처럼 여기고 나를 친언니처럼 따른다. 여기서 내가 쓰는 영어 이름이 마리아인데, 둘이 이름이 같다는 것도 친해지는 일조를 했다.

어린 자기 부인에게 친구가 없는 것을 아는 남편은 우리 가족과의 캠핑도 제의하고 한 달에 한두 번씩 브라이 파티를 하면서 자기 부인의 외로움을 달래주고 싶어 한다. 남아공에서의 평범한 백인 가정에서는 친구들끼리 주말마다 이집 저집에서 브라이 파티를 하며 스포츠 중계를 보거나 음악을 들으며 시간을 같이 보내지만 마리아에게는 놀러갈 친구도 놀러오는 친구도 없다.

남의 나라에 사는 것의 외로움을 아는 처지이니 마리아의 처지를 백 번 이해하고도 남았다. 남편 하나 달랑 믿고 제나라 떠나온 젊은 새댁. 젊은 나이에 일하러 나간 남편 기다리며 아직 말도 못하는 아이 뒤치다꺼리하며 사는 게 전부인 그녀가 외로워 보이기도 하고 안쓰러워 보이기도 하다.

마리아는 나를 친정 언니 따르듯 좋아한다. 이런 저런 고민이 있을 때, 눈길 곱지 않은 시댁 식구들 때문에 마음이 어지러울 때, 넋두리하듯 풀어놓는 이야기를 편하게 받아주니 고립무원 아는 사람이라곤 하나 없는 이국 땅에서 마치 친정 언니라도 만난 듯 든든하다고 한다.

아이에게도 놀아줄 형이 있으니 그것으로도 마리아는 행복하다. 해가 좋은 어떤 날은 아이를 데려와 우리 아이들에게 맡겨놓고 해 좋은 곳에 의자를 내놓고 한가한 낮잠을 즐기기도 하곤 했다.

아이에게 그런 큰 일이 생겼는데 마리아의 시어머니와 시누이는 와보지 않았다. 그래도 상관없다며 내가 친정엄마고 친정언니이니 됐다고 스스로 위안하며 웃어 보이긴 하지만 그 마음이야 어땠을까.

가끔 아이를 데리고 병원에 가면 자긴 예약 시간이 지났는데도 나중에 온 백인들 뒤에 처져야 한다고 말하는 마리아. 커다란 쇼핑센터에 가서 아이 엄마냐고 물으면 베이비 시터라고 말할 때도 있다고 대수롭지 않게 웃어넘기는 마리아. 그런 그녀에게 남편의 나라 남아프리카는 살만한 나라가 아닌지도 모른다.

자기 나라 케냐는 말라리아 때문에 아이 걱정이었다지만 말라리아보다 더 무서운 차별의 눈길이 그녀의 가슴을 멍들게 하고 있는 것이다. 케냐의 초원을 누비며 아프리카의 여자로 행복했을 마리아는 백인 남편의 사랑을 얻은 대신 모든 것을 버릴 수밖에 없는 것이다.

아이가 아직 어려 일을 할 수 있는 상황이 아닌데도 굳이 직업을 찾고 싶어하는 이유도 이곳에서 남편이 잘못되면 아무도 자기를 돌봐줄 사람이 없다는 두려움 때문이다.

아프리카 대륙 천혜의 자연환경과 날씨를 가져서 유럽의 많은 사람들이 이곳을 찾아 정착하곤 하지만 아직도 검은 피부의 마리아에게 이곳은 축복받은 땅이 아니다.

비단 마리아뿐만이 아니다. 이제는 흑백의 경계가 없어져서 늘 그래왔던 것처럼 흑과 백의 나라가 되었다지만, 아니 심지어 백인들이 흑인 고용정책 등으로 일할 곳을 쉽게 찾을 수 없다는 현실이다. 하지만 아직도 이 땅에서 흑과 백의 거리는 좁혀지고 있지 않다는 것을 느끼곤 한다.

마리아와 같은 경우를 볼 때면 무너졌다는 흑백분리정책의 망령이 아직도 멀쩡히 활개치고 다니는 것은 아닌가 하는 생각이 들곤 한다.

흑백 분리 주의가 완전히 무너졌고 두 사람이 사랑한다면 피부색이 더 이상 문제가 되지 않는다고 해도 마리아의 아들 조나단은 이 나라에서 백인 사회에서도 흑인 사회에서도 대접 받지 못하는 컬러드로 살아가야 한다.

그 둘 사이에 태어난 천사 같은 아이 조나단. 그 아이가 어느 날 백인 아빠와 흑인 엄마 사이에 태어난 자신의 모습을 발견했을 때 부모를 원망하지 않고 여전히 부모를 사랑하며 자기 자신도 사랑할 줄 아는 조나단이 되길 기도한다.

남아공에서 컬러드로 산다는 것

남아공 인구 중 7퍼센트 정도를 차지하는 컬러드 계층은 케이프타운이 속해 있는 웨스턴 케이프 지방에 집중적으로 분포되어 살고 있다. 백인이나 흑인이 아닌 유색 인종을 컬러드로 총칭할 수 있지만, 남아공에서의 컬러드의 의미는 백인과 흑인의 혼혈을 의미한다. 인도인이나 아시아인들과는 정확히 구분된다.

남아공의 컬러드 계층은 가정어로 백인들의 언어인 아프리칸스어를 사용하고 백인 사회에 편입되기 위해 끊임없이 노력하지만 백인에게도 배려 받지 못하고 흑인에게도 배려 받지 못하는 계층이다.

아파르트헤이트 시절에는 흑백간의 결혼 자체가 인정되지 않았기 때문에 컬러드의 출생은 곧 부적절한 관계를 의미했다. 이런 이유로 인해 남아공의 컬러드 계층은 아직까지 자신들의 정체성을 확보하지 못하고 피해 의식을 가지고 살아가고 있다.

컬러드들 가운데 남아공 대규모 상권을 장악하고 있는 부유한 컬러드도 있지만 대부분의 컬러드는 여전히 가난한 계층이다. 특히 웨스턴 케이프 지방에 집중적으로 분포되어 있는 많은 컬러드는 백인 농장에 편입되어 살아가고 있다.

컬러드들은 대부분은 웨스턴케이프 지방에 집중되어 살면서 백인 농장의 일꾼으로 살아간다.

화려한 도시의 그늘 타운쉽

타운쉽. 남아공 흑인 집단 거주 지역을 뜻한다. 대부분의 타운쉽은 주로 도시 외곽에 자리 잡고 있다.

남아공을 가리켜 화려한 도시의 불빛 너머로 야생이 살아 숨쉬는 곳이라는 표현을 한다. 하지만 또 한편으로는 가진 자들의 화려한 도시의 불빛 넘어 가난한 삶들이 작은 불꽃들을 밝히고 있는 곳이라고 말할 수 있다.

타운쉽은 남아공에 와서 살면서 내내 제일 궁금한 곳이었다. 차를 타고 지나가면 대규모로 형성되어 있는 타운쉽을 쉽게 볼 수 있지만 차에서 내려 한발자국도 들여놓을 생각을 할 수 없었다.

대부분의 타운쉽은 도시 외곽, 멀지 않은 곳에 자리 잡고 있다. 도시에서 값싼 노동력을 제공하는 대부분의 흑인들이 거주하는 곳이기 때문에 도시가 형성되면 어김없이 도시 크기에 비례한 타운쉽이 형성되기 마련이다. 장거리 여행을 하다보면 도시로 접어들기 전에 반드시 만나게 된다.

처음 타운쉽은 남아공에 아파르트헤이트가 실시되면서 흑인들을 집단 수용하기 위해 만들기 시작한 곳이다.

하지만 여전히 대부분의 흑인들은 타운쉽을 벗어나지 못하고 있고, 지금도 지속적으로 확산되고 있는 실정이다. 만델라 정부가 들어서고 만델라 하우스를 대량 공급하기도 했지만 그것만으로는 역부족이었다.

남아공 최대 도시 조하네스버그의 스웨토 지역은 20여 개의 타운쉽이 형성되어 있는 가장 유명한 곳이다. 넬슨 만델라 대통령이 성장한 집도 역시 스웨토의 한 타운쉽에 있다. 그 스웨토 지역은 흑인 인권운동 당시 수많은 이야기 거리를 만들어냈던 곳이다. 그래서 지금도 여전히 남아공 문화 예술의 좋은 소재가 되고 있는 곳인데, 2006년 아카데미 외국어부분 영화상을 수상한 작품 〈초찌〉도 역시 스웨토 지역 타운쉽을 배경으로 하고 있다.

한국 사람들 사이에 타운쉽은 마치 온갖 범죄가 들끓고 동양인이 한발자국이라도 들여 놓았다가는 쥐도 새도 모르게 사라진다는 소문이 무성하다. 한낮에도 총알이 날아다니고 무법천지의 세상일

대통령의 초상화가 집 한쪽을 막는 훌륭한 소재가 되었다. 타운쉽을 짓는 재료는 사용할 수 있는 것이면 어떤 것도 가리지 않는다.

개천가를 따라 형성된 타운쉽이 마치 70년대 한국 빈민가를 연상시킨다.

것 같은 느낌이 드는 그곳을 혼자서 가볼 용기가 도저히 생기질 않았다.

실제로 조하네스버그에서 자칫 길을 잃고 타운십 지역으로 들어가게 되면 차고 돈이고 다 빼앗기고 운이 좋으면 팬티 한 장만 입고 나오게 된다는 일화는 유명하다.

그러던 차에 마침내 기회가 생겼다. 일요일마다 선교활동을 하는 네덜란드에서 온 백인 아내와 벨기에에서 온 콩코 출신 흑인 남편을 알게 된 것이다.

여름이 거의 끝나갈 무렵이었지만 아침부터 더운 바람이 훅훅 불어대는 날씨에 오후 3시의 해는 여전히 지글거리고 있었다.

먼지가 풀풀 일어나는 길가, 내리 쬐는 해 아래 차를 세우고 타운십으로 걸어가는 걸음은 사실 조금 긴장되어 있었다.

그곳에 도착하니 현지인 백인 목사 부부와 여러 명의 봉사자들이 먼저 와서 아이들과 함께 노래를 부르고 있었다. 정작 일요 예배라고 참석한 인원은 코흘리개 아이들 대여섯 명이 전부였고 봉사자들의 수가 훨씬 더 많았다.

젊은 목사 부부는 몇 명의 봉사자들과 함께 주중에도 며칠씩 타운십에서 아이들을 돌보는 일을 하고 있다고 한다. 우리나라로 말하면 일종의 무료 놀이방인데, 부모들은 일하러 나가고 혼자 남은 아이들을 위해 교회에서 컨테이너를 이용해 간이 놀이방 시설을 갖춘 것이다.

하지만 처음부터 그 놀이방이 백 프로 환영받은 것이 아니어서 몇 군데 컨테이너의 유리창이 박살나 있었고 놀이터에 만들어 놓은 놀이시설은 얼마 되지 않아 엉망이 되었다고 한다.

컨테이너 건물들은 주거지 중심가에서 조금 떨어져 곳에 설치되어 있

웃는 것이 너무나 아름다운 아이들.

고, 그 사이에는 철조망이 가로 막혀있었다. 그런 철조망을 조금 뜯어낸 곳으로 아이들이 들락거렸다.

선교 활동은 타운쉽의 모든 주민을 대상으로 하지만 아직은 열악해 보였다. 정작 일요 예배에 참석하는 인원은 열댓 명 남짓이라고 한다. 대부분은 코흘리개 아이들이 전부이고 가끔 어른이 한두 명 참석하는 정도라고 했다.

한 시간여 동안의 예배는 주로 아이들과 함께 노래 부르는 식으로 진행되었다. 간단한 기도는 봉사자가 아직 학교에 들어가지 않은 아이들을 위해 가정어로 쓰는 코사어로 통역을 해주었다.

노래 부르는 동안에도 아이들은 신기한 듯 동양 사람인 나에게 눈을 떼지 못하고 이리 저리 장난을 치느라고 노래는 하는 둥 마는 둥이다. 어디서나 그렇듯이 아이들의 모습은 그저 천진하기만 하다.

정식 예배시간이 끝나고 목사를 따라 타운쉽 안을 잠시 돌아볼 기회를 가졌다. 목사랑 같이 있다고는 하지만 겁이 나는 건 역시 마찬가지였다.

나무 조각, 양철 조각, 헝겊 조각, 비닐 조각 등 동원할 수 있는 모든 재료를 이용해 지어진 집들이 다닥다딕 늘어시 있고, 주택가를 둘러싸고 공동화장실 몇 개가 세워져있다.

타운쉽의 상징인 전봇대와 그 사이로 어지럽게 얽히고설킨 전깃줄 대신 전기를 합법적으로 사용할 수 없는 불법 타운쉽인 탓에 길에는 전깃줄이 어지럽게 널려져 있다. 큰길을 사이에 두고 정부에서 공급한 흑인 집단 주거 지역이 있는데, 그곳에서 불법으로 전기를 끌어다 쓰는 것이다.

집들이 다닥다닥 붙어있는 길 가운데로 허름한 옷가지 좌판을 벌려 놓

타운쉽은 종종 예술작품의 소재가 되기도 하고 학교 만들기 실습 시간의 소재가 되기도 한다.

타운쉽의 상징인 전봇대가 하나도 보이지 않는다.

고 여자들 몇 명이 모여 수다를 떨고 있다.

군것질 거리를 파는 가게도 있다. 사람 키를 겨우 넘길만한 높이의 어두운 가게에는 몇 가지의 과자 봉지가 초라하게 손님을 기다리고 있고, 가게 주인인 듯한 남자가 하얀 이를 드러내며 씨익 웃어 보인다. 음벡기 대통령의 대형포스터가 그 집 위층의 바람막이 구실을 하고 있다.

사진기를 들이대려고 하자 좌판을 벌이고 있는 여자도 가게 주인도 별로 달가운 눈치가 아니다. 얼른 사진기를 내렸다. 아이들만이 '포토 포토'를 외치며 따라다닌다.

큰 도로로 나있는 입구 쪽에는 판잣집 처마 아래 냉장고도 없이 고기를 걸어놓고 파는 가게도 있는데, 그 자리에서 직접 구워도 주는지 연기가 자욱했다.

길가에 있는 집의 문이 열려있다. 슬쩍 들여다보니 부엌인 듯한 곳은 깨끗했고, 선반에는 찻잔세트가 가지런히 정리되어 있다.

그 집 맞은편에는 아이 엄마인 듯한 뚱뚱한 여자가 땅바닥에 자리를 깔고 아이들과 함께 뒹굴고 있다. 나른한 일요일 오후 시간을 아이들과

타운쉽의 아이들은 어려운 환경이면서 나눌 줄을 안다. 앞을 다투어 먹을 것을 받아가지만 없는 아이들에게는 망설임없이 제 것을 나누어 준다.

함께 한가하게 보내고 있는 것이리라. 차마 사진기를 갖다 대기가 민망스러웠다. 마치 구경거리를 보는 듯한 느낌을 주는 것이 싫었다.

타운쉽에도 일요일 오후의 나른함이 흐르고 있다. 아이들은 엄마와 뒹굴며 행복해 보였고 쉽게 보지 못했을 동양인의 뒤를 졸졸 따라다니는 아이들의 얼굴은 천진하기만 하다.

큰길을 무리지어 걸으면서 뭐라고 하는지 큰소리를 지르는 흑인들의 모습이 사실 좀 무섭긴하다. 대낮에 술에 취했는지 약을 먹었는지 눈동자가 풀린 상태로 따라오는 사람도 무섭다.

타운쉽을 한 바퀴 돌고 나오는데, 타운쉽 안에서는 여전히 아이들의 웃음소리가 들리고 여자들의 수다 소리가 들리며 남자들의 호기섞인 목소리도 들려온다.

나는 나를 쫓아다니던 초롱초롱한 눈망울을 가진 아이들의 활짝 짓는 미소를 뒤로 한 채 그곳을 떠났다. 나는 집에 돌아오는 길에도 내내 가슴이 뭉클했다.

타운쉽. 우기인 겨울에는 하수구 시설이 없어 꼭 한 번씩 물난리를 겪는다. 건기인 여름에는 꼭 한 번씩 대규모 화재를 만나 몇 천 가구의 보금자리가 거짓말처럼 재로 변하곤 한다.

2006년 여름, 그곳을 다녀온 지 얼마 후, 케이프타운의 가장 큰 타운쉽인 카일리쳐에 헬렌 질러 시장이 방문해 이번 겨울에 또다시 그런 재난이 닥치지 않도록 조치하겠다는 의지를 보인 뉴스를 지켜보았다. 인도적인 차원에서 더 이상의 재난과 타운쉽 내의 범죄를 방관하지 않겠다는 강한 의지력을 표현했지만, 사실상 짧은 시간 안에 그 해결책은 요원해 보였다.

어디에서나 그렇듯이 타운쉽의 아이들도 사진 찍히는 것을 좋아했다.

우리나라도 70년대부터 시작된 경제 개발붐을 타고 극심한 이농현상과 함께 도시 빈민 지역이 형성된 시절이 있었다. 지금도 여전히 한 칸짜리 쪽방에서 많은 식구가 최악의 삶을 살아야하는 사람들도 있다. 달동네라는 신조어를 만들어내기도 했던 그 시절과 비교해본다면 남아공의 타운쉽도 어느 사회에서나 존재하는 빈부간의 문제 그리고 경제발전의 과도기에 나타나는 일시적인 현상으로 치부해 버릴 수도 있다.

타운쉽의 아이들. 이 아이들이 어른이 될 때쯤이면 이 땅에 작은 아파르트헤이트마저 다 무너지고 없게 될까.

하지만 남아공의 타운쉽은 단순히 도시 빈민 지역으로 치부해 버리기에는 본질이 조금 다르다. 백인 정부에 의해 세워졌던 흑인 집단 거주 지역이 바로 타운쉽이며, 그렇게 시작된 타운쉽은 아파르트헤이트가 무너진 지금에도 여전히 존재하며 흑인들은 그들의 열악한 환경을 벗어나지 못하고 있다.

더욱 문제가 되는 것은 이 타운쉽이 남아공 범죄의 온상 역할을 한다는 것이다. 작고 큰 타운쉽에서 수도 없이 발생하는 범죄, 살인, 강간, 성폭행 등 대부분의 경우에는 범인을 잡는 것도 불가능하다.

케이프타운의 가장 큰 타운쉽인 카일리처에는 약 50만의 인구가 밀집되어 있다. 케이프타운의 인구가 400만 정도인데, 한곳의 타운쉽에 8분의 1이 넘는 인구가 집중되어 있는 것이다.

2006년 상반기 동안 이 카일리쳐에서 발생한 성폭행 사건의 피해자는 거의 800명을 육박했다. 그것도 신고된 경우에만 그런 것이니 신고되지 않은 사건까지 포함한다면 가히 엄청난 숫자를 기록할 것이다. 더욱 놀라운 사실은 성폭행 피해자 중에는 두 살짜리 여자아이도 있었고, 심지어 9개월짜리 아기도 있었다는 사실이다.

에이즈 보균율이 높은 남아공에서의 성폭행은 곧 에이즈 감염을 의미한다. 한때 남아공은 세계 최고의 에이즈 보균율을 기록하기도 했다.

카일리쳐와 같은 타운쉽의 큰 문제는 비단 잦은 성폭행 사건뿐만이 아니다. 중앙아프리카에서 내려오는 흑인들이 가끔 타운쉽에서 개인 상점을 열어 사업에 성공하는 경우가 있는데, 시기와 질투 그리고 배척주의 등으로 살인사건이 일어나곤 한다. 실제 소말리아에서 내려왔던 흑인이 한 달 사이에 무려 30명 가까이 살해된 경우도 있다. 단 한건도 범인을 잡지 못했다.

이처럼 타운쉽은 남아공의 지난한 삶을 살아가는 흑인들의 보금자리인 동시에 남아공 범죄의 온상이기도 하다. 흑인들은 이제 거리를 마음대로 활보할 수 있는 자유는 얻었지만 여전히 그 열악한 환경에서 벗어날 수 있는 자유는 얻지 못했다. 가난 속에서 범죄자가 되고 범죄의 피해자로 살아가고 있는 것이다.

화려한 도시의 그늘에서 도시에 기생해 살아가는 그들의 삶에 언제쯤 화창한 햇살이 비추게 될까.

타운쉽도 관광 코스 중에 하나

역사가 오래된 물건은 가치가 있다는 말이 있다. 또 추한 것이 곧 아름답다는 말이 있다. 타운쉽 역시 반세기의 역사를 지니고 있고, 그 자체가 예술의 대상이 되고 있다. 모든 타운쉽이 다 그런 것은 아니지만 타운쉽을 관광 상품으로 만들려는 노력들이 조금씩 희망이 보이고 있다.

타운쉽은 그 안에서 생활하는 흑인들에게는 삶의 터전이기도 하지만 남아공의 멋진 풍광과 대비되는 더 할 수없이 열악한 환경은 이방인들의 눈에는 낯선 곳이기도 하다. 관광객들에게 낯선 모습인 타운쉽은 관광객들의 호기심을 자극한다.

케이프타운 공항을 벗어나면서 관광객들이 가장 먼저 조우하게 되는 타운쉽은 이제 남아공의 관광 상품 중의 하나가 되었다.

물론 관광 상품으로 팔리고 있기는 하지만 관광객들에게 보여줄 수 있는 것에는 한계가 있으리라 생각한다. 케이프타운의 대표적인 타운쉽을 돌아볼 수 있는 반나절 코스 투어를 다녀온 적이 있는데, 반나절동안 네 군데의 타운쉽을 돌아보는 일정이다 보니 정해진 몇 곳을 일견해 보는 일정에 불과했다.

케이프타운 인구의 10프로가 넘게 산다는 최대 규모의 타운쉽인 카일리쳐에는 관광객을 대상으로 운영하는 비엔비(B&B–잠자리와 아침을 제공하는 숙박시설)도 있고 전통 치료 방식을 이용하는 전통 치료사들의 집도 있다. 하지만 그것 역시 진정한 타운쉽의 생활을 엿볼 수 있는 코스는 아니었다. 다만 혼자서는 도저히 들여다 볼 수 없는 지역인 타운쉽을 한번 들어가 본다는 것에 의미를 둘 수 있을 정도였다.

하지만 타운쉽 코스 중에 눈길을 끌었던 것이 있는데 바로 정부차원의 도움을 받아 운영되고 있는 재활센터였다. 그곳에서 타운쉽을 주재로 한 여러 가지 예술품이 탄생되고 일자리가 필요한 젊은이들이 사회에 편입되기 위한 교육을 받기도 한다. 어쩌면 타운쉽의 희망은 그곳에서부터 자라나고 있을지도 모른다는 생각이 들었다.

색색의 휘날리는 빨래 또한 타운쉽의 특징이다. 타운쉽에서 B&B를 운영하는 비키가 빨래를 널고 있다.

타운쉽에는 모두 그 열악함과는 거리가 먼 어쩌면 새로운 희망을 담고 있을지도 모르는 근사한 이름이 붙여져 있다. 케이프타운의 가장 대표적인 타운쉽은 카일리쳐와 구굴레토 그리고 냥가와 랑가 등이 있는데, 각각 새 보금자리, 나의 자존심, 달, 해 등의 뜻을 가지고 있다.

여정은 아직도 끝나지 않았다

'아파르트헤이트 박물관은 목적지가 아니라 여정일 뿐입니다.'

조하네스버그에 있는 아파르트헤이트 박물관 입구에 쓰여져 있는 문구이다.

남아공을 모르는 사람들도 아파르트헤이트 하면 넬슨 만델라를 떠올리게 된다.

넬슨 만델라.

1994년 남아공 역사 최초의 민주 선거를 통해 남아공 역사상 첫 흑인 대통령으로 당선된 인물. 성공적인 5년의 임기를 마치고 같은 ANC당의 타보 음베키 대통령에게 대권을 물리고 나서도 여전히 위대한 지도자로서 영향력을 미치고 있고 사람들에게 존경을 받는 인물이다.

1991년 석방되기 전까지 로빈 아일랜드에서 466/64의 수인번호를 달고 27년간의 수감생활을 하던 그 기간 동안에 남아공 흑인들은 철저하게 자기들의 땅에서 소외된 채 살아가고 있었다

그 기간 동안 수많은 흑인 지도자들이 투옥되고 암살되고 셀 수도 없는 젊은이들이 자유를 외치다가 그들의 꽃다운 청춘을 바쳤다.

지금부터 불과 10여년 전만 해도 이렇듯 남아공은 전 세계적으로 비난받던 인종차별주의인 아파르트헤이트가 굳건히 지켜지던 나라였다. 이 아름다운 나라 남아공에 한 세기 가깝게 그 어둡고 우울한 그림자가 드리웠던 것이다.

모든 공공시설에 백인과 흑인의 사용이 철저하게 분리되었고, 오후 6시가 되면 흑인은 통행증이 없으면 시내를 활보할 수 없었고, 흑백간의 결혼은 법적으로 금지되었다.

전 국민의 70프로 이상을 차지하는 흑인들을 공식적으로 차별하여

넬슨만델라 대통령과 남아공 흑인 인권 운동가들에게 정치적인 대학의 역할을 했던 악명 높은 로빈 아일랜드. 요즘은 관광객들에게 지나친 통제 등으로 악명 높아졌다.

로빈 아일랜드 교도소 내에서도 인종차별이 있었다. 식사의 양, 차의 배급과 금지 등으로 인종별 차별을 두었다.

철저히 자국민으로서의 권리와 나아가 인권을 유린하던 정책이 바로 아파르트헤이트, 즉 인종차별주의 정책이었다.

이런 아파르트헤이트의 등장은 남아공 역사에서 어쩌면 필연적인 것이었는지도 모른다. 남아공은 그 시기에 국내적으로 인종차별주의가 등장할 수밖에 없는 역사적인 배경을 가지고 있다.

모든 시설물에 백인과 유색인종의 분리 사용이 명확히 구분되어 있었다.

네덜란드 동인도 회사에 의해 건설된 나라인 남아공은 그 후 영국 식민지 시대를 거치면서 네덜란드계와 영국계 백인 사이의 뿌리 깊은 갈등의 골이 깊어지고 쉽게 사라지지 않았다.

백인들 간의 갈등을 해소하기 위한 가장 좋은 방법은 인종차별주의 정책을 통해 유색인종을 차별화하면서 그들의 화합을 도모하는 것이었다. 아파르트헤이트를 통해 영국계와 네덜란드계의 백인 사회의 화합은 어느 정도 효과를 볼 수 있었다.

또한 냉전 체제에서의 아파르트헤이트는 보이지 않게 서방 세계의 옹호를 받고 있었다고 할 수 있다.

아파르트헤이트 당시 남아공 내의 흑인 인권 운동은 대부분 공산 성향이 짙은 아프리카 민족회의(ANC)의 지도자들에 의해 지휘되고 있었다. 서방에서는 행여 아프리카의 최고 선진국인 남아공에 인종차별주의가 무너지면서 공산화될 가능성이 있는 것을 우려하지 않을 수 없었던 것이다.

하지만 냉전체제가 붕괴되고 동서 화해 무드가 진행되기 시작하면서 남아공은 정치적으로 경제적으로 세계 무대에서 고립되는 시련을 겪게 된다. 그리고 1976년 유명한 조하네스버그의 학생 봉기 등 엄청난 유혈사태를 불러일으키는 저항운동에 끊임없이 부딪치게 된다. 그리고 마침내 남아공의 마지막 백인 대통령이었던 데 클레르크 대통령이 넬슨 만델라를 사면 석방시키고 최초의 흑백 평등선거를 통해 최초의 흑인 대통령을 탄생시켰다.

1948년 실질적인 아파르트헤이트의 발효와 더불어 반세기 가까이 남아공 사회에 거대한 빛과 그림자를 만들어낸 인종차별주의는 국내적으로는 끊이지 않는 흑인 봉기와 국제적으로는 탈이념의 국제 정세의 기류와 맞물려 마침내 1991년 극적으로 대단원의 막을 내리게 된 것이다.

그 후 10년 동안 남아공 성공회의 주교이며 노벨 평화상 수상자인 데스먼드 투투 주교가 이끄는 진실화해위원회의 활동과 넬슨 만델라 대통령의 화해정책으로 지난 반세기 동안의 인종차별주의의 피해자와 박해자 모두를 하나로 엮어내는 데 성공했다.

아파르트헤이트가 붕괴되고 흑인 정부가 들어선지 올해 13년째.

자기 집 앞을 지나가는 흑인을 백인이 아무 이유 없이 총으로 쏴도 죄를 묻지 않던 시절. 케이프타운의 유명한 타운쉽 중의 하나인 구글레토 입구에 가면 단지 흑인이라는 이유만으로 경찰에 의해 무고하게 죽어간 젊은 청년들의 기념비가 세워져 있는 것을 볼 수 있다. 이제 더 이상 남아공에서는 흑인이라는 이유만으로 무고하게 목숨을

타운쉽 구굴레토 앞에 설치된 흑인청년들의 기념비.

잃거나 불이익을 당하는 사람은 없어 보인다.

물론 흑인들은 이제 마음대로 거리를 활보할 수 있다. 아니 오히려 백인들이 밤늦은 시간에는 외출을 삼간다. 백인들에게 남아공은 더 이상 밤늦은 시간에도 마음대로 활보할 수 있는 자유로운 나라가 아니다.

모든 공공 시설에 이제 흑백의 차별이 없다. 원한다면 언제 어디든지 갈 수 있다. 아파르트헤이트 당시에는 흑백간의 결혼이 금지되었고 같이 살던 사람들도 정부가 무력으로 떼어놓는 일이 빈번하게 일어났다. 이제 사랑한다면 피부색과 상관없이 사랑도 하고 결혼도 한다.

하지만 남아공에는 여전히 아파르트헤이트가 살아 숨쉰다. '아파르트헤이트 박물관은 목적지가 아니라 여정일 뿐입니다.' 라는 문구처럼 아파르트헤이트 당시 흑백의 불평등이 고스란히 빈부의 불평등으로 전수되었기 때문이다.

자유를 얻었다지만 그들은 여전히 경제적인 고통으로부터 벗어나지 못하고 있다. 경제적으로는 아직도 대부분의 흑인들은 아파르트헤이트 시대와 같은 고통을 짊어지고 살아가고 있는 것이다. 남아공 사람들은 이런 현상을 작은 아파르트헤이트(쁘띠 아파르트헤이트)라고 부른다.

남아공은 70프로에 해당하는 흑인인구가 경제권의 전부를 장악하고 있는 17프로의 백인 인구에게 값싼 노동력을 제공하는 사회구조를 갖고 있는 나라이다.

미국의 경제학자가 말한 대로 남아공의 경제 구조는 카푸치노 커피 같은 모양을 하고 있다. 대부분의 흑인 인구가 빈곤층으로 자리 잡고 있고 적은 수의 백인이 대부분의 경제권을 장악하고 있으면서 극히 적은 숫자의 흑인이 최상층에 자리 잡고 있는 형세이다. 아주 적절한 표현이다.

이런 지경이다 보니 대부분 절대 빈곤층인 흑인 인구는 경제적으로 소외당하고 지독한 빈곤으로부터 벗어나고 있지 못하다.

자유를 얻었다지만 여전히 가난한 그들은 좁은 차에 짐짝처럼 실려 하루 품팔이를 나가고 터무니없이 낮은 임금으로 많은 식구들을 부양해야 하며 온 가족이 쓰레기통을 뒤지며 살아간다. 타운쉽에서는 수많은 어린 아이들이 가까운 지인들로부터 성폭행을 당하고 에이즈로 고통받거나 죽어간다.

아프리카의 유럽이라고 하는 이 아름다운 나라 남아공, 아름다운 해변을 끼고 늘어선 호화주택의 행렬과 대비되는 타운쉽의 열악한 모습은 다름 아닌 작은 아파르트헤이트의 모습이다.

아름다운 주택가 길을 따라 운동을 하는 백인들의 모습과 대비되는 하염없이 걷고 또 걷는 흑인들의 모습에서 또 작은 아파르트헤이트의 모습을 보기도 한다.

아파르트헤이트 붕괴 이후 이제 16년 남짓, 아직도 남아공은 진정한 화합의 길을 가기 위한 여정 중에 있다. 작은 아파르트헤이트마저 붕괴되는 그날 남아공은 진정 그 목적지에 도달했다고 할 수 있을 것이다.

4부 —
파랑새를 찾을 수 있을까

스스로 만드는 교과서

남아공의 학제는 초등학교 7학년, 고등학교 5학년으로 되어 있다.

대부분의 초등학교가 1학년부터 7학년까지 같은 캠퍼스에서 공부하지만 간혹 지금 우성이가 다니는 학교처럼 1학년부터 3학년까지 학생들은 프리 프라이머리스쿨(pre-primary school) 캠퍼스에서 따로 공부하는 경우도 있다. 그래서 우성이가 4학년 때 지금 다니는 학교로 처음 전학을 왔을 때는 학교 전체 학년 중에서 제일 낮은 학년이었다.

1년이 네 번의 학기로 구성되어 있고 각 학기 끝에 시험을 보고 방학을 한다. 따라서 방학도 네 번에 나뉘어져 있고 일 년에 성적표가 네 번 나오는 셈이다. 1학기와 3학기 시험은 그리 비중을 두지 않고 테스트 정도의 시험을 본다. 2학기와 마지막 학기 시험은 정식 시험이고 테스트와 달리 이그잼이라고 부른다.

우록이, 우성이를 홈스테이를 시키다가 처음 남아공에 와서 아이들 가방을 열었을 때 난 거의 기절 직전이었다.

여러 명의 아이들이 모여 사는 곳에서 우리 아이들에게만 신경을 쓸 수 없을 거였고, 철부지 녀석들이라 정리를 깨끗하게 할 수 없을 거라 여기고 애초부터 기대하지 않았지만 가방 안이 말로는 표현할 수 없을 정도로 엉망이었다.

나이 어린 우성이야 그렇다고 치고 성격 깔끔한 큰 아이의 가방까지 그 지경이다 보니 대체 어디서부터 어떻게 손을 대주어야 할지, 어떻게 정리를 시켜야할지 대책이 서질 않았다. 아이들에게 물어도 묵묵부답. 자기들도 마음만 있을 뿐 어떻게 정리를 해야 할지 답이 없었다. 그저 학교에서 나누어 주는 인쇄물을 받아 가방에 그야말로 쑤셔 넣고 다닐 뿐 어떻게 관리해야 하는지 본인들도 난감해 했다.

교과서가 있으면서도 무슨 인쇄물이 그렇게 많은지. 이곳 초등학교에도 교과서는 있다. 하지만 교과서 이 외에 하루에 과목별로 몇 장씩 인쇄물을 나누어주는 것이다.

새학기가 시작되면 첫 시간에 한 학기 동안 수업할 내용, 즉 수업 진도표부터 시작해 그와 관련된 인쇄물을 하루에 한두 장 또는 많게는 열 장 가까이 받아오기도 한다.

교과서와 공책으로 공부하는 것에 익숙해진 아이들에게 쏟아지는 인쇄물은 감당할 수 없는 짐거리였던 것이다.

더구나 말도 통하지 않는 상황에서 온통 꼬부랑 글씨로 가득한 인쇄물을 어디서부터 어떻게 정리를 해야 할지 도저히 감을 잡을 수 없었을 것이란 건 어렵지 않게 짐작할 수 있었다.

과목별로 스스로 정리해서 만드는 인쇄물 모음. 4학기에 걸친 각 과목의 인쇄물을 정리하는 데는 쉽지 않은 정리 능력과 관리 능력이 요구된다.

아이들 가방을 열고 수십 장의 인쇄물을 끄집어 내놓은 나도 어떻게 손을 대주어야 할지 막막했다.

하지만 시간만큼 위대한 것은 없다고 시간이 가면서 나도 아이들도 점점 그 생활에 익숙해지면서 그 체계를 확실하게 배우고 익힐 수 있게 되었다.

학교에서 받아오는 인쇄물을 모듈(module)이라고 한다. 초등학교 과목이 열 과목 정도이고 각 과목에 따라 모듈 묶음이 생기게 된다.

학기 초에 한 학기 동안 공부할 내용이 적힌 수업 진도표를 나누어 주고 첫 수업은 모듈 커버 페이지를 그리는 것부터 공부가 시작된다.

수학에서 분수 과정을 배운다면 그 과정에 맞는 커버 페이지를 꾸미고, 영어에서 우주에 대한 과정이 나오면 우주에 대한 주제를 담아 커버 페이지를 만든다.

처음 커버 페이지를 그릴 때는 학습 주제를 잘 파악하지도 못할뿐더러 내용을 잘 담지 못해 그야말로 색연필로 알록달록 단순한 그림을 그리는 게 다였던 아이들은 이제 한 학기 주제를 받으면 그에 맞는 주제를 알맞게 표현할 수 있는 능력이 생겼다. 커버 페이지를 그리면서 나름대로 고민하고 상상력을 발휘하여 자신들만의 창의력이 묻어 나오게 된 것이다.

실제로 아이들 친구들 중에 몇 명은 따로 미술이나 디자인 공부를 하지 않았어도 단순한 그림이나 글씨를 가지고 커버 페이지를 디자인하는 솜씨가 대단한 것을 볼 수 있다.

우리나라로 치면 중학교 1학년이었을 7학년 우록이 가방에도 역시 그 커버 페이지를 꾸미는데 필요한 여러 가지 색의 사인펜과 색연필 통이 가득했다. 처음에는 서툴고 어색했고 유치했던 그 작업이 시간이 지나면서 나름대로 예술적 감각이 동원되었고 나아가 눈에 띄는 독창성까지 발휘하곤 했다. 고등학교 입학을 하고 나서는 더 이상 모듈을 꾸밀 일은 없어졌지만 우록이는 초등학교 때의 그 과정을 정말 즐거워했다.

그렇게 커버 페이지를 꾸미고 각 과목별로 생긴 여러 묶음의 인쇄물을 깨끗하게 보관해서 일목요연하게 정리하려면 상당한 관리능력이 요구된다. 이 역시 시간이 지나면서 아이들은 자기 나름대로 모든 과목을 정리하고 관리할 수 있는 능력을 배우게 되는 것이다.

한국에서 처음 온 엄마들이 가끔 아이들이 색연필과 사인펜으로 그림을 열심히 그리고 있는 것을 보면 속상하다는 사람들이 있다. 열심히 외우고 공부해도 못 쫓아갈 판에 초등학교 고학년들이 아직도 그림 연습이나 하고 있다고 말한다.

하지만 난 생각이 조금 다르다. 그 시간에 더 많은 내용을 외우고 공부한다면 당분간 얼마간의 지식이야 더 얻을 수 있겠지만 먼 미래까지 내다본다면 이곳 아이들의 교과 과정은 자기 창의력 개발에 상당부분 도움이 된다.

유치해 보이고 수준에 떨어져 보이는 그 과정 하나하나가 결국은 나중에 아이들에게 종합적인 힘을 가지게 하고 문제 해결을 할 수 있는 능력을 부여하게 되고, 사소해 보이지만, 그리고, 쓰고, 정리하는 그런 과정 속에서 창의력과 자기 관리 능력이 자연적으로 개발된다고 생각하기 때문이다.

이제 아이들의 가방은 이제 더 이상 아수라장이 아니다. 전 과목을 정리할 수 있는 파일에 각 과목에 맞는 모듈이 깨끗하게 정리되어 있다.

수업 시간에 나누어주는 모듈을 모으고 중간 중간 그 모듈 내용으로 테스트를 치르고 학기말 시험이 끝나면 맨 뒷장에 여러 항목에 따른 점수가 기록된다.

영어 과목 같은 경우는 듣기 능력, 말하기 능력, 쓰기 능력 등이 세부적으로 관찰되어 점수가 주어진다. 다른 과목의 경우도 이해력. 창의력. 성취력. 탐구력 등 여러 가지 항목에 세부적인 점수가 부여되고, 중간 중간 치른 테스트와 학기말에 치른 시험 점수까지 더해 평균을 내어준다. 그 점수가 그 학기의 성적표에 표시되는 점수이다.

평소에 모듈 관리를 잘하지 않고 중간 중간 치르는 테스트를 잘 봐두지 않으면 학기말 시험을 아무리 잘 봐도 소용이 없고, 평소에 조금 부족했어도 학기말 시험으로 만회할 기회를 가질 수도 있는 것이다.

여러 번 기회를 주는 이런 과정은 5지 선다형 한번의 시험을 치러 성적이 판가름되는 기존 한국의 교과 과정보다는 조금 더 합리적이지 않나 하는 생각이 든다.

어느 것이 더 선진형이고 우수할 거라는 평을 할 생각도 없다. 다만 아이들에게 평소 자기 관리를 할 수 있는 기회를 주고 또 못한 것에 대해 만회할 수 있는 기회를 준다는 면에서는 이곳의 교과 과정이 조금 더 합리적이라는 생각이 든 것이다.

내친 김에 한 가지 더 말해두면 남아공 아이들은 전반적으로 순박하고 순진하다. 초등학교 학생들이나 고등학교 학생들이나 남아공의 아이들은 한국 아이들과 비교해 학습 수준은 확실하게 떨어진다고 볼 수 있다.

하지만 다른 한편으로 한국 아이들보다 월등하게 발달 된 면이 있다. 공동생활에 있어서 상대를 배려한다든지 공공 장소에서의 예의 등은 훨씬 앞서 있다. 물론 개개인의 성향에 따라 다르겠지만 대부분의 경우에는 여기서 크게 벗어나지 않는다.

학교 생활에서도 경쟁보다는 협동이 우선되고, 철저하게 개인을 존중하는 사회라 자신이 소중한 만큼 상대방도 배려하는 교육을 받기 때문이 아닐까 생각해본다.

알록달록한 피부색의 친구들과 섞여 지내면서 아이들은 어쩌면 세상의 다양함을 배우고 이해와 관용을 배우게 될 것이다.

고교 졸업 댄스파티, 오늘은 내가 주인공

초등학교 졸업식이라고 큰 행사는 없다. 강당에 모여 간단한 조회를 마치면 졸업반 학생들이 재학생들이 만든 아치를 통해 각각 교실로 돌아간다.

하지만 고등학교 졸업 댄스파티는 화려하기 이를 데 없다. 전체 5년 과정인 고등학교에서 최고 학년인 12학년을 메티릭(matric) 이라고 부른다. 메트릭이 되면 대학 준비를 위해 시험 준비를 해야 하는 등 나름대로 신경을 써야한다. 특별한 입시 제도가 없고 매트릭 기간 동안의 성적이 대학 입시에 결정적인 영향을 미치기 때문이다.

남아공 대학 입시는 매트릭 때의 시험 성적과 특기 사항 등으로 결정된다. 매트릭 시기는 대학 입시를 위해 신경써야할 시간이기도 하지만 학생들 사이게 가장 화제가 되는 것은 역시 매트릭 댄스파티이다. 고등학교 졸업식을 대신하는 행사라고 할 수 있다.

빠르게는 4월부터 시작해서 8월 사이에 열리는 매트릭 댄스파티는 대부분 학교에서 열리는 것이 관례화되어 있지만 몇 학교의 경우 외부 호텔 등의 장소를 빌어 치르는 경우도 있다.

졸업생들끼리 파트너를 정하기도 하고 간혹 자신의 남자친구나 여자친구를 파트너로 정해 커플끼리 어울리는 드레스와 정장을 맞추어 입는다.

학교에서 열리는 메트릭 댄스파티를 한번 구경 간 적이 있었는데 마치 아카데미 시상식장과 같은 분위기가 연출되고 있었다.

헐리우드의 배우들처럼 차려입은 학생들이 레드카펫이 깔린 길을 따라 입장을 한다. 의상 또한 평소 교복을 입고 다니던 고등학생들이라고는 상상할 수 없을 정도로 화려하다.

파티장에 도착하는 주인공들은 그날 하루만큼은 최고 영화의 주인공이 되는 것이다. 파티장에 도착하는 차들도 최고급 차들만 모여든다. 매트릭 댄스 파티를 위해 하루 몇 시간에 몇 십만 원씩 하는 차를 빌리기도 하고 심지어는 헬기를 타고 등장하는 커플들도 있다.

확실한 근거가 있는 이야기는 아니지만 몇몇 학부모들의 말을 빌자면 향후 2~3년 사이에 매트릭 댄스파티가 없어지게 될지도 모른다고 한다. 그 비용이 워낙 비싸기 때문에 일반적인 졸업식 행사로 대신하게 될 가능성이 높다고 한다.

그 비용이라는 것이 사실 학생들이 입고 있는 드레스나 동원되는 차량으로 미루어봐서 결코 만만한 금액이 아니라는 것은 짐작할 수 있다

우리나라 고등학생으로서는 상상도 하지 못할 만큼 화려하고 낯설게 보이지만 미성년을 벗어나는 시기에 한 번쯤 그런 멋지고 낭만적인 시간을 가져보는 학생들이 잠시 부럽게 느껴졌다.

초등학교 졸업식 장면.

계단에 빨간 융단이 깔리고 축하객들이 학생들이 입장하길 기다리고 있다.

화려한 드레스를 입고 나타난 커플들.

아이의 인생을 좌우하는 칭찬과 격려

교통사고 후유증으로 인한 우울증 그리고 현저하게 떨어진 집중력과 체력. 그런 우성이에게 초등학교 5학년 1년은 장마처럼 길고 힘든 한 해였다.

사고 후에 우성이는 우울증에 시달리면서 자신의 의지와는 상관없이 학업이 벅차고 힘들어졌다. 더구나 책상 앞에 앉기만 하면 쉽게 피곤해지고 짧은 시간도 제대로 집중할 수 없는 어려움으로 학교생활 하루하루가 우성이에게는 거의 고역과도 같은 힘든 시간의 연속이었다.

4학년 초에 들어간 학교. 채 두 달이 되기 전에 교통사고가 났고, 그 때문에 4학년은 거의 수업을 받지 못한 상태로 5학년 진급을 했다.

유급제도가 있긴 하지만 4학년 담임은 우성이가 워낙 똘망똘망했기 때문에 무난히 5학년 교과 과정을 따라갈 수 있으리라고 여긴 것이다. 하지만 선생님들의 기대와 부모의 바람과는 달리 5학년을 시작한 우성이는 눈에 뜨이게 학교생활을 힘들어했다.

우성이 자신은 공부를 하고 싶다는 의지를 가지고 있었지만 급격하게 떨어진 체력으로 일단 책상에 앉아있는 시간 자체를 피곤해 했고, 집중력마저 현저하게 떨어진 터였다. 거기에 5학년은 4학년에 비해 공동 과제가 많아지고 학습 과정이 월등하게 어려워지기까지 하니 학교가 재미있을 턱이 없었다.

5학년을 시작하고 얼마 되지 않아 학교에서 호출이 왔다. 학교에서 돌아오면 늘 우울했던 우성이를 보면서 학교에서 무슨 문제가 있을 것이란 생각을 했었는데, 그 짐작이 틀리지 않게 학부모 면담을 요청해온 것이다.

상담 당일 날 학교로 가면서도 우성이의 문제는 그저 집중력이 떨어져 수업 능률이 안 오른다는 정도일 것이고 아마 가정에서 협조를 구하는 정도일 것이라고 생각했다. 그런데 막상 상담실에 들어가니 사태가 생각했던 것보다 심각하다는 것을 느낄 수 있었다.

5학년 담임과 4학년 담임 그리고 특별활동 교사까지 모두 모여 있었다. 우성이를 4학년으로 다시 돌려보내자는 결정을 내려놓고 학부모 면담을 신청한 것이다. 교사들끼리 상의하고 이미 교장에게 보고를 한 상태였다.

5학년부터 공동과제가 많아지고 학습 과정이 어려워지는데 우성이가 전혀 친구들과 협조를 안 할뿐더러 교실에서 일체 입을 열지 않는다는 것이다. 담임과 절대로 눈을 마주치지도 않고 친구들과도 어울리려고 하지 않는다는 것이다.

5학년 담임은 4학년 담임의 조카인데 이모에게서 우성이의 말을 전해 듣고 여러 가지로 배려하고 격려해보려고 노력했지만 아이가 전혀 반응을 안 하니 자기로서도 안타까울 뿐이라고 했다.

더구나 친구들과 공동 과제를 하는 경우에는 전혀 참여를 안 하고 반응이 없으니 옆의 친구가 도와주는 것도 한계가 있다고 했다. 도와주는 친구들이야 즐거운 마음으로 도와주려고 하지만 우성이가 받아들이지 않으니 전혀 도움이 되지 않는다면서….

아이 인생에 있어 한 학년 늦어지는 것쯤이야 아무것도 아니다. 4학년으로 되돌려 보내서 우성이가 적응을 잘 하고 아무런 문제도 없을 것이라는 확신만 있다면 문제가 될 게 없었다.

하지만 그 당시 우성이에게는 다른 무엇보다 자신감과 용기가 가장 중요했다. 학교 수업이 어려워진 것도 있었지만 교통사고 후유증으로 생긴 우울증으로 자기 감정 관리를 못하고 자기 성질에 못 이겨 툭하면 눈물바람이고 자신감이라고는 찾아볼 수 없는 아이에게 다시 4학년으로 돌아가라고 하는 것은 아이를 거의 벼랑 끝으로 몰아가는 것이라고 생각했다.

그런 결론에 이르자 절대로 다시 4학년으로 돌려보내는 것은 막아야 한다는 생각이 들었다. 상담실에 모였던 선생님들은 나를 설득하고 나는 선생님들을 설득하느라 애를 썼다. 결국 한동안 밀고 밀리는 설전 끝에 5학년 1년을 더 두고 보자는 다짐을 받았다.

아이를 위해서라도 좀 더 낮은 수준의 4학년으로 다시 돌려보내자던 선생님들이 아이가 자신감을 잃고 상처를 받게 되리라는 나의 간곡한 말에 동의를 한 것이다. 그 대신 나는 5학년 1년을 더 지켜 본 후에 필요하다면 5학년 1년을 유급시키는 것에 대해서 동의하겠다는 약속을 했다.

그렇게 해서 선생님과 나는 우성이의 학습 부진을 극복할 수 있는 방법을 모색하기 시작했다.

다행히 우성이는 학교 생활을 힘들어하면서도 학교 가는 것을 싫어하지는 않았다. 5학년은 필기체 수업을 하기 때문에 수업 시간에 필기를 다 마칠 수 없었던 우성이는 늘 옆 친구의 과제를 빌려왔고 그 덕에 수업 내용을 한번 더 검토하면서 집에서 필기를 마쳤다.

우성이에게 5학년은 장마처럼 길고 지루했지만 친구들과 선생님의 도움으로 무사히 마칠 수 있었다.

그리고 선생님들이 권해준 대로 하루도 빼놓지 않고 책 읽기를 병행시켰다. 말소리도 어눌해진 우성이는 혼자 책 읽는 것을 힘들어했다. 처음에는 내가 읽어주고 조금씩 우성이도 나누어 읽히면서 차츰 우성이 혼자 읽는 습관을 들여간 것이다. 선생님도 우성이가 읽으면 좋을 만한 책들을 집으로 들려 보내곤 했다.

5학년 첫 학기 시험을 점수라고는 할 수 없는 점수를 받아오던 날 우성이는 자기 방에 틀어 박혀 하루 종일 눈이 퉁퉁 붓도록 울었다. 첫 시험 후 면담에 담임은 우성이를 걱정하면서 5학년을 한 해 더 다니면 자기가 다시 맡아서 돕겠다고 했다. 담임 선생의 마음은 고마웠지만, 나는 우성이가 5학년을 한 해 더 다니게 만들지는 않겠다고 마음속으로 다짐했다.

첫 시험 후에 담임은 우성이를 위해서 한 가지 더 각별한 배려를 해주었다. 바로 적극적인 칭찬 작전이었다. 늘 자신감이 없고 발표 시간이 돌아오면 주눅이 들던 우성이를 달래고 격려해서 발표를 하게 만들고 느리고 굼떠진 아이를 기다려줄 줄 알았다. 발표 후에는 늘 4학년 담임에게 보내 다시 한번 칭찬을 하게 했다. 4학년 담임은 할머니 선생님이었는데, 4학년 교실로 과제물을 들고 발표를 하러 온 우성이를 꼭 안아주면서 칭찬을 아끼지 않았다.

그런 과정이 반복되면서 우성이는 조금씩 얼굴이 밝아지기 시작했다. 반 친구들이 자기를 무시한다고 생각하던 강박에서도 차츰 벗어나고 있는 것이 보였다.

점수라고도 할 수 없었던 첫 학기 시험과 달리 성적은 조금씩 나아졌다. 마지막 시험을 치루고 면담을 할 때 담임은 스스로도 믿을 수 없다면서 우싱이를 안고 더할 수 없는 칭찬과 격러를 다시 한빈 아끼지 않았다.

그렇게 6학년으로 진급한 우성이는 다시 한번 자신감을 회복할 수 있는 절호의 기회를 가지는데 바로 자기 형의 담임이었던 선생님 반으로 배정 받은 것이다.

우록이도 좋아했던 그 선생님은 엄격하지만 유머가 있고 교사라는 직업을 진정으로 사랑하는 사람이라는 느낌이었다. 학부모 면담을 할 경우 특히 선생님의 열성이나 학생에 대한 진심어린 관심을 읽을 수 있었다. 외국 아이이기 때문에 관심을 더 가질 수도 있고 경우에 따라서는 관심을 덜 가질 수도 있는데 그 선생님의 경우에는 매번 상담 때마다 우성이의 모든 과제물을 보여주고 일일이 설명해주면서 아이가 잘 적응하고 있고 곧 더 많은 자신감을 가지게 될 것이라고 확신을 했다. 다른 학생들의 경우에는 과제물까지 보여주며 상담을 하지 않지만 조금 더 많은 관심과 격려가 필요한 우성이에게는 그런 수고를 아끼지 않는 선생님이었다. 우성이에게 결정적으로 영향을 준 것은 그 선생님의 적극적인 스포츠 활동 권유였다. 학생 대부분 한두 개 이상의 스포츠를 하고 있었지만 우성이는 늘 스포츠에 소극적이었다. 담임은 우성이의 자신감 회복을 위해서는 무엇보다 스포츠를 통한 체력단련과 친구들과의 폭넓은 교재라는 것을 강조했다. 선생님의 그런 격려와 관심으로 우성이는 드디어 6학년 말에 하키를 하고 싶다는 의사를 표시했다.

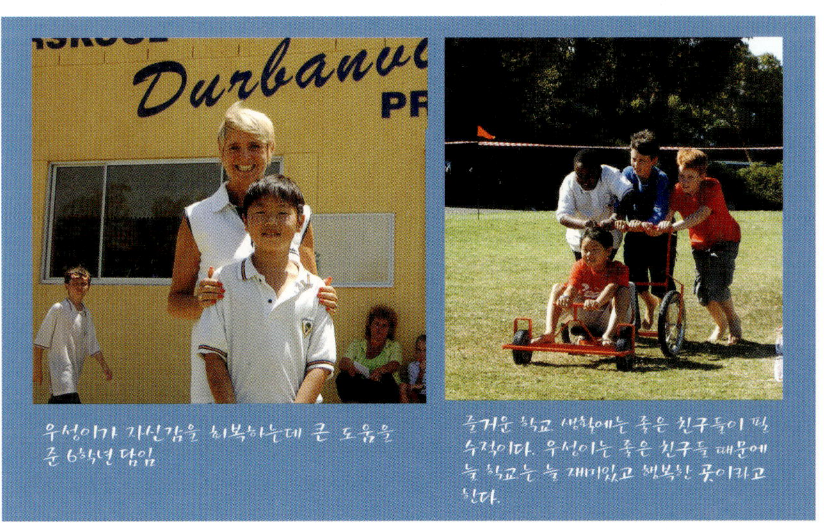

우성이가 자신감을 회복하는데 큰 도움을 준 6학년 담임

즐거운 학교 생활에는 좋은 친구들이 필수적이다. 우성이는 좋은 친구들 때문에 늘 학교는 늘 재미있고 행복한 곳이라고 한다.

칭찬은 확실하게. 학년말 시상식은 부모님들까지 초대하는 학교의 큰 행사 중에 하나이다.

7학년이 되면서 우성이는 이제 스포츠에도 적극적인 자신감 넘치는 최고 학년이 되어있다. 그런 선생님을 만난 것이 우성이에게는 다른 무엇보다 행운이었다.

남아공 사람들이야 늘 겉으로는 칭찬을 아끼지 않는다는 것은 알고 있기는 했지만, 그 선생님의 칭찬은 정말 아이들을 쑥쑥 키워주는 영양분이었던 것이다.

6학년 말, 우성이는 몇 과목 우수상을 받아왔다. 그 결과를 가져오던 날 우성이는 그야말로 극도로 흥분해 있었다. 길고 긴 터널을 지나 빛을 본 것 같은 느낌이었다.

한국에서 유학 온 학생들이야 대부분 상위권을 차지하고 몇몇 아이들은 학교에서 날고 기고 할 정도로 학업이 우수하다고 하니 사실 우싱이의 몇 과목 우수상은 그리 자랑할 만한 것이 못된다. 하지만 그 상은 우성이에게 다른 아이들의 상과는 의미가 남달랐다.

장마처럼 길고 힘들던 5학년 1년을 이겨낸 우성이는 6학년이 되면서는 시간이 너무 빨리 간다고 노래를 하고 아쉬워할 정도였다. 아마 우성이가 그렇게 좋아하던 담임을 만나지 못했더라면 그 시간이 그렇게 행복하지 않았을 것이다. 학교 가는 것이 행복하고 즐거워진 우성이는 칭찬과 격려를 양분 삼아 마침내 길고 긴 터널을 빠져나와 새롭게 태어나게 된 것이다.

지극히 개인적이고 냉정하기까지 한 남아공 사람들이지만 학교 교육만큼은 배려하고 격려하고 충분히 칭찬하는 것을 아끼지 않는다. 비단 우성이 뿐만 아니라 거의 모든 아이들이 학교 생활을 즐거워한다. 또 실제로 이곳 아이들이 학교 가기 싫다는 말을 하는 것을 들어본 적이 없다.

아이들의 인생에 선생님이라는 존재가 얼마나 중요한지 이 먼 나라 아프리카에서 우성이의 변화를 지켜보면서 다시 한번 절감하게 되었다.

대부분의 선생님은 엄하고 보수적이지만 아이들의 좋은 친구이기도 하다. 교사와 학생간의 친밀도와 신뢰도는 부러울 정도이다.

뭘 팔면 좋을까?

초등학교나 고등학교의 교과 과목은 10과목 남짓이다. 영어, 수학. 생물이나 물리를 배우는 자연 과학, 지리나 역사를 배우는 사회과학 등 주요 과목 외에 아트앤 컬쳐, 아프리칸스어나 코사어 등이 포함된다. 이밖에 초등학교는 수업 시간에 성경 과목이 있긴 하지만 성적과는 무관하다.

그런데 초등학교 과정 중에 가장 인상적인 것은 경제 과목이 있어서 경제 관념에 대한 교육을 일찍부터 시키고 있는 것이다.

초등학교 5학년이 되면서 새롭게 편입되는 EMS(economic management science)라는 과정은 돈의 흐름과 경제 활동의 움직임 등 전반적인 경제 지식을 경험할 수 있는 과목이다.

초등학교 교과과정에 이런 과목이 있다는 것이 자본주의의 종주국이었던 나라의 식민통치를 받았던 영향이 아닐까 생각하지만, 사실 아이들에게 일찍부터 경제 교육을 시켜주려는 것은 조금 더 나은 직업을 선택할 수 있는 기회를 만들어주고 결과적으로 안정되고 풍요로운 미래를 가지게 하고 싶은 현실적인 마음일 게다.

우리 세대는 어려서 경제와 돈에 대한 교육을 올바로 받지 못하고 자란 세대이다. 직업을 선택하는 것도 명분과 대의에 가치를 둔 세대이다. 하지만 요즘은 지나치게 금전과 관련된 직업관을 가지게 된 게 아닐까 하는 우려가 생기기도 한다.

그런 면에서 본다면 요즘 젊은이들이나 심지어 어린 아이들까지 어떤 직업을 원하느냐는 질문에 '돈 많이 버는 직업' 이라는 대답이나, 왜 의사가 되고 싶냐고 물었을 때 '돈을 많이 벌 수 있어서' 라는 대답은 우리 세대와는 다른 돈에 영악해진 요즘 세대의 단면을 보는 듯하다. 또한 현실적으로 보자면 백 프로 맞는 말일 게다.

한동안 초등학교 아이들 사이에도 기초 경제 관련 서적이 베스트셀러가 되었던 기억이 있다. 그리고 실제적으로 주변에서 어른들이 혀를 찰만큼 경제 관념이 발달한 아이들을 종종 만나보기도 했다.

대부분의 경우는 부모들의 대화에서 또는 차고 넘치는 매스컴에서 보고 배운 것을 토대로 자기들만의 경제관을 가지게 되는데, 그렇다면 돈의 흐름이나 금전에 대한 철학을 잘못 배울 수도 있지 않을까?

한국의 경우와 달리 남아공은 초등학교 5학년부터 경제 과목을 교과과정으로 편입하고 있다. 그런데 이런 교과과정이 지극히 개인주의적인 사회이니 당연하다기보다는 소박하고 건전하다는 생각이 든 것이다.

처음 나는 우성이가 5학년이 되고 새로 생긴 경제과목 공부를 같이 하던 동안 잠시 실소를 금치 못했다. 초등학교 5학년 아이의 경제과목 첫 학기 교과 과정이 웬만한 대학교 경영학 과목을 압축해 놓은 것 같았기 때문이다. 경영대학원 공부를 할 때 머리를 싸매고 힘들어했던 한 학기 강의 내용을 초등학교 5학년 아이가 배우고 있었던 것이다.

대학원 공부를 하던 내게도 결코 쉽지 않았던 '개인사업 창업 시 고려해야 할 중요한 네 가지 사항을 서술하시오' 라든지 '개인사업을 할 때 고려해야 할 위험성에 대해 서술하시오' 라든지의 내용을 초등학교 5학년 학생에게 가르치고 있는 것이다. 또한 원가 계산이나 이익 계산을 하는 과정을 배우게 된다. 그리고 내가 더 놀라운 것은 학생들도 그런 내용을 어려워하지 않고 쉽게 받아들인다는 것이었다.

언뜻 보기에는 교과서 내용이 어렵고 생소해 보였지만 결코 어렵지 않다는 것을 알게 되었다. 오히려 미시경제가 어떻고, 거시경제가 어떻고 하는 경제 학자들의 경제 이론보다 훨씬 실용적이며 현실적이라는 생각이 든 것이다. 왜냐하면 그것은 누구나 실생활에서 겪을 수 있는 아주 평범한 것들이며, 또 이런 사항들을 쉽게 가르쳐 주기 때문이다.

예를 들면 남아공 어디에서나 거리에서 과일을 파는 소년들을 쉽게 볼 수 있다. 교과서 내용은 이런 소년을 예로 들어 설명한다.

이 소년이 장사를 잘 하기 위해서는 사람들이 많이 다니는 몫이 좋은 장소를 선택해야 한다든지, 사람들이 가장 선호하는 과일을 선택해야 한다든지, 또 선택한 과일들을 다른 곳보다 눈에 띄게 진열을 해야 한다든지 등 개인사업을 할 때 고려해야 하는 사항을 배우게 된다. 뿐만 아니라 좋은 과일을 싸게 사와 다른 곳에 비해 얼마에 팔아야 한다든지 등 원가 계산과 이익 계산을 하는 과정도 배우게 된다. 이런 과정을 통해 어려우면 어렵다고 할 수 있는 개인 사업 창업 시의 네 가지 중요한 사항 즉 4P에 대해서 자연스럽게 익히게 된다. 대학원 과정의 한 학기 분량을 말이다.

그리고 경제 수업이 가지는 특색과 강점은 학교에서의 수업이 단지 그렇게 이론만으로 끝나지 않는다는 것이다. 예를 들면 웬만한 초등학교나 고등학교 모두 마켓 데이가 큰 행사 중의 하나이다.

한 달에 한두 번씩 열리는 케이크 세일 데이. 이 날도 역시 학부형들이 적극적으로 참여하고 학생들 역시 자신들이 만들고 구입한 물건을 사고 팔 수 있는 기회를 가진다.

우성이가 다니는 초등학교의 마켓 데이는 아쉽게도 그리 규모가 큰 편은 아니지만 웬만한 초등학교의 마켓 데이는 학생과 학부모가 모두 하나가 되어 행사를 치르게 된다. 수업 시간에 배운 이론을 바탕으로 그 실전 경험을 할 수 있는 시간을 바로 학교에서 제공하는 것이다.

자신이 팔 아이템을 스스로 정하고 구입하고 어떤 광고를 통해 자기 물건을 선전할 것인지, 그리고 어느 정도의 가격이 적정한지, 이윤을 최대한으로 많이 남기려면 어떻게 해야 하는지, 자신들이 배운 학습 내용을 고스란히 경험해 볼 수 있는 날이다.

어떤 아이들은 아이템을 잘 골라 어른들도 놀랄 정도의 이윤을 남기기도 하고 여럿이 공동으로 운영한 경우에는 이익금을 골고루 분배하는 일까지 어른들의 도움 없이 스스로 해결한다. 자기들이 팔 물건을 사거나 학교에 가져다주는 일 등은 부모들의 도움을 받는다.

대형 할인점에서 아이들이 좋아하는 사탕이나 초콜릿을 사다가 낱개 포장을 하기도 하고, 부모의 도움으로 집에서 구운 과자나 케이크를 이쁘게 포장해서 팔기도 한다. 비단 먹는 아이템만 등장하는 것은 아니고 스스로 만든 액세서리나 특이한 물건 등을 가져오는 경우도 있다.

가끔 한국 아이들이 마켓 데이에 김밥을 팔아 최고의 인기 상품으로 많은 이익금을 남겼다는 이야기를 들을 수 있다. 실제로 지역 어린이 신문에 한국 아이들이 마켓 데이에 김밥을 팔고 있는 장면이 기사화 되어 나온 적도 있다.

같은 물건이라도 어떻게 선전하고 어떻게 포장하느냐에 따라 잘 팔릴 수도 있고 그렇지 않을 수도 있다는 것을 아이들은 그 행사를 통해서 배운다. 그 경험은 다음 마켓 데이 때 참고가 되고 그런 경험이 쌓여 아이들은 실질적인 경제 활동을 경험하게 된다.

그런 과정을 통해 돈의 흐름, 유통과 판매, 수익 등 복잡한 경제의 흐름을 단편적이긴 하지만 스스로 경험해 볼 수 있고, 실질적인 경제 관념에 일찍부터 자연스럽게 눈을 뜨게 함으로써 책에서 배우는 지식보다 훨씬 더 아이들에게 도움이 되게 하고 있다.

그리고 한 학년이 끝날 때면 학교에서는 하루 헌 교과서를 사고 팔 수 있는 자리를 마련한다. 강당 등의 장소만을 학교가 제공하는 것이다. 그 날 학생들은 자신이 쓰던 교과서를 스스로 가격을 결정하고 스스로 구매자를 찾아 팔 수 있는 기회를 가진다. 또한 가장 좋은 상태의 교과서를 찾아 가격을 흥정해서 구입할 수 있는 기회를 가지기도 한다. 이런 기회를 통해 아이들은 또 한번 작은 시장 경제를 경험하게 되는 것이다.

우성이는 단짝 친구와 둘이 학교 친구들의 청소를 대신해주고 작은 돈을 받는 일을 아주 즐겁게 하고 있는데 자신이 청소 대행을 한다는 광고문을 만들어 선전하고 영수증까지 발행한다. 친구와 자기 이름을 딴 대행회사 이름을 가지고 신분증까지 만들어 걸고 다닌다. 공부하는 학생들이 돈벌이에 관심이 있고 금전 거래를 한다고 어쩌면 비

학년 초가 되면 학생들은 자기가 쓰던 교과서를 팔고 구입하는 것을 스스로 해결한다. 학교에서 시간과 장소를 정해주면 학생들 스스로 가격을 정하고 헌 교과서를 팔고 구입한다.

난 받을 수도 있는 일이 이곳에서는 자연스럽게 받아들여진다.

자신들이 배운 경제 이론을 적절하고 확실하게 실험해보고 경험을 얻어가고 있다는 면에서 아주 긍정적인 과정인 것 같다.

이런 과정을 통해 아이들은 자연스럽게 경제라는 것을 배우고 어쩌면 인생에서 빼놓을 수 없는 잘 벌어서 잘 쓸 수 있는 돈에 대한 감각을 익혀가지 않을까 생각해 본다.

도서판매 행사

학교 행사 가운데 또 하나는 이색적인 도서판매 행사가 있다. 한 학기에 한 번씩 이동 도서 판매 회사가 학교를 순회하면서 도서 판매 행사를 한다. 학교의 커다란 강당을 이용해 하루 종일 도서 판매가 이루어지는데, 그런 날은 학생들 모두 자신들이 좋아하는 동화책의 주인공으로 분장하고 올 것을 권한다.

피터팬 복장을 하고, 빨간 모자 소녀 복장을 하고, 자신이 좋아하는 강아지가 되기도 하고 고양이가 되기도 한다. 부모와 함께 책을 구입하는 학생들도 있지만 대부분의 경우 자기가 좋아하는 책은 자기가 가지고 있는 돈에 맞게 골라 살 수 있는 날이기도 하다.

책값이 워낙 살인적인 남아공에서 이런 기회는 책을 저렴하게 구입할 수 있는 좋은 기회이기도 하다. 부모들에게는 책값을 절약할 수 있는 기회이지만 아이들에게는 책과 쉽게 친해지게 만들어주는 기회이다.

책을 읽어야 한다고 강제적으로 권하기보다 사소하지만 재미있는 행사를 통해 아이들은 자발적으로 책과 친해지고 가까워질 수 있는 일석이조의 셈인 것이다.

학교에서 정기적으로 열리는 이동도서 판매의 경우도 그냥 넘기지 않는다. 동화 속의 주인공으로 분장한 학생들은 스스로 좋아하는 책을 고르고 사면서 책에 대한 흥미도 더 높아질 수 있는 기회를 가진다

영어, 거대한 적과의 동침

남아공이 영어 유학에 좋은 조건을 가진 나라 중 몇 손가락 안에 꼽힌다는 기사가 인터넷에 오른 적이 있다. 그 말을 증명이라도 하듯 남아공을 찾는 한국인 수는 꾸준히 증가하고 있다.

이민이나 단기 계획으로 어학연수를 오는 학생들을 비롯해서 본격적인 대학공부를 위해 오는 경우도 적지 않고, 거기에 적지 않은 숫자를 더하는 것이 조기 유학인데, 부모와 떨어져 홀로 오거나 부모 중 한 명이 따라온 기러기 가족이다.

케이프타운에는 2006년초 기준으로 1800명 내외 정도의 한국인이 있는 것으로 알려져 있다. 이 숫자는 초등학교 조기 유학생까지 포함한 것인데, 불과 3,4년에 비하면 엄청나게 늘어난 숫자라고 한다. 최근 이민법이 강화되면서 잠시 주춤했다고는 하지만 꾸준히 늘어나고 있다.

남아공으로 이민을 오거나 유학을 오는 경우는 미국이나 캐나다, 호주 등과 비교해 비교적 저렴한 비용으로 생활할 수 있다는 장점과 무엇보다 자연환경이 좋다는 점을 들 수 있다.

하지만 막상 남아공으로 이민을 오거나 유학을 와서 당황하는 학생이나 학부모들이 종종 있다. 바로 언어 문제 때문이다.

남아공은 영어권이라고 할 수 있다. 영어만 완벽하게 한다면 생활하는데 전혀 지장이 없다. 하지만 학생의 경우는 조금 다르다.

유학을 준비하기 전에, 특히 조기유학을 보내기 전에 학생과 부모들이 알아두어야 할 점이 바로 이 문제이다. 대부분 남아공 유학 전문 업체들은 남아공이 영어권이라고 소개하고 그 외에 다른 사항에 대해서는 정보를 주지 않는다. 하지만 이 말을 전적으로 믿었다가는 골탕을 먹을 수도 있다. 물론 이런 사실을 알더라도 일단 보내기로, 또는 오기로 마음먹은 다음에야 언어가 특별한 장애로 보이지 않을 수도 있겠지만.

남아공은 공식 언어가 무려 11개나 되는 나라이다. 영어 이외에도 남아공 네덜란드계 백인들이 사용하는 아프리칸스어, 남아공 흑인 민족어인 코사어, 줄루어, 수투어 등.

공식 언어가 11개씩이나 되다보니 학교 수업하는 데 가끔 아이들이 힘들어하는 경우가 있다. 물론 11개 공식 언어를 모두 배우는 것은 아니다.

초등학교와 고등학교는 아프리칸스 학교와 영어 학교로 나뉜다. 백인 지역에 속해 백인과 함께 생활하는 우리들 기준이다.

우성이가 다니는 초등학교는 각 학년에 아프리칸스 반과 영어반이

지구촌 시대라는 말에 걸맞게 친구 사귀기도 다양하다. 아프리카 대륙의 최남단에서 아시아 극동의 한국 아이들이 유럽의 아이들과 만나기도 한다.

따로 편성되어 있고, 고등학교는 영어 학교와 수업을 전적으로 아프리칸스어로 진행하는 아프리칸스 고등학교가 따로 있다. 하지만 영어 학교라도 아프리칸스 수업 시간이 있기 때문에 아프리칸스어를 배워야 한다. 지방으로 갈수록 아프리칸스 학교가 강세이고 시내에는 차츰 영어 학교가 강세이다.

영어와 아프리칸스 두 개 언어를 혼용하는 고등학교도 있다. 8학년 9학년 때는 영어와 아프리칸스 반을 따로 분리해서 운영하다가 10학년이 되면서부터 모든 교과가 통합이 되어 아프리칸스어와 영어로 수업을 진행한다. 즉 수업을 두 개의 언어로 함께 진행하게 되는 것이다. 이런 경우 아프리칸스어를 모국어처럼 구사할 수 없는 학생들은 수업에 상당한 부담을 가질 수밖에 없다.

남아공 대부분의 명문이라고 하는 100년 이상 된 공립 고등학교들은 대부분 이런 시스템을 가지고 있다.

그래서 지역에 따라 고등학교 진학에 선택의 폭이 좁아지는 어려움을 겪을 수도 있다. 시내에는 우리가 사는 변두리 지역보다 아프리칸스가 강하지 않아 영어 고등학교가 많은 편이다. 그 덕에 학교 선택의 폭이 조금 넓은 편이고 경제적으로 여유가 있어서 영어 전용 사립 고등학교에 갈 수 있다면 아프리칸스에 대한 부담에서 벗어날 수 있다. 하지만 사립 국제 고등학교인 만큼 수업료와 기숙사 비용을 합친 교육비가 만만치가 않다.

우록이의 경우처럼 초등학교 때 영어 반을 졸업하고 영어 고등학교에 진학을 해도 아이들은 아프리칸스 수업을 받아야 한다. 영어 하나만도 벅찬 아이들에게 아프리칸스어는 결코 쉽지 않다. 작년까지만 해도 남아공에 온지 2년이 안된 아이들은 아프리칸스 수업을 면제한다는 웨스턴 케이프 교육청의 허가가 있었지만, 2006년부터는 1년 이상 된 학생들은 이유 불문하고 수업을 받아야 한다고 교육방침이 바뀌었다.

물론 학교장의 재량으로 면제가 되는 경우가 있긴 한데 우록이, 우성이는 현재 둘 다 아프리칸스어를 하고 있다. 그나마 다행인 것은 유급제도가 있는 상황에서 아프리칸스어는 낙제를 해도 진급에는 영향을 미치지 않는다는 조건을 붙여주고 있는 것이다. 하지만 남아공에 온지 5년차부터는 아프리칸스어를 낙제하지 않아야 상급 학년으로 진급을 할 수 있다.

영어야 부모가 조금 도와줄 수 있다고 하지만 아프리칸스어 같은 경우는 거의 도와줄 수 없기 때문에 스스로 알아서 해결해야 하는 고충이 따른다. 그나마 다행인 것은 아이들이라 언어에 대한 감각이 빨라 수업하는데 지장 없을 만큼 따라가고 있는 게 다행이다.

우성이는 가끔 아프리칸스 수업에 작문을 작성해서 발표해야 하는 오랄 테스트를 하는데, 선생님과 친구들의 도움을 받아 작성하고 악착같이 외워서 간다. 하지만 조금 수준이 높은 고등학생인 우록이는 아프리칸스 수업이 여간 스트레스가 아니다.

거기에 또 하나. 코사어를 해야 한다. 웨스턴 케이프 주에 살고 있는 대부분의 흑인들이 코사족이기 때문에 이 지역에서는 코사어를 배운다.

영어에 아프리칸스어에 코사어까지, 시험 준비를 하느라고 중얼거리는 아이들을 보고 있노라면 가끔 가엾다는 생각이 들기도 한다. 우록이는 거기에 다음 학기에는 독일어까지 배워야 한다.

이렇듯 영이 때문에 남아공으로 유학 온 아이들의 경우 이 나라 특성상 언어 때문에 고생을 하는 경우가 적지 않다.

물론 이곳에서 대학까지 갈 생각이 없다면 아프리칸스어는 낙제를 할 각오를 하고 전혀 신경쓰지 않아도 좋지만 그게 말처럼 그렇게 쉽지 않다. 별로 소용이 없을 것 같은 아프리칸스 수업을 해야 한다는 것, 그리고 시험공부를 해야 한다는 것 자체가 영어만도 벅찬 아이들에게 적지 않는 부담이기 때문이다. 낙제를 염두에 두지 않는다고 해도 평균 점수를 까먹으니 마냥 팽개쳐둘 수도 없는 노릇이다.

영어 조기 유학에 관한 이야기를 하려다가 잠시 이야기가 옆길로 새버렸다.

지구상 어느 나라도 우리 나라의 영어 교육에 대한 열기를 따라갈 나라는 없을 것이다. 글로벌 시대, 세계화 시대에 맞추어 영어는 필수적인 것이라고 해도 영어에 대한 투자나 열의가 좀 지나치지 않은가 싶을 정도이다.

남들 눈에는 나 역시 영어 공부에 극성인 부모로 보일 것이다. 소위 아이들만 뚝 떼어 지구 반대편 남아공으로 보냈으니 말이다. 남다른 사연이 있던 당시 아이들에게 오히려 좋은 환경이 될 수 있을까 싶어서 보냈던 것은 사실이다.

그러나 영어를 배우겠다고 초등학생들이 부모와 떨어져 조기유학을 오는 경우를 보면 어쩌다가 한국이 이 정도로 영어에 열성적인 나라가 되어야 하는지 조금 우울해지기도 한다.

아주 긍정적으로 생각해서, 글로벌 시대니 세계화 시대니 그런 의미에 맞춰보면 바람직한 현상으로 이해할 수도 있겠지만, 정작 남아공 생활을 해 보니 조기 유학에 대해 많은 회의가 생겼다. 조기 유학뿐만 아니라, 특히 부모와 떨어져 홈스테이를 하는 것은 적극 반대론자가 되었다.

세상 일이란 것이 뭐든지 얻는 것이 있으면 잃는 것이 있게 마련이지만, 영어라는 무기를 얻기 위해 부모와 떨어져 생활하는 것은 얻는 것보다 잃는 것이 더 많다는 생각이다.

일이 년의 유학기간 동안 영어를 조금 배워가기는 하겠지만, 완벽하게 하는 것도 힘들거니와 부모와 떨어져 지낸다는 것 자체가 정서적으로 좋지 않다는 결론을 얻었다.

대학생쯤 되어서 언어 연수를 오거나 유학을 오는 경우는 그런대로 자기들 앞가림을 하는 나이이니 어쩌면 한 번쯤 도전해볼 만한 가치가 있는 시간일지도 모른다. 단지 영어라는 그 목표 하나 때문에 조기 유학을 생각하고 있다면 다시 한번 고려하기를 적극적으로 권한다.

조기 유학을 오는 학생들은 대부분 한국 가정에서 홈스테이를 한다. 많게는 한 집에 열 명 이상의 학생들이 같이 생활하기도 한다. 우록이와 우성이도 그런 경우였다.

한 집에서 또래 아이들이 함께 생활하면 단체 생활에서 오는 재미도 있고 물론 얻는 것도 많을 것이다. 하지만 한창 감수성이 예민하고 때론 사춘기를 겪게 되는데, 한창 부모의 보살핌이 필요한 아이들에게 자칫 그런 환경은 생각 외로 나쁜 영향을 미칠 수가 있다.

홈스테이를 운영하는 한국 가정을 폄하할 생각은 추호도 없다. 하지만 우록이, 우성이의 경우, 홈스테이 하는 집 고등학교 아들이 면허도 없이 홈스테이를 하던 고만고만한 아이들을 태우고 운전을 하는 바람에 교통사고가 났던 것은 물론이고, 그 나이의 아이들에게 허락되지 않는 영화도 여러 번 보기도 했다. 거기에 여러 명 아이들이 모여 살면서 쓸데없는 경쟁심을 유발시켜 욕심을 낸다든지 필요없는 것에 지나치게 집착을 하는 경향을 보이기도 했다. 길지도 않은 짧은 시간이었는데도 말이다.

내 아이들의 경우를 보고 느낀 것도 그렇거니와 어린 나이에 영어 때문에 부모 곁을 떠나 지내는 아이들을 보면서도 조기 유학에 대한 생각은 여전히 부정적이다.

영어가 마치 아이에게 만능의 마술 도구쯤 되는 것으로 착각하는 경우를 종종 본다. 영어는 분명 우리가 잡아야 할 거대한 적 중의 하나이긴 하지만 어린 나이에 부모와 떨어져 살면서까지 싸울 만큼 가치 있는 것인지 회의스러운 경우가 많다.

홈스테이의 경우 한 가정에 많게는 10명 이상의 한국 조기 유학생들이 생활을 하기도 한다. 영어를 위해 지구반대편으로 유학을 보내는 것을 현지인들은 이해하지 못한다

아프리카의 땅끝 마을, 희망봉의 코리안

시내를 걷고 있거나 쇼핑센터를 지날 때 가끔 이곳 사람들과 눈이 마주칠 때면 낯설게 생긴 우리를 보고 많은 사람들은 '니하오마' 라며 중국 인사를 건넨다. 아마 동양인들의 모습을 잘 구별하지 못하는 이곳 사람들이 나를 중국에서 건너온 이방인일 것이라고 추측하는 모양이다. 또 이곳에는 워낙에 중국인이 많기도 하다.

학교에서도 아이들 역시 친한 친구들 외에는 대부분 중국인이라고 생각하고 있다고 한다. 가끔 아이들에게 '칭총' 이라고 부르며 놀리는 것도 중국인들의 말소리를 흉내내어 부르는 것이다. 우리가 알아듣지 못하는 외국말을 하는 사람들의 이야기가 '쏴라 쏴라' 라고 들리는 것처럼 동양인들이 말하는 소리가 이 사람들 귀에는 '칭총 칭총' 이라고 들리는 모양이다.

아시아의 작은 분단국 정도로만 알고 있는 사람들에게 한국을 소개할 기회가 오면 어디서부터 어떻게 설명을 해야 가장 잘 소개할 수 있을지 잠시 망설이게 된다.

고민 끝에 결국은 아프리카에 상륙한 한국 대기업의 이름을 거론하는 것부터 시작하게 된다. 이곳 사람들은 양쪽으로 문을 여는 한국산 냉장고를 가지고 있으면 부자라 여기고, 한국산 휴대폰을 가지고 있는 친구는 부러움의 대상이 된다. 그렇지만 정작 그 제품이 어느 나라에서 건너왔는지는 대부분 모르고 있다.

워낙에 많은 나라에서 많은 물건들이 들어오는 나라인지라 자기들이 쓰고 있는 물건이 어느 나라 것인지를 알고 있는 사람들은 그리 많지 않은 것이다. 그런 사람들에게 유명 한국 상표의 이름을 이야기하면 새삼스럽게 놀라곤 한다.

케이프타운 시내 곳곳에서 한국 회사를 만날 수 있다.

앞집에 살다가 이사 간 노부부도 한국이라는 나라를 잘 몰랐다가 오래된 텔레비전이 한국이라는 나라에서 왔다는 것을 알고는 신기해했다. 한국에서는 이미 잊혀진지 오래인, 엘지의 전신 회사인 금성 골드스타라는 제품명의 텔레비전을 40년 가까이 쓰고 있었던 것이다.

남아공에 한국 사람들이 이민을 시작하고 정착하기 시작한 것은 20

연말 케이프타운 시내에서 열리는 축제에서 즉석 노래 경연대회가 있었다. 한국 유명 전자 회사에서 제공하는 기계인지 밤거리에 선명한 회사 마크가 자랑스럽게 느껴졌다.

년이 채 되지 않는다. 길지 않은 이민 역사를 가진 만큼 아직 남아공 내에 한국에 대한 인식이 잘 알려지지 않은 것은 어쩌면 당연할 것이다.

그나마 남아공 사회의 고용 실태가 자국민들에게도 최악인 관계로 한국 사람들이 진출할 수 있는 분야도 크게 많지 않다. 한국 교민들의 경우 대부분 자영업자들이 많은데, 과거에는 사진현상 인화를 하는 사진관이 주로 진출 분야였다고 한다. 근래에는 보석과 액세서리를 취급하는 상점을 운영하거나 인터넷 카페나 한국 사람들을 대상으로 홈스테이나 게스트하우스를 주로 운영하고 있다. 참고로 케이프타운에는 한국 식품점이 하나, 한국 식당이 두 곳 운영되고 있을 뿐이다.

하지만 거의 모든 분야의 공산품을 외국에서 수입하는 이 나라에도 우리나라의 우수한 제품이 많이 들어와 있다. 거리를 누비는 자동차 중에 한국 자동차가 많은 수를 차지하고 있다. 현대, 쌍용, 기아, 대우 자동차 등이 세계 유수의 자동차들과 어깨를 나란히 하고 경쟁을 하고 있다.

전자제품 파는 곳에 가면 역시 삼성, 엘지의 한국 냉장고며 텔레비전, 전자레인지 등 많은 한국제품이 월등하게 비싼 가격표를 붙이고 있는 것을 볼 수 있다. 처음에 이곳에 와서 그런 모습을 보면 가슴이 뿌듯해지며 한국에 대한 자부심이 생겨나곤 했다.

케이프타운 중심가에 몇 개 되지 않는 고층 건물 중 하나에 엘지 마크가 커다랗게 붙어 있는 것도 자랑스럽고 공영방송인 SABC2의 생방송으로 진행하는 아침 뉴스를 후원하는 회사가 한국의 엘지라는 사실을 알리는 자막이 올라갈 때도 역시 뿌듯하다.

중국이라는 거대국과 일본이라는 부자나라 사이에 자리한 작은 나라이지만 아프리카 대륙에 최고급 품질의 많은 물건을 수출할 수 있는 첨단 기술이 뛰어난 나라로 인식시켜주는 것이 내가 할 수 있는 가장 쉽고 빠른 소개 방법이다.

우리 역시 글로벌 시대이고 세계화라고 하지만 아직 아프리카는 지도 속의 먼 나라이며, 그 중에 남아공이라는 나라는 아름다운 관광의 나라 혹은 넬슨 만델라 대통령이나 다이아몬드로 유명한 나라 정도로 알고 있을 뿐이다.

하지만 남아공과 한국은 사실 인연이 깊은 나라이다. 6.25 전쟁 때

케이프타운의 가장 번화가 한가운데 위치한 남아공의 한국 참전 기념비.

한국에 파견되었던 16개 연합국 중에 남아공이 있었다는 것을 아는 사람은 사실 많지 않다. 나 역시 그랬지만 우연히 케이프타운 시내에서 한국 참전비를 발견하고 나서야 새삼스럽게 한국과 남아공과의 오래된 관계를 깨닫게 되었다.

비록 외국 사람들에게 한국 내전으로 회자되는 자랑스럽지 않은 역사이지만, 그 인연은 역시 예사로운 것이 아니니 이곳에 사는 바에야 반갑기도 하다.

외국에 나가면 모든 사람들이 다 애국자가 된다는 말이 있다는데, 지구 반대편 먼 남의 나라 땅에 와서 낯선 사람들 속에 섞여 살게 되면서 그 말을 하루하루 실감해간다.

우연한 기회에 현지인 교회에서 학생들을 대상으로 인터내셔널 데이를 하는데, 한국을 소개해줄 수 있냐는 부탁을 받았다. 고작 20명 남짓한 초등학생을 대상으로 하는 행사였지만 아이들에게 좋은 경험이 될 것 같아 그러마고 쾌히 승낙을 했다.

특별히 한국을 대표해서 보여줄 수 있는 물건이나 자료가 많지는 않았지만 이리 저리 궁리를 하였다.

나는 우선 한국의 역사와 한글에 대해서 내가 알고 있는 지식을 총

동원하여 설명하였다. 이어서 아이들 아빠가 한국의 예술에 대해서 설명한 후, 우리나라 전통악기인 단소로 전통음악을 몇 곡 연주하였다. 그리고 세계적으로 잘 알려진 어메이징 그레이스를 한 곡 더 연주하는 것으로 끝을 맺었다.

규모와 상관없이 한국을 소개할 기회를 가진다는 것은 아이들에게 고무적인 일 중의 하나이다. 현지인 교회에서 있었던 인터네셔널 데이에서 아이들의 현지인 친구가 한국 소개를 거들고 있다.

4백년 남짓한 역사를 가진 이곳 아이들은 5천년 역사를 가진 것도 신기하고 우리나라만의 문자를 가진 것도 신기하다는 반응을 보였다. 그리고 그 문자가 언제 누구에 의해서 만들어졌는지를 확실히 알고 있다는 사실에 더욱 놀라워했다.

아이들 아빠가 단소로 전통음악과 어메이징 그레이스를 연주했을 때는 그곳에 참석한 어른들 모두가 입을 모아 원더풀을 연발했다. 한 노부부는 온몸에 소름이 쫙 끼칠 정도로 감동스러웠다고 눈물을 글썽이기까지 하였다.

조하네스버그 레세디 민속마을에 한국말 인사가 쓰여 있다. 글자라기보다 오히려 디자인에 가까운 한국말이 반갑고 신기했다.

시내의 한 대학 어학원에서 연수 학생들의 나라를 소개하는 행사를 했다. 한복은 그런 날 쉽게 한국을 소개할 수 있는 가장 좋은 수단이 되곤 한다.

사실 단소 연주가 계속되는 동안에는 나 스스로도 가슴이 뭉클해지면서 잠시 눈시울이 뜨거워졌다. 마냥 시끄럽고 흥분한 상태였던 아이들도 막상 단소 연주가 시작되자 표정이 침착해졌다. 왜 아닐까, 한국에서야 늘 여상스럽게 듣고 보아오던 것이었어도 새삼 지구 반대편 아프리카의 땅끝에서 듣는 우리 음악 소리는 작은 아이들의 가슴속에서도 역시 큰 파동으로 메아리 쳤을 것이다.

말도 통하지 않는 남의 나라에 와서 살면서 어쩌면 가슴 한구석 늘 주눅 들어 살지 모르는 아이들에게 그날 짧았던 시간 동안 아이들의 작은 가슴속에는 말로 설명할 수는 없지만 가슴 뭉클하게 내 나라 한국에 대한 자부심과 사랑이 솟았을 것이라 믿는다.

그 행사가 계기가 되어서 그 비슷한 종류의 행사를 몇 번 더 할 수 있는 기회가 있었고, 현지인 친구와 계획해서 '한국인의 밤' 이라고 이름 붙인 행사를 하기도 했다. 현지인 친구의 적극적인 참여로 대형 태극기를 걸고 한국을 소개하고 한국 음악에 한국 음식으로 치러진 행사였다.

이방인들에게 결코 호의적이거나 개방적이지 않은 남아공 사람들.

현지인들은 극동의 한국인들이 아프리카 끝까지 와서 생활하는 것이 신기하다. 대형 태극기까지 구해서 거는 성의를 보여주었다.

그들에게 한국이라는 동방의 작은 나라에 대한 소개를 할 수 있고 나아가 좋은 인상을 심어 줄 수 있다면 그게 바로 아프리카의 땅끝 희망봉에 사는 코리안, 우리들이 할 수 있는 최고의 외교인 셈이리라.

남아공 백인은 불친절의 화신?

대부분의 서양 사람들은 눈이 마주치면 일단 상냥하게 웃어주는 것이 일반화 되어있다. 남아공 사람들도 역시 마찬가지이다. 백인이거나 컬러드이거나 흑인이거나.

하지만 남아공 사람들은 결코 친해지기 쉬운 사람들은 아니다. 물론 사람에 따라 다르겠지만 남아공의 백인들 특히 전형적인 아프리카너들(네덜란드계 남아공 백인)은 절대로 사귀기 쉽지 않은 사람들이다. 대부분의 경우 불친절하고 콧대 높고 거만한 것으로 평가된다.

오랜 세월동안 닫힌 세계에서 살아와서인지 그리고 자신들에게 공격적인 세계에 늘 방어를 하고 살아와서인지 유달리 차갑고 과장하자면 콧대가 높다.

동양인이라고 무시해서 그런가보다 생각할 수도 있지만 비단 동양인들에게 뿐 아니라 백인들 사이에서도 전형적인 아프리카너는 악명 높다. 이웃이라고 해도 그저 손만 흔들어 보이는 이웃이 허다하고 영어를 할 줄 알면서도 굳이 아프리칸스어로 말하고 남을 무시하는 듯한 자세는 심한 경우는 한마디 해주고 싶을 정도일 때도 있다.

또한 내 경험에 의하면 아프리카너들은 빈말을 잘한다. 물론 사람에 따라 다르겠지만 쉽게 약속하고 쉽게 약속을 깨는 경우가 허다하다. 물론 친분이 두텁고 조심해야할 사람들과의 관계에서는 이런 경우가 거의 없지만 내게 각인된 남아공 사람들의 인상은 빈말 잘하고 속을 알 수 없는 사람들로 새겨져있다.

컬러드의 경우는 대부분 말이 많고 선량하지만 제일 믿지 말아야 할 사람들로 통하고 흑인들은 대부분 순하긴 하지만 게으르고 수동적인 특징들을 가지고 있다.